어쩌면 새벽

터널 끝에서
만난
내가 빛나는
시간

어쩌면 새벽

임가은 강선영
김자희 김유진
신유란 정은혜

포르체

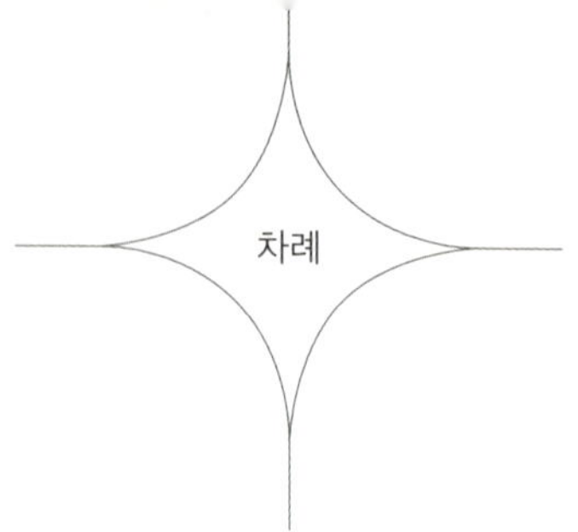

차례

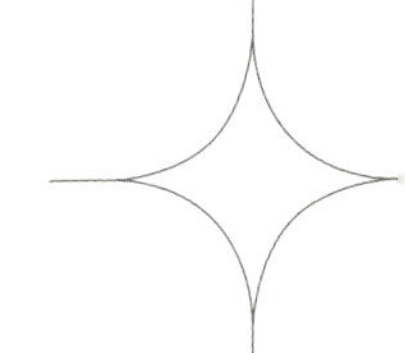

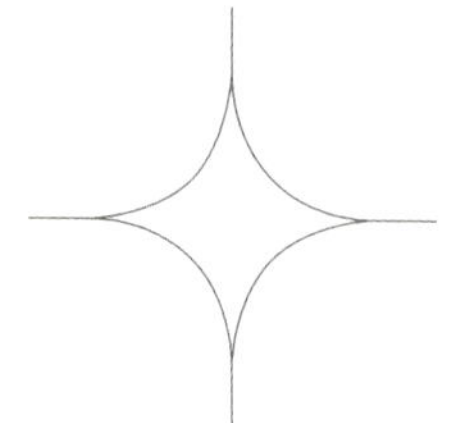

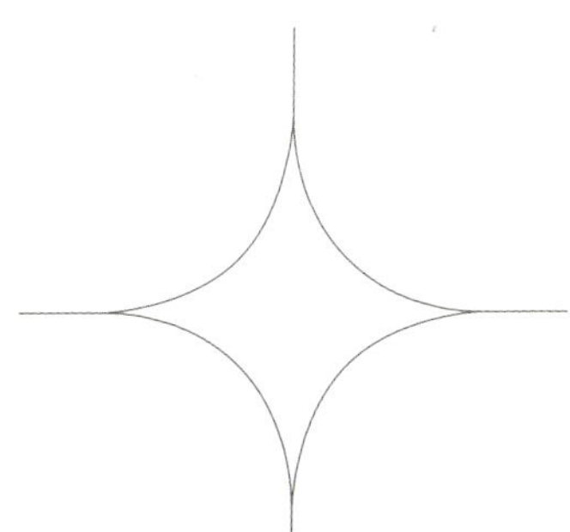

터널 끝에서 만난 내가 빛나는 시간

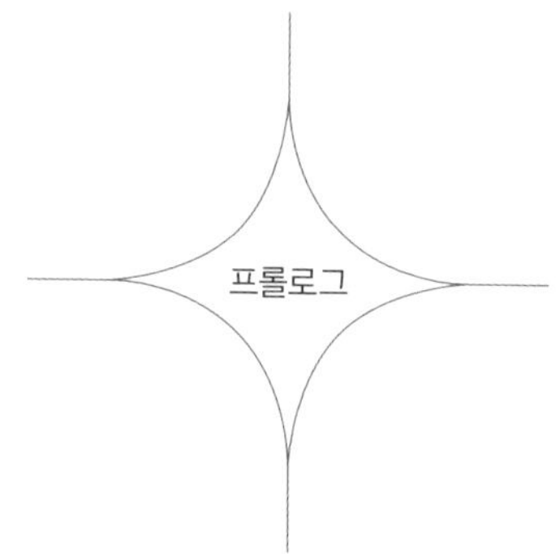

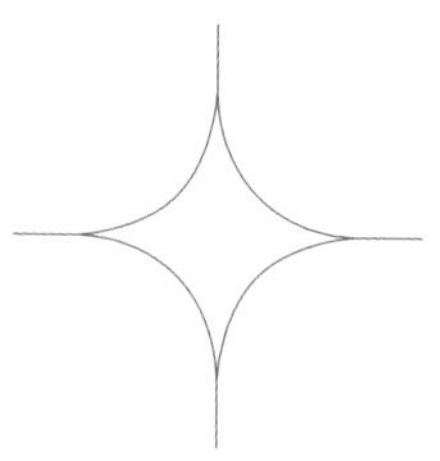

누구나 자신만의 터널을 한 번은 지난다. 때론 너무 길어서 끝나지 않을 것 같은 터널도 만난다. 열심히 걷고는 있는데, 어두컴컴한 안개 속을 걷는 기분이다. 나 역시 그런 터널을 만난 적이 있다. 손꼽아 기다린 첫아이를 만나고, 아이가 행여 감기에 걸릴까 봐 집밖을 나가지 않았던 시간이 있었다. 매일 아이를 먹이고 입히며 내가 밤마다 했던 일은, 창문 밖에 비치는 가로등의 수를 세는 거였다. "하나, 둘, 셋, 넷……" 가로등을 모두 세고 나면, 바삐 지나는 사람들을 관찰하곤 했다. 오전, 오후는 물론 새벽녘에도 사람들은 항상 있었다.

'다들 이 시간에 어딜 가는 걸까?' 궁금했다. 내가 아이를 입히고 먹이는 것에 몰입해 있듯 각자의 삶에 몰입해 있겠다고 생각하면서 당시 묘한 위안을 얻곤 했다. 엄마가 된다는 건 세상에 태어나 처음 느껴보는 감정의 파도가 스미는 일이었다. 예상은 했지만 이토록 많은 것을 내어줘야 한다는 것은 몰랐다. 누군가의 삶에 몰입하는 것과 내 삶을 지키는 것의 균형잡는 법을 알지 못했다. 그렇게 가로등을 세는 시간이 길어졌다. 아이를 키우면서 넘실대는 기쁨과 어쩌지 못하는 우울감이 동시에 찾아왔다. 아이를 키우는 일을 그토록 바라왔으면서도, 우울감을 느끼는 나를 인정하기 힘들었다. 모순되는 두 감정 속에서 문득 이런 생각이 들었다.

"아, 난 지금 끝나지 않는 터널 안에 있구나."

그렇게 늘 불안하고 초조했던 이유는 뭘까? 지금 생각해보면 아이에게 내어주고 싶은 마음은 산더미인데, 내 마음이 텅 비어서 아무것도 주지 못하면 어쩌나 하는 두려움이 컸던 것 같다. 마음을 박박 긁어모아도 채 한 줌이 되지 않았을 때, 그런 내 모습이 참을 수 없이 미웠다. 미움에는 이빨이 있어서 마음을 갉아먹는다. 아이에게 내어줄 마음도 부족한데 그마저도 사라지게 내버려둘 수 없었다.

"안 되겠다. 나부터 살아야겠다."

터널의 가장 깊은 어둠에 침잠해 있을 때 새벽 기상을 시작했다. 하루에 작은 틈을 내기 시작한 것이다. 원래 잠이 많은 편이라 정말 새벽에 일어나고 싶지는 않았는데, 새벽 이외에는 도무지 나에게 자유시간 한 톨이 주어지지 않았다. 그렇게 마음에 드는 내 모습부터 챙겨야겠다는 마음으로 새벽을 만났다.

첫 시작은 정말 간단했다. 축 늘어진 살들을 감추기 위한 검은색과 큰 치수의 옷들을 정리하고, 집에서 운동을 시작했다. 아이들에게 영어로 말 한마디라도 건네기 위해 수능을 본 이후 처음으로 영어 공부를 시작했다. 한 달, 석 달, 1년 이 넘어가면서 내 안에 일어난 변화는, 나와 아이 사이의 균형감이었다. 마음에 드는 내 모습이 차곡차곡 쌓이자, 신기하게도 육아나 집안일 등 나를 내어 주는 일들이 소진으로만 느껴지지 않았다. 아이를 키우며 기쁨과 우울감이 동시에 찾아와도 그것을 비난과 죄책감으로 몰아가지 않았다. 내가 가지고 있는 다양한 모습들이 나의 한 부분이라는 것을 인정할 힘이 생겼기 때문이다. 엄마로 살아가는 나, 영어 공부하는 나, 쉽게 예민해지곤 하는 나, 잘하고 싶은 게 많은 나, 마음이 소진되는 게 무서운 나…… 새벽은 터널의 끝에 다가가는 법을 알려주었다. 아이를 키우며 자그마치 6년이라는 시간이 흐른 뒤였다. 그리고 이제는 안다. 터널 안에 있었던 시간이 나를 조금 더 나은 모습으로, 좋은 사람으로 만들어주었다는 것을.

내가 터널 끝에 다다라서야, 터널 안을 걷고 있는 다른 사람이 보였다. 그렇게 새벽 기상 프로젝트 '릿미'를 시작했다. 우리는 함께 일찍 일어났고, 서로를 따뜻하게 응원했다. 3년째 릿미 프로젝트를 운영하면서 터널 안을 걷고 있는 많은 사람을 만났다. 나처럼 아이를 키우는 분들도 있고, 그렇지 않은 분들도 많았다. 지금까지 끝나지 않을 것 같은 터널의 끝부분에 다다른 사람도 있고, 아직 터널 속을 걷고 있는 분들도 있다.

'새벽 기상'이라는 말이 주는 거창함과 부담스러움이 있다. "나는 잠이 많은데……"라는 마음속의 주저함 또한 알고 있다. 나 역시 처음에는 새벽 기상이 두려웠기에 공감한다. 중요한 것은 새벽 기상이라는 단어 뒤에 숨은 진짜 의미다. 내가 정말 권하고 싶은 것은 새벽에 일어나는 것이 전부가 아니다. '마음에 드는 나의 모습을 쌓아야 한다'라는 사실이다.

마음에 드는 나의 모습을 쌓기 위해서는 나만의 시간이 필요하다. 하루에 단 몇 분이라도, 고요하고 정제된 시간 속에서 나만을 위한 일을 하는 시간을 꾸준히 확보해야 한다. 문제는 이건 누가 보장해주는 시간이 아니라는 점이다. 누군가가 인심 쓰듯 선뜻 내어주는 시간이 아니기에 내가 시간의 틈을 만들어야 한다. 스스로 만들기 어려울 것 같다면 누군가와 함께 만드는 방법을 찾아야 한다. 릿미는 그런 마음으로 많은 사람이 쌓아 올린 공간이고, 검증된 시스템이다.

처음에는 내 마음 하나였지만, 지금은 터널을 걷고 있는 사람들의 마음들도 합쳐졌다. 유약한 마음일지라도 합치면 견고한 벽돌이 된다. 터널의 끝에서 저마다 작은 빛을 밝히고 있는 분들과 함께 기쁜 마음으로 이 책을 만들었다. 지금 막막한 터널 속을 걷고 있다면, 삶이 안개 속에 가려져 뿌옇게만 보인다면, 당신에게 제안한다. 우리 같이 시작해보자고. 마음에 드는 나를 찾고, 쌓아가다 보면, 삶에서 마주칠 다양한 길고 짧은 터널들이 더는 두렵지 않게 될 것이다. '까짓것, 한번 걸어보자. 걷다보면 반드시 빛이 나오겠지' 이런 마음이 장착되니까 말이다.

터널의 끝에서
임가은 드림

제1장

당신의 진짜 변화가 시작되는 시간

새벽 성장 시스템

(임가은)

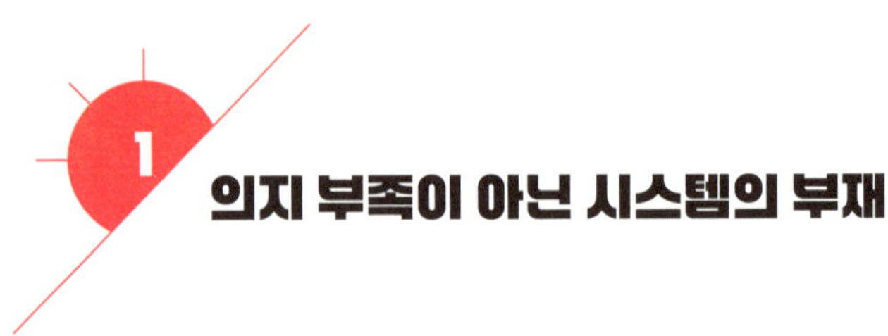

의지 부족이 아닌 시스템의 부재

"나는 나를 둘러싼 환경의 결과물이 아니다. 나는 내가 내린 결정의 결과물이다."

『성공하는 사람들의 7가지 습관』의 저자, 스티븐 코비의 말이다. 나는 나를 환경의 결과물로 생각했던 적이 있었다. 이 직업을 선택해서, 올해 힘든 학부모를 만나서, 아이가 둘이라서, 연고도 없는 곳에 집을 얻어서 등 나를 둘러싼 환경이 나를 결정한다고 믿었다. 불만은 줄어들 기색도 없이 쌓여만 갔다. 안 좋은 일이 생길 때마다 누군가를 탓할 생각만 했다. 하지만 이런 상황 속에서도 엄마라는 역할은 기어코 내 탓을 하게 만들었다. 남 탓을 할 수 없는 엄마라는 자리가 야속해도 절대 놓치고 싶지 않았던 사실 하나가 있다. 바로, 아이들에게 좋은 엄마가 되는 것이었다. 왜 이리도 평생의 숙원처럼 좋은 엄마가 되고 싶었을까.

우울감에 잠식당하면서도 나와 함께 손을 잡고 아침 일찍 나가야 하는 아이의 투정을 너그럽게 받아주고 싶었고, 아이의 울음을 짜증으로 응대하고 싶지 않았다. 좋은 엄마가 되고 싶다는 강박이 하루하루 나를 더 처량한 구석으로 몰아갔다. 좋은 엄마는 평생 이룰 수 없는 신기루처럼 느껴졌다. 그때 나는 벼랑 끝에서 생각을 바꿨다. 좋은 엄마가 되기 이전에 좋은 사람이 되자고 말이다. 그게 어쩌면 더 쉬운 일일 거라 믿었다. 좋은 사람이란 뭘까? 좋은 선택을 자주 하는 사람이라 생각했다. 나를 위한 시간을 내는 것만큼 나에게 좋은 선택은 없을 것 같았다. 그렇게 5년 전, 새벽 기상을 시작했다. 그릇이 간장 종지만큼 작아서 아이를 품을 수 없다면, 그릇을 바꿔버리자는 마음으로 시작한 일이다. 새벽 4시에 일어나 규칙적으로 새벽 도장을 찍었다. 도장을 몇 년 동안 쾅쾅 찍다보니, 신기하게도 지금은 꽤 괜찮은 선택을 하는 사람이 되었다. 스티븐 코비의 말처럼 나는 내가 내린 결정 덕분에 점점 변해온 것이다.

새벽 기상이 가져온 뜻밖의 나비효과

새벽 기상이 내게 준 가장 큰 선물은 나를 잃어버린 것 같은 마음의 허기를 채워줬다는 것이다. 며칠 굶은 사람이 허겁지겁

밥을 먹듯, 새벽이 주는 고요한 기쁨으로 허겁지겁 배를 채웠다. 허기가 채워지니 활력이 돌았다. 삶의 활력이 생기니, 내가 가장 바라던 것들이 쉬워지는 걸 느꼈다. 아이의 투정에도 짜증이 나지 않았고, 아이가 울어도 너그럽게 기다려줄 수 있었다. 매일 하루치만큼의 다정함이 채워졌기 때문이다. 마음에 다정함이 꾸준히 쌓이자, 일주일의 용기가, 한 달의 너그러움이 자라났다. 심지어 아이의 실패를 묵묵히 기다려줄 수 있는 뚝심까지도 생겼다. 주도성을 주입하려고만 했던 때에는 매사 수동적이던 아이들이, 내 마음 그릇이 넓어짐에 따라 서서히 함께 변해가는 걸 느꼈다. 말 그대로 내 마음이 자라나는 만큼, 아이들도 자랐다. 아이들의 태도가 능동적으로 변했고, 주변의 평이 달라지기 시작했다. 학교 담임 선생님께, 학원 선생님께, 같은 반 학부모에게, 심지어 동네 엄마들에게 이런 질문을 받기 시작했으니 말이다.

"하준이 엄마, 아이들 어떤 학원 다녀요? 아이들 집에서 뭐 시켜요?"

"어머님, 집에서 아이들 어떻게 가르치시나요?"

나는 유독 이 질문에 대한 답을 할 때마다 머뭇거렸다. 문제집 종류, 학원 이름, 공부법, 아이들의 루틴 등을 말할 때마다 알맹이를 뺀 껍데기만 전하는 찝찝함을 지울 수 없었다. '진짜 중요한 건 그게 아닌데……' 이 말을 전하고 싶었지만, 그러지 못한 날이 더 많았다. 때론 용기 내서 말한 날도 있었다.

"실은 가장 큰 비결이 있어요. 엄마가 먼저 삶으로 보여주는 거요. 제가 새벽 기상을 시작하고 나서 아이들이 서서히 변하기 시작했어요. 제 마음이 먼저 채워지고 나니, 아이들 교육도 자연스레 중심을 잡았어요."

내 말에 대부분의 반응은 이랬다.

"네? 새벽에 일어나라고요? 그건 좀……"

"어휴. 그건 하준이 엄마니까 가능하겠죠."

못 믿는 눈치가 크기도 했지만, 중요한 건 새벽에 일어난다는 것 자체가 부담스럽다는 거였다. 아이들 교육 비법을 물었더니 뜬금없이 새벽 기상을 했다는 고백이 앞뒤가 맞지 않다고 생각했을 거다. 특히, 엄마가 삶으로 보여주라는 말은 거창하다 못해 무겁게 느껴졌을 거다. 나는 원래부터 잘하는 사람이어서 할 수 있는 게 아니냐는 반응도 많았다. 속으로 그게 아니라고 되뇌었다. 내가 얼마나 열등감으로 똘똘 뭉쳐 있었는지, 자존감이 바닥에 내팽개쳐서 주워 담을 때마다 얼마나 손가락 사이로 줄줄 흘러내렸는지, 그러다 그저 남 탓으로, 환경 탓으로 돌리며 편하게 살자고 얼마나 도닥였었는지 말이다.

그때, 나만의 이야기로 끝내지 말아야겠단 생각이 들었다. 나만의 이야기가 아닌, 우리의 이야기가 될 수 있다고 말하고 싶었다. 우리의 이야기가 됐을 때, 사람들이 비로소 믿고 해보고 싶을 테니까. 생각이 들자 바로 행동에 옮겼다. 2023년 6월, 네이버 카페를 만들고 새벽 기상 프로젝트인 '릿미 프로젝트'를 시작했다. 그런데 사람들이 어렵게 여기는 일을 누구라도 도전할 수 있게 하기 위해선 시스템이 필요했다. 참여하는 사람들이 어떻게 하면 새벽 기상에 성공할 수 있을지 고민에 고민을 거듭했다.

마음먹은 당신을 위해 준비한 '시스템'

본인을 환경의 결과물로 여기는 사람들을 참 많이 만났다.

"이번에 시댁 식구들이 나를 얼마나 힘들게 했냐면……"

"직장 다니기 싫어 죽겠어. 일도 힘들고, 이번 동료들은 유독 안 맞아."

"아이들 짜증 듣는 게 힘들어. 나는 매일 아이들 뒤만 쫓아다니는 사람 같아."

하는 말은 모두 다르지만, 나에겐 하나의 문장처럼 들렸다.

'내가 누구인지 모르겠어. 나는 결혼과 동시에 나를 잃어버린 것 같아.' 이렇게 말이다. 내가 내린 결정이 나라는 사람이라는 걸 인식하지 못하면, 쉽게 나를 잃어버린다. 나 또한 그랬으니까. 내가 어떤 사람인지 알기 위해선 시간을 들여야 한다. 고요하게 생각을 정리할 수 있는 시간, 환경의 부산물이 아닌 내가 하고 싶은 일을 스스로 결정할 수 있는 시간, 하루에 그런 시간이 단

10분이라도 있어야 한다. 내 경험상, 그리고 그동안 나와 함께 한 500명이 넘는 릿미 프로젝트 참여자들의 이야기를 들었을 때, 이 믿음은 하나의 공식과도 같았다.

꼭 새벽 기상을 해야만 그 시간을 얻을 수 있는 건 아니다. 하지만 새벽이 큰 이벤트 없이 일정하게 보장할 수 있는 가장 효율적인 시간이란 건 부정할 수 없다. 이쯤 되니 '새벽에 일어난다는 게 말처럼 쉬운 일이 아니지'라는 의문을 제기하고 싶을 것이다. 새벽 기상 5년 차인 나 역시도 감히 쉽다고 말하지 않는다. 아침에 일찍 일어난다는 건, 나의 의지만으로 되는 건 아니기 때문이다. 의지란 어제는 강철같아도, 오늘은 종이 한 장처럼 쉽게 구겨지기 마련이다. 그래서 개인의 의지만 강요하지 않는 시스템을 만들었다. 내가 더 나은 선택을 쌓아갈 수 있는 시스템 말이다. 만약 여태까지 새벽 기상에 실패했다면, 좋은 선택이 쌓일 수 있는 시스템이 부재했던 거다. 내가 만든 프로젝트 소개와 더불어 2023년 카페를 만들고 나서부터 참여자들을 위해 고민했던 7가지 시스템을 공개한다. 참가자 대부분이 새벽 기상을 지속할 수 있었던, 데이터로 검증된 시스템이다.

릿미 프로젝트의 시작

릿미(Lit Me)는 어떤 의미인가요?

릿(Lit)은 '밝힌, 켜진'이라는 뜻이다.
요즘은 '대단하다, 멋지다!'라는 뜻으로도 쓰인다.
사람마다 각자 가진 빛이 분명히 있다. 내 안에 어떤 빛이 있는지 모를 뿐이다.
새벽 기상은 내가 한 선택으로 나의 빛을 켜는 시간이기에, lit과 me를 붙였다.
누군가가 나의 빛을 발견하고 밝히길 기다리는 것이 아니라
주도적으로 자기의 빛을 찾아서 켜보자는 의미를 담은 이름이다.
삶의 깊은 터널을 지날 때도, 나의 빛만 켜져 있다면 터널을 통과할 용기를 낼 수 있다.
나의 빛을 켜고자 한 선택과 행동이 얼마나 멋진가?
심지어 요즘 영어 표현으로 lit이 멋지다는 표현으로도 사용되니,
내가 생각하는 가치와도 딱 맞아떨어진다.

릿미 프로젝트란?

새벽 기상 프로젝트의 첫 시작은 [48 hour]라는 소모임으로,
10명 정도의 교사들과 함께했다.
1년을 운영하며 느낀 점은, 더 다양한 사람들에게 도움을 주고 싶다는 것이었다.
1년 동안 축적한 성공 데이터를 토대로 2023년 '해냄 스위치' 네이버 카페를 만들었다.
다양한 직업을 가진 직장인, 주부, 심지어 아빠와 미혼남까지 참여했다.
처음엔 '반드시 일어나는 미라클 모닝(반일미)'이라는 이름으로
새벽 기상을 함께할 분들을 기수별로 모집했다.
그런데 내가 추구하는 가치가 '반드시 일어나는 것'은 아니라는 걸 깨닫고,
'릿미'라는 이름으로 변경했다.
릿미에는 개인의 속도에 맞춰 나다움을 찾아가는 회복 시스템이 있다.
지금까지 500명이 넘는 참가자가 새벽 기상을 함께했으며,
새벽 기상조차 누군가와의 치열한 경쟁으로 전락해선 안 된다는 마음으로
프로젝트를 이끌고 있다.

릿미(Lit Me): 새벽 시간을 통해 나를 밝히는 멤버

- 처음 새벽 기상을 시작하거나 번번이 실패해온 멤버
- 새벽 기상을 통해 나를 밝히는 방법을 찾고 싶은 멤버
- 2달 동안 새벽 기상 습관을 장착
- Rest 월 8회 이하
- 자기 리뷰 월 1회
  이 조건을 충족하면 릿유 등급으로 상향

릿유(Lit You): 새벽 시간을 통해 나와 타인을 밝히는 멤버

- 나를 밝히는 힘으로 타인의 빛도 함께 밝혀줄 힘을 가진 멤버
- 지속하기 힘든 새벽 기상을 '기여'의 가치를 통해 동기를 넣어줌

리더 양성 및 성장 동반자 모임

성장하고 싶은 사람들에게 줄 수 있는 최고의 경험이 무엇일까? 직접 프로젝트를 이끄는 리더가 되는 것만큼 시야가 넓어지고, 자신감을 가질 수 있는 일은 없다. 매달 참가자들에게 그런 경험을 할 기회를 주고 싶었다. 또한, 지역 오프라인 모임을 통해 사람들을 이어주고 싶었다. 우리가 공통으로 하는 일에 관한 대화만큼 재밌는 건 없다. 사람을 만날 때 모임의 시너지 효과가 나고 누군가는 그 속에서 회복의 에너지를 얻을 것이다.

- 월 1회 새담책(새벽북클럽) 참여
- 원하는 누구나 새담책 리더가 될 수 있음
- 자신이 좋아하고 잘하고 싶은 일로 누구나 소모임 개설
- 소모임 자유 참여
- 인연을 찾기 힘든 요즘이라는 말이 무색해지는 지역 오프라인 모임 참여

1. 목표 공언: 내가 진짜 하고 싶은 일

"새벽에 일어났는데 뭘 해야 하지?" 이런 생각을 하는 분이 많다. 생각보다 멍하니 있거나 시간을 그냥 흘려보냈다는 분도 계신다. 그래서 나는 새벽에 일어나서 하고 싶은 것, 이루고 싶은 것, 해보고 싶은 것을 각자의 목표로 정해서 카페에 공언하도록 안내했다. 공언의 힘은 생각보다 크다. 혼자만 알고 있는 일을 남에게 공개하려고 할 땐 더 깊게 고민하기 때문이다. 입 밖에 낸 순간, 정말 이뤄내고 싶다는 생각도 든다. 공언은 혼자만의 목표에 실천력 부스터를 다는 일이다.

2. SRF 시스템: 실패를 받아들이는 용기

새벽에 매일 벌떡벌떡 일어나기가 쉬울까? 오히려 나에 대한 기대감을 높게 설정했을 경우, 새벽 기상에 실패할 확률이 높다. 새벽 기상에 성공하기 위해선 '잘 일어나지 못하는 나'를 받아들여야 한다. 쉬는 것도 나를 위한 선택이자 용기라는 사실을 알아야 한다. 내 소중한 몸의 상태와 리듬을 살피며 받아들이는 일이기 때문이다. 그래서 쉬는 날을 보장하는 SRF 시스템을 만들었다. S, R, F의 뜻은 이렇다.

> **S**(success): 평일 새벽 기상 성공 (5일)
> **R**(rest): 평일 새벽 쉼
> **F**(refill): 주말 새벽 성공, R이 저절로 차감

4주의 운영 기간 중 쉴 수 있는 날을 총 8회로 정했다. 이 말은 평일에 3일 정도만 일찍 일어나면 된다는 뜻이다. 새벽 기상 인증은 평일로만 한정하고, 주말은 쉬는 날이다. 쉬는 날이 보장되니, 일어나지 못하는 나를 받아들이기가 한결 쉬워진다. 만약 평일에 쉰 게 영 아쉽다면, 주말에 그 마음을 보충할 수 있도록 했다. 주말에 일어나면 평일에 쉬었던 게 보충되는 시스템으로 말이다. 새벽 출근 동지의 귀한 마음이 흘러가지 않도록, 꽉 잡아두고 싶었기에 생각한 규칙이다.

3. 개별 시각적 점검표 제공: 자기 점검으로 실천력 높이기

SRF 시스템을 활용할 수 있는 점검표를 만들었다. 각자 새벽에 일어나서 SRF 중 하나를 누르면 된다. 내가 얼마나 쉬고 있는지, 내가 얼마나 성공했는지를 시각적으로 확인할 수 있다. 총 횟수가 자동 계산되기 때문에, 쉴 날을 미리 계산하여 정할 수도 있다. 점검표를 한눈에 확인할 수 있어서 점검이 한결 쉬워진다. 남이 관리해주는 건 소용없다. 내가 나를 조절할 때 실천력이 올라간다.

시각적 점검표 예시

✦릿유✦	2025.05.12	2025.05.13	2025.05.14	2025.05.15	2025.05.16	2025.05.17	2025.05.18
은릿쌤	S	S	S	S	S		
the grace	R	R	S	S	S		
또똣쌤	S	S	S	S	S		
유란작가	S	S	R	R	S		
루시아	S	S	S	S	S	F	
핑크린	R	S	S	S	S		
가티노올	S	S	S	R	R		
얄루	S	R	S	S	S	F	
어떤 이	S	S	R	R	S		
꿈을꾸다	R	S	R	R	R		F
조각	S	S	S	R	S		
다둥이맘	S	S	S	S	R		
뽀또링	R	S	S	S	R		
비녹	S	S	S	S	S	F	
영백	R	R	R	S	R	F	
은쌤	R	S	S	R	R	F	F
구름스콘	S	R	R	S	S		F

4. 마감일 설정: 끝이 있다는 위안감

마감일의 힘은 생각보다 강하다. 새벽 기상을 1년 내내 지속해야 한다고 하면 시작부터 자신이 없다. 그렇기에 처음 습관이 형성될 수 있는 최소한의 마감일을 미리 정했다. 처음 2년 정도는 4주 단위로 모집했고, 지금은 8주로 늘린 상태다. '일단 4주만 해볼까?'라는 생각이 새벽 기상을 시도하고자 하는 마음의 허들을 낮춰줄 수 있다.

5. 댓글 문화: 새벽 온도 높이기

릿미 프로젝트에는 중요한 문화가 있다. 바로 내 인증 글 앞에 있는 사람에게 다정한 댓글 하나를 다는 거다. 성인이 되고 나선 누군가의 응원을 받기가 참 힘들다. 특히 엄마가 되고 나선, 아이를 응원하기만 하지 응원받는 경우가 별로 없다. 그런데 매일 아침 나를 위한 다정한 한 문장을 남겨주는 사람이 있다면, 생각보다 큰 힘이 된다. 나를 위해 하는 일이지만 정말 '나만' 하고 있을 때 사람은 외로움을 느낀다. 그런데 댓글은 누군가가 나를 보고 있고, 격려해주고 있다는 하나의 신호가 된다. 이는 행동을 지속할 큰 동기를 주기도 하고, 하루를 살아갈 힘을 보태어주기도 한다. 서로에게 달아주는 따뜻한 댓글은 홀로 있는 새벽의 온도를 다정하게 올리는 방법이다.

6. 내적 보상 제공: 새벽 기상을 지속할 수 있는 이유

행동을 지속하기 위해선 외적 보상이 아닌 내적 보상이 자리잡아야 한다. 릿미 프로젝트에 성공한 분들은, 릿유 프로젝트로 올라갈 수 있는 장치를 만들었다. 릿미의 타이틀은 '나를 밝히는 시간'이고, 릿유의 타이틀은 '나와 타인을 밝히는 시간'이다. 나를 밝혔던 힘으로, 이제 타인을 밝히게 된다는 뜻이다. 타인을 밝힌다고 말하는 이유가 있다. 멤버 각자가 서로에게 끼치는 영향력이 더 커지기 때문이다. 매달 새벽 북클럽 리더가 되어 북클럽을 직접 진행하기도 하고, 소모임을 만들어 자신의 재능을 기부하기도 한다. 또한 오프라인 모임으로 서로를 더 깊이 있게 알아간다. 사람은 타인을 통해 자신의 정체성을 만들어간다. 타인에게 좋은 영향력을 끼친다는 믿음은 정체성을 형성할 때 특히 중요한 요소다. 나는 이런 장치들이 내적 보상을 형성한다고 믿는다. 새벽 기상을 했을 뿐인데, 나에게 좋은 일이 남에게도 좋은 일이 되는 사이클을 경험하는 거다.

7. 자기 리뷰 작성: 기록이 쌓여야 뭐든 되니까

한 기수의 새벽 기상 프로젝트를 마감하는 날에 자신의 블로그 또는 SNS에 자기 리뷰를 적는다. 자기 리뷰란 새벽 기상을 통해 변화한 점과 앞으로 변하고 싶은 점을 적는, 일종의 자기성찰이다. 미국의 유명한 교육학자인 존 듀이가 말했다. "배움은 경험을 통해 이뤄지는 게 아니라, 경험을 바탕으로 한 성찰을 통해 이뤄진다." 성찰하는 시간 동안 나를 한번 더 만난다. 이번달은 정말 한 게 없다고 느껴지는데 막상 인증 사진을 돌이켜보면 하루하루 성실히 살아간 나를 마주한다. 느낀 걸 글로 적어보는 건, 감정에 이름을 붙여주는 행위이자 나를 더 깊게 알아갈 수 있는 빠른 방법이다. 기록이 쌓이면 신기하게 뭐가 돼도 된다. 그렇기에 프로젝트 참가자분들께 새벽 기상 리뷰를 꼭 써보시기를 추천한다.

자, 이런 시스템이라면 참여하고 싶은 마음이 들지 않는가? 심지어 매달 성공하고 있는 나를 발견할 수 있으니 성취감은 덤이다.

그리고 또 한 가지. 프로젝트 참가자들은 2년이 넘는 시간 동안 매달 만 원 남짓한 새벽 기상 선언비를 각자의 이름으로 기부하고 있다. 기부처는 다양하다. 국가적 재난, 한부모 가정, 장애 아동, 사회적 약자 등을 위해 각자 기부하고, 기부처를 공유한다. 나를 위해 하는 일이, 누군가의 삶을 외면하지 않고 선한 영향을 줄 수 있다는 믿음을 전제로 하는 행위다. 내가 이런 프로젝트를 운영하는 이유는 딱 하나다. 앞서 언급했듯이 좋은 엄마가 되기 이전에, '좋은 사람'이 무엇인지에 대한 답을 찾아가기 위해서다. 나를 둘러싼 환경에 매몰되지 않기 위해, 나를 잃지 않기 위해 선택한 방법인 거다.

좋은 엄마는 되고 싶은데 시간은 없고, 알 수 없는 우울감만 쌓이고 있다면 새벽 기상을 슬그머니 권해보고 싶다. 마음이 있어야 행동하는 게 아니라, 행동해야 마음이 따라간다. 선택 역시 마찬가지다. 좋은 선택을 자꾸 하다보면, 저절로 좋은 선택을 따라가게 된다. 시스템은 마련해두었으니, 몸만 오면 된다. 내가 내린 결정으로 만든 나를 선명하게 마주해보자. 꽤 근사할 거라 확신한다.

굳이 새벽 기상 프로젝트 운영자가 된 이유

어떻게 나를 증명할 수 있을까? 나는 내가 어떤 사람인지 증명하는 일이 나다움을 찾는 일과 동일한 의미라는 생각이 들었다. 보통 나다움을 찾기 위해서는 좋아하는 일, 잘하는 일을 찾는 게 먼저라고 생각하기도 한다. 물론 그 말도 맞다. 나에 대해 알아가는 건 나다움을 찾기 위해 꼭 필요하다. 그런데 나다움을 찾기 위해 나에게만 매몰되어 있으면, 나다움은 쉽게 방향을 잃는다. 내가 생각하는 나와 타인이 생각나는 나 사이에 간격이 크게 벌어지기 때문이다. 그러다 보면 아집이나 자만에 쉽게 빠진다. 그렇기에 스스로 "이건 나다운 일이야"라고 말하는 건, 힘을 금방 잃기 마련이다. 다들 이런 경험이 있을 테다. "나는 다른 사람한테 잘 베풀어. 나처럼 양보하는 사람도 드물걸?" 이런 말을 상사가 했을 때, 속으로 '절대 아닌데……' 하며 멋쩍게 웃었던 기억. 말 그대로 나에게 매몰된 사례다.

나다움은 필연적으로 타인의 시선을 동반하게 되어 있다. 정체성이라고 하는 건 타인과의 관계 안에 머무는 나를 통해서 정립되는 일이기 때문이다.

"나다움을 찾는 행동은 이타적으로 드러납니다. 나 혼자 잘되고 싶은 마음으로 생기는 게 아닙니다. 누군가를 도울 때 나다움이 생겨요."

이 말은 네이버 최연소 임원이자 카카오 대표였던 디자이너 조수용 씨가 내가 좋아하는 유튜브 채널인 〈사고실험〉에 나와서 한 말이다. 누군가를 도울 때 나다움이 생긴다는 게 조금 의아하기도 할 것이다. 분명 쉽게 와닿지 않는 말일 수 있다. 나 역시 그랬다. 나 혼자 무언갈 하고 있을 땐 '내가 생각하는 나다움이 뭘까?'란 질문을 끝없이 반복했다. 질문에 대한 답은 당연히 찾기 어려웠다. 그런데 아이러니하게도, 나다움을 느낀 순간은 조수용 씨의 말처럼 남을 위한 일을 할 때였다. 바로, 릿미 프로젝트다.

처음 새벽 기상을 시작한 건 순전히 나 자신을 위한 일이었다. 그 자체로도 의미는 있었지만, 굳이 시스템까지 만들 필요는 없었다. 그런데 프로젝트를 운영하면서 '다른 사람이 잘 일어나기 위해선 무엇이 필요할까?'란 고민이 필요했고, 더 좋은 방법을 생각해야 했다. 그렇게 해서 지금의 7가지 시스템이 만들어졌다. 나 혼자 잘되고자 했다면 떠올릴 수 없었을 아이디어들이었다. 이렇게 몸소 느끼고 나니, 나답고 싶어질 때일수록 누군가를 도와야 할 순간이라는 걸 알게 되었다.

나에게 좋은 일이 당신에게도 좋을 때 생기는 일

사람은 사회적 동물이기 때문에, 인정 욕구는 누구나 가지고 있는 본능이다. 우리는 가족 또는 교육 기관, 넓게는 한 국가의 시민으로서, 살아가며 누군가와 필연적으로 관계를 맺는다. 그렇기에 타인에게 받는 인정은 삶을 잘 살아가기 위한 하나의 방법이 될 수밖에 없다. 하지만 그렇다고 타인의 인정이 내가 하는 일의 최종 목적이 되어선 안 된다. 나다움이 이타적인 것을 수반한다고 해서, 남을 위하는 일로만 초점을 맞추면 행동을 지속하기 어렵기 때문이다. 나를 위해서 하는 일들도 에너지와 시간이 드는데, 하물며 남을 위해서 하는 일은 얼마나 큰 에너지와 시간이 들까? 처음엔 좋다가도 시간이 지나면 힘들고 지치기 마련이다.

내가 산증인이라 안다. 릿미 프로젝트를 2년 넘게 운영하면서 혼자 얼마나 고민을 많이 했을까? 심지어 무료로 운영하다보니, 주변인들조차 내게 물었다.

"돈도 안 되는 걸 뭘 그렇게 진심으로 해?"

“그 시간에 너한테 도움 되는 일을 하는 게 낫지 않아?”

“그걸로 사업이라도 할 거야?”

2023년부터 매달 새벽 기상 멤버 모집 공지를 작성하면서 나는 단 한 번도 같은 내용을 적은 적이 없다. 그 외에도 회원 관리, 매주 새벽 레터 발송, 카페 관리 등 나 혼자서 많은 일들을 했었다. 직장을 다니며, 두 아이를 키우면서 말이다. 함께하는 참여자가 늘어날수록 왜 이렇게까지 돈 안 되는 일을 굳이 하는지, 흔들리지 않고 지속할 수 있는 명분은 무엇인지 궁금해하는 분이 많았다. 아마 지금 글을 읽는 독자들도 그렇게 느끼실 수 있을 것 같다. 이유는 생각보다 간단하다. 내가 하고자 하는 일을, 내가 납득했기 때문이다. 나는 나에게 설득당했다.

내가 스스로 납득한 일은 남이 구태여 인정해주지 않아도 지속할 힘이 생긴다. 내가 납득한 일이라는 뜻은, 내가 필요하다고 스스로 인정한 일을 말한다. ‘엄마의 마음이 채워질 때, 가정이 안정되고, 안정된 환경 속에서 아이는 건강하게 성장한다’라는 대전제를 믿는다. 그리고 이 생각을 앞서 출간한 세 권의 단행본★에서도 썼다. 책에까지 썼다면, 내가 어떤 행동을 해야 하지 않을까? 단순히 주장하는 것에서 끝나는 게 아니라, 어떻게 하면 엄마의 마음이 채워질 수 있는지도 함께 안내해야 한다고 생각했다. 그게 내가 쓴 것에 대한 책임을 지는 일이라 믿었다. 나무를 베어가며 종이를 만들어, 활자로 인쇄된 것에 대해 삶으로 증명해야 한다고 믿었다.

그래서 릿미 프로젝트를 만들었고, 2년 넘는 시간 동안 지속하고 있다. 내가 하는 일의 가치를 스스로 공감하고, 설득되었기에 타인의 말에 쉽게 무너지지 않을 힘이 생겼다. 그리고 신기하게도 내가 하고자 하는 일이 도움이 된다는 피드백이 서서히 늘어났다. 본인의 삶이 변했고, 심지어 아이의 삶이 변했다는 말까지 듣는다. 내가 의미 있다고 믿는 일을 타인의 삶을 통해 증명받은 것이다. '나다움'은 이런 게 아닐까? 혼자서 만드는 게 아니라 서로를 통해 찾아가는 것. 나뿐만이 아니다. 프로젝트를 통해 나다움을 찾아가는 분들이 늘고 있다. 본인의 일에서 끝내지 않고, 다른 사람을 돕고자 한다. 그 힘으로 도움이 필요한 누군가를 구한다. 이렇게 서로가 서로를 깊은 늪에서 발이 닿는 곳까지 건져올린다. 건진 사람도 건져진 사람도 스스로 깨닫지 못하는 새에, 늪에서 나와 무언갈 해볼 힘이 생겼다고, 하고 싶어졌다고 말한다. 나다움의 선순환이다.

★ ── 새벽 기상으로 마음이 회복되며 가장 먼저 한 일은 책을 쓴 거다. 엄마의 변화가 아이에게 어떤 영향을 미칠 수 있는지를 적었다. 자기주도적인 아이의 마음과 힘을 담은 세 권의 책, 『해냄 스위치를 켜면 혼자서도 잘하는 아이가 됩니다』, 『거실육아』, 『초등 자기주도력』을 펴냈다.

쌓인 시간은 거짓말을 하지 않는다

"희귀함이 쌓이면 고유성을 갖습니다. 그러나 고유성이 진정성까지 가기 위해서는 축적의 시간이 다시 요구될 수 있습니다. 고유함은 나의 주장이고, 진정성은 타인의 평가이기 때문입니다. 결국 고유성과 진정성의 단서가 내가 오랫동안 쌓아둔 내러티브라는 것은 잊지 말아야 할 필수 전제가 됩니다."

송길영 작가의 『시대예보: 핵개인의 시대』 중 한 구절이다. 어쩌면 내가 하는 일이 희귀하다고 여겨질 수 있다. '나는 책을 쓸 것도 아니고, 무언갈 책임져야 할 사람도 아닌데 이렇게까지 해야 하나?' 싶을 수도 있다. 그런데 나를 설득하여 쌓아가는 나다움은, 삶의 다양한 풍파에서 나를 지켜줄 가장 강력한 힘이 된다. 나에게도 그런 일들이 몇 번 있었다. 어떤 분이 내가 프로젝트를 하는 의도를 오해하여, 국민신문고에 나를 신고한 적도 있다.

만약 내가 나를 충분히 설득하지 않았더라면 그런 어려움이 있을 때마다 프로젝트를 일찌감치 그만두었을 것이다. '굳이 이런 걸 왜 해서!'라는 말과 함께. 그런데 난 그러지 않았다. 오히려 '내가 이걸 하려고 했던 이유'를 되짚어보았다. 그리고 깨달은 것이 있다면, 고유함이 나의 주장으로 그치지 않으려면 축적의 시간이 필요하다는 것이었다. 내가 그만큼 축적하지 않았기에 진정성을 의심받을 수도 있었겠구나 싶었다.

　　이 외에도 프로젝트를 이끌다보면 내 마음처럼 되지 않는 순간이 훨씬 많다. 생각만큼 일이 풀리지 않을 때, 내 의도를 타인이 다른 방식으로 해석할 때, 열심히 한 만큼 인정받지 못할 때, 나의 노력을 당연하게 받아들일 때…… 축적의 시간이 덜 여물었다 해도 힘이 빠지는 건 어쩔 수 없었다.

　　하지만 이럴 때야말로 나를 설득했던 힘이 내게 가장 큰 위로가 되었다. 나답게 쌓아온 길이 다시 걸어갈 가장 큰 명분을 주었다. 새벽 프로젝트를 구태여 운영하는 것, 새로운 모집 공지를 정기적으로 쓰는 것, 시간을 쪼개어 사람들을 위한 영상과 글을 찾고 있는 것 등, 이렇게 애써 하는 일들이 남에게 도움이 된다는 걸 느낄 때, 비로소 내가 제대로 걷고 있다는 걸 느낄 수 있었다.

　　이렇듯 나다움이라는 가치는 퇴적과 침식을 거치며 쌓아나가는 하나의 구조물이 아닐까 싶다. 바다에 놀러가면 꼭 누군가 일부러 만든 것처럼 쉬기 좋은 바위 하나가 있다. 그런데 바위가 처음부터 그 모양일 리 없다. 거센 바람을 맞고, 수많은 파도에 부딪히고, 모래가 쌓이면서 만들어진 모양일 테다. 나다움 역시 이런 게 아닐까? 깎이고, 차이고, 부서지고, 그러나 다시 그 자리를 지키는. 나도 퇴적과 침식을 거치면서 나다움을 꾸준하게 지키는 사람이 되면 좋겠다. 그렇게 만들어진 구조물이 누군가가 기꺼운 마음으로 쉬어갈 수 있는 모양새이길 바란다. 굳이 새벽 기상 프로젝트 운영자가 되지 않았다면 몰랐을 마음이다.

누구나 직장을 사랑하고 싶다

"언제 면직하세요?", "아직 면직 안 했어?" 교사로서 책을 여러 권 내고, 강의를 다니다보니 이런 질문을 종종 받는다(면직이란 교사의 퇴사를 뜻한다). 그럴 때마다 "아직 학교에서 하고 싶은 게 많아서요"라는 나의 대답에 응원보단 세상 물정 모른다는 듯 혀를 끌끌 차는 사람도 많다. 여기엔 인플루언서로 잘되고 있을 때 얼른 공동구매로 돈을 버는 게 이득이라는 뜻이 내포되어 있다.

물론 공동구매를 하지 않는 인플루언서도 많지만, 인플루언서가 되었을 때 가장 좋은 점 하나가 공동구매 기회가 생긴다는 이유 때문인 것 같다. 이런 말을 자주 듣다보니, 예전엔 나 역시 공동구매를 당장이라도 시작해야 할 것 같은 생각을 하기도 했다. 복권을 긁기 전이 가장 설레듯이, 내가 공동구매를 열기만 하면 로또 1등 당첨이 예정된 것처럼 사람들이 앞다투어 구매할 것

어쩌면 새벽

같았다. 해보지도 않았는데, 해본 뒤의 성공이 아쉬운 감정은 무엇이란 말인가. 떼돈을 벌 기회를 눈앞에서 놓치고 있는 듯한 상실감마저 들기도 했다(벌 수 있을지도 모르면서).

그런데 신기하게도 요즘은 사람들의 말이 아쉽지 않다. 내게 긁기 전 복권은 공동구매가 아니란 걸 스스로 알았기 때문이다. 오히려 긁기 전 복권의 설렘을 내 직업 안에서 찾고 싶은 마음이라는 걸 알았다. 다양한 학생을 만나고, 깊이 있는 경력을 차곡차곡 쌓아서, 끝장나게 잘 가르치는 사람이 되고 싶다는 마음이 있다는 걸 말이다.

그런데 이쯤에서 면직이 이렇게 이슈인 이유가 궁금할 거다. 실제 교육부 자료를 살펴보면, 2023년 3월부터 2024년 2월 사이에 퇴직한 10년 차 미만 교사가 총 576명이라고 한다. 2023학년도 교사 신규 채용 규모가 약 8,500명이었던 걸 고려하면, 무려 6.8%나 교직을 떠난 셈이다. 현재 기준으로 조사하면 더 많은 수가 나오지 않을까 싶다.

안정된 직장을 떠올리면 가장 먼저 생각나는 교사라는 직업이 요즘은 참 많이도 달라졌다. 직업의 종류가 다양해지고, 직업의 선택권이 넓어지면서 '내가 할 수 있는 다른 일은 무엇일까?'를 진지하게 고민해볼 폭이 넓어진 것이 하나의 이유가 아닐까 싶기도 하다. 이는 실제 학교 현장 사례에서도 종종 느낀다. 학교에서 재능 있는 교사가 보이면, "교사 그만두고도 할 게 있네!"라고 말한다. 그러곤 다들 내심 부럽다는 눈빛을 보낸다. 예전 같으면 이런 농담은 상상도 할 수 없는 분위기였다. 학교의 인재로 남기 위해 노력하지, 학교 밖의 인재가 된다는 건 옳지 못한 일 같았기 때문이다.

이처럼 직업의 다양성이 넓어지는 시대이기에, 교사에게도 의원면직이라는 하나의 흐름이 생겼다. 물론 점점 힘들어지는 교육 현장도 한몫한다. 주변에 하나둘 그만두는 교사들이 생기며, 각자의 마음속에서도 슬금슬금 아지랑이 하나가 피어오른다. 그런데 '내가 무얼 할 수 있을까?'를 고민하지 않고, 마냥 '면직이나 퇴사'만 떠올리면 자괴감만 쌓인다. 그간 해온 게 많으면서도, 나는 왜 하나도 한 게 없냐며 스스로 탓하게 된다. 내가 공동구매를 떠올리며 아쉬워했던 것처럼 말이다. 하고 싶은 게 뭔지, 할 수 있는 게 뭔지에 대한 고민에는 시간이 필요하다. 직장을 그만두고 싶다면, 가장 먼저 확보해야 하는 건 생각할 시간이다. 새벽 기상은 그 조건에 딱 들어맞는다. 심지어 돈도 안 드는 일이다.

직장에 대한 고민과 새벽 기상의 상관관계

『빅터 프랭클의 죽음의 수용소에서』에는 로고테라피(Logotherapy)라는 이론이 나온다. 이는 "의미를 찾는 것이 인간

존재의 가장 기본적인 동기”라는 개념을 중심으로 하고 있다. 나치 강제수용소에서의 생존 경험을 바탕으로, 의미를 찾는 것이 삶을 지탱하는 힘이라는 강력한 메시지임을 전했다. 우리의 현재 상황과도 결부시킬 수 있는 메시지다. 내가 선택한 교사라는 직업에 나만의 의미가 있다면, 어떤 상황에서도 기쁨이나 동기를 발견할 수 있다는 뜻이다.

그런데 나만의 의미가 없어지는 순간, 타인의 매서운 말이나 불합리한 상황이 나를 쥐고 흔들게 된다. 교사 말고 다른 직업 또한 마찬가지일 테다. 만약 내가 선택한 직업이 나에게 더 이상 의미를 주지 못한다면 다른 직업을 선택할 수도 있다. 그 과정에서 겪는 다양한 어려움은 의미만 충분하다면 감내할 동력을 준다. 그렇기에 내가 생각하는 가장 위험한 상황은 ‘자신만의 의미’를 찾지 못한 상태라고 생각한다.

‘돈을 벌기 위해 직장에 출근하는데, 재미는 없고, 무료하고, 힘들기만 하고……’

누구나 공감하는 문장이지만, 마냥 웃어넘기기엔 위험하다. 실제로 웃어넘기지 못하는 사람이 있기 때문이다. 이렇게 의미가 없는 상태가 오랫동안 이어지면 권태와 나태, 그리고 나를 잃어버리는 느낌이 든다. 이럴 때 우울감에 휩쓸려 직장을 그만두거나, 순간의 감정에 치중해서 직장을 옮기기도 한다. 그게 아니라면 직장을 그저 돈을 벌어야 하니 견디는 곳으로 치부해버린다.

나의 생활 중 가장 많은 시간을 보내는 곳이, 버텨야만 하는 장소인 것만큼 끔찍한 게 있을까? 이렇게 된다면 월요일부터 금요일까지, 출근하는 동안의 내 시간은 그저 증발해버리는 것이다. 그렇기에 내가 이곳에 속해야 하는 이유, 속하지 않아야 할 이유 등의 의미를 스스로 찾는 과정이 꼭 필요하다.

자기 신뢰, 방향을 제대로 잡는 법

직업에 대한 만족도가 높아지는 마법이 있을까? 연봉이 높아지거나, 근무 환경이 좋아진다면 만족도에 큰 영향을 미칠 수도 있다. 그런데 정말 그것만으로도 될까? 나를 둘러싼 환경만으로 나의 만족도가 결정된다면, 로또에 당첨된 사람이 불행할 일은 없을 것이다. 누가 봐도 좋은 근무 환경, 높은 연봉임에도 불구하고 직장에 불만을 가진 사람은 꽤 많다. 나는 이것이 자기 신뢰와 연결된다고 본다.

자기 신뢰는 내 생각, 판단, 선택, 행동을 믿는 능력이다. 어떤 상황에서든 나를 신뢰하고, 나의 내면에서 뿜어져나오는 목소리에 귀기울이는 걸 말한다. 단순한 자신감과는 다르다. 자기 신뢰는 나의 본질적인 가치를 인정하고, 해낼 수 있다는 믿음이 차곡히 쌓인 결과물이다. 자기 신뢰는 어떻게 쌓이는 걸까? 내가 선택한 일에 대한 성공 경험이 쌓일 때 비로소 박차를 가하기 시작한다.

직업적으로 성과를 내거나, 투자에 성공하거나, 승진하는 것으로 자기 신뢰를 쌓기엔 기간이 오래 걸린다. 필연적으로 누군가와 경쟁할 수밖에 없지만, 영광의 순간이 보장된 건 아니기 때문이다. 그렇기에 오로지 나를 위한 선택으로 인한 작은 성공 경험이 첩첩이 쌓여야 한다. 성공 경험을 쌓아가기 위해선, 성공 확률을 높일 수 있는 환경을 구성해야 한다. 그러기 위해선 두 가지 환경이 필요하다. 내가 말한 걸 지키고 싶은 공간이 있어야 하고, 내가 말한 게 할 만해야 한다.

나는 우선 내 주변의 공간을 바꿨다. 집안에서 내가 제일 좋아하는 공간은 거실에 있는 식탁이다. 이 식탁 위에 30만 원이 훌쩍 넘는 고가의 화병을 두었다. 이처럼 과감한 선택을 한 이유는, 나를 위한 새벽 시간이 행복했으면 하는 마음 때문이었다. 가족을 위한 공간인 식탁이, 화병 하나로 나를 위한 공간으로 탈바꿈하는 순간이었다. 식사를 차리고 치우고 반복하는 집안일의 연속인 공간에서, 내가 말한 걸 지키고 싶은 공간이 된 것이다. 심지어 식탁을 자발적으로 더 자주 정리하게 되었다는 장점도 있다.

매일 내가 넘어갈 만한 작은 허들도 준비해두어야 한다. 내가 말한 걸 가장 잘 지키고 싶은 사람은 누구일까? 바로 나다. 남들이 할 만하다고 추천하는 건 소용없다. 이 정도면 할 수 있겠다는 건 내가 가장 잘 안다. 할 만하지만, 했다고 자부심을 느끼는 행동을 새벽에 배치해두는 거다.

- 책 10쪽 읽기
- 다이어리 정리하기
- 15분 운동하기
- 따뜻한 물 먼저 마시기
- 블로그에 하루 기록 남기기
- 좋은 문장 필사하기 등

사소하지만 일단 나를 위해 시도한 일을 이루고 나면, 직장에서의 내 모습도 달라진다. 일상생활 속에서 느낀 자기효능감이 다른 곳에서도 힘을 내는 것이다. 직장에서 다양한 어려움을 마주하더라도 '나는 현명한 선택을 하고, 문제도 해결할 힘이 있어'라는 마음으로 임하게 된다. 나 역시 자기 신뢰를 쌓고 난 뒤, 직장에서 타인에게 이끌려 다니는 일이 현저히 줄어들었다. '내가 불편함을 느끼는 감정엔 이유가 있을 거야. 나는 더 좋은 선택을 할 수 있어'라는 주문을 스스로 말하게 되었기 때문이다.

실제로 직장에서 어려운 일을 앞두고 있을 때, 그날은 일부러 새벽에 더 일찍 일어난다. '새벽에 일어나서 나를 위한 일로 하루의 첫 시작을 열었는데, 해결 못할 일이 무엇일까?'라는 자신감을 쌓기 위해서다. 설령 해결되지 않더라도, 내가 최선을 다해 임했다는 사실로 나를 토닥이며 위로할 수 있다. 내가 나를 믿기 때문이다.

요즘도 보통 새벽 4시에 눈을 떠서 노트북을 들고 식탁으로 향한다. 이렇게 쌓아올린 시간이 어느덧 5년 차에 접어들었다. 나는 이 시간이 나의 선택을 견고하게 하는, 이 일을 선택한 나를 존중해주는, 자기 신뢰를 쌓는 과정이었다고 생각한다. 새벽에 확보한 고민의 시간 동안 나는 글을 쓰거나, 책을 읽거나, 영상을 만들거나, 달리거나, 공부한다. 그리고 이런 내가 퍽 마음에 든다.

'내가 선택한 일을, 나는 지킬 수 있는 사람이구나'라는 마음이 나에 대한 진실한 신뢰로 바뀌었다. 신기하게도 아무리 '있는 그대로의 나를 믿어!'라고 내면에 호소해도, 무언가를 성공한 경험이 없으면 나조차 나를 믿기 힘들다. 믿기 싫어서가 아니라, 말이 너무 공허해서 그렇다. 견디기만 하는 출근과, 실체 없는 퇴사의 갈림길에서 서성이고 있다면 우선 자기 신뢰를 쌓아보자. 그리고 자기 신뢰의 첫 출발로 나를 위한 새벽 시간을 확보해보자. 어떤 답이 나올진 몰라도, 한 가지는 분명하다. 타인의 시선이라는 파도에서 벗어나, 내 발자국을 찍을 용기 하나는 생길 것이다.

나에게 보내는 사랑을
멈추지 않을 것

내가 2년이 넘는 시간 동안 한 주도 빼먹지 않고 해온 게 있다면 바로 릿미 참가자들에게 새벽 레터를 보낸 일이다. 새벽 레터를 처음 보내기 시작한 건 2023년 6월이다. 주변의 많은 작가가 레터 서비스를 하고 있고, 생각보다 지속하기 어렵다는 평도 듣는다. 그래서 레터 서비스는 함부로 시작하는 게 아니라는 말도 들었다. 매주 보내다보니 '정말 그렇기도 하네'라고 스스로 깨닫기도 했다. 2년 넘게 매주 편지를 수신하는 멤버가 있다보니, 썼던 내용을 사골처럼 다시 우려서 쓸 수도 없었기 때문이다. 결국 레터는 내게 마감이 있는 또다른 글쓰기 과업 같기도 했다.

그럼에도 이 행위가 과업이 되지 않은 이유가 있다. 매주 자발적 새벽 레터를 보내는 일이 '나에게 보내는 일종의 사랑 표현'이었기 때문이다. 남에게 보내는 가장 좋은 선물을 고르기 위해서, 나는 나에게 먼저 해주고 싶은 예쁜 말을 고르고 고르는 작업을 했다. 레터 덕분에 소홀할 수 있는 나에 대한 사랑 고백을 이어나갔다. 나에 대한 사랑이 깊어지는 일은 어쩌면 단순하다. 좋은 생각을 많이 하면 된다. 그런데 이 좋은 생각은, 좋은 걸 봐야 할 수 있다. 지독히도 단순한 이치다. 좋은 걸 본다는 건, 내게 영양분이 되는 문장을 오독오독 씹어먹으면 된다는 말이다. 그래서 나의 레터엔 언제나 '좋은 문장'이 함께 있다. 1년이 52주니, 2년이 넘는 시간 동안 보낸 레터의 양은 100개가 넘는다. 나에겐 적어도 100개의 사랑 표현이 있다는 말이다.

"3월 어느 날의 새벽 레터"

어느새 3월 3주 차에 들어섰어요. 1주 차를 시작할 때는 멀어 보였던 어느 날이, 눈을 떠보니 성큼 다가와 있는 것 같아요. 그만큼 각자의 자리에서 애쓰고, 또 최선을 다하셨을 멤버분들이 자랑스럽습니다.

저는 새벽에 일어나는 건 나에 대한 또다른 사랑 표현이라고 생각해요. 굳이 하지 않아도 되는 일인데, 구태여 하는 건 나를 위해 무언가를 더하고자 하는 것이잖아요. 표현하지 않으면 어떤 마음인지 나조차도 모를 때가 있지요. 새벽에 일어나 특별한 무언가를 하지 않더라도, 내가 좋아하는 게 무엇인지, 내가 좋아하고자 하는 게 무엇인지 찬찬히 들여다볼 수 있는 일을 한다는 건 '내가 나를 좋아한다는 표현'을 하는 일이라고 생각해요.

"사랑은 개인인 두 사람의 단순한 만남이나 폐쇄된 관계가 아니라 무언가를 구축해내는 것이고, 더이상 하나의 관점이 아닌 둘의 관점에서 형성되는 하나의 삶이라 하겠습니다. 사랑은 만남으로 요약되는 것이 아니라, 지속성 속에서 실현됩니다."- 『사랑 예찬』 중에서

나에 대한 사랑도 지속성 속에서 실현되는 게 아닐까 싶어요. 이번 주도 소소하게 나에 대한 사랑을 표현하며 보내봅시다.

"5월 어느 날의 새벽 레터"

"말은 때로 씨앗 같은 모습으로 우리 앞에 나타난다. 바람에 날려 오기도 하고, 새 같은 작은 동물이 날라오기도 하고, 사람이 건네주는 경우도 있을지 모른다. 그러나 그것은 너무 작아서 주의하지 않으면 잃어버리고 만다. 그것을 땅에 심고 키워야 한다.
농부가 날씨를 거스르지 않는 것처럼, 말을 키울 때도 마음의 날씨를 무시할 수 없다. 화창한 날도 있지만 구름 낀 날도, 비 오는 날도 있다. 그러나 비 오는 날이 없으면 흙이 바싹 말라버리듯 말도 말라버린다.
쓴다는 것은 말을 개화시키는 행위이기도 하다. 이야기할 수 없는 '말'을 써서 말함으로써 우리는 자기 마음속에 잠들어 있는 보석을 발견한다."
– 와카마쓰 에이스케 지음, 『말의 선물』 중에서

어느덧 5월의 절반을 훌쩍- 지나가고 있네요.
저는 이번주, 아이의 열이 떨어지지 않아 마음을 내내 졸였어요. 하루의 무탈함이, 아이의 건강함이 얼마나 값지고 귀한 것인지를 느끼게 되는 주였기도 했어요. 하루의 소소함 자체가 행복을 이루는 근간임을, 우리가 잊지 않도록 한 번씩 이런 이벤트들이 찾아오나봅니다. 우리 멤버분들도 모두 건강하셨길 바라요.

말은 마음의 날씨를 무시할 수 없다는 구절이 참 좋았어요. 농부가 농사를 짓듯, 우리도 마음의 날씨를 돌봐야 한다는 것처럼요. 하지만 불가항력적이게 찾아오는 날씨가 무심할 때도 있지만, 그 날씨조차 마음을 키우기 위해선 필요한 일임을! 그리고 그것이 결국 나의 '말'이 된다는 것을, 다시 한번 느낍니다. 뱉기 어려운 것은, 쓰면 된다는 것이 얼마나 큰 행운인지요. 자유롭게 말하고, 쓸 수

있는 우리이기에 이미 우리는 행복의 모든 조건은 다 갖춘 것이 아닌가 싶어요.
이미 행복할 조건을 갖추었다는 걸 기억해요, 우리.

"7월 어느 날의 새벽 레터"

"자신의 민낯을 마주하고 품을 수 있는 사람은, 그 어떤 모습의 자신으로도 스스럼없이 세상과 마주할 수 있습니다. 오늘은 어떤 모습으로 승부를 겨루고 있나요? 매일 아침, 얼굴을 씻은 나의 얼굴을 보고 이런 주문을 걸어봅시다. 나는 이 모습으로 승부한다."-『오늘의 기본』 중에서

이 구절을 읽고 든 생각은, 나의 민낯은 무엇일까? 라는 질문이었어요. 생각해 보면, 제 민낯은 새벽이네요. 일단 새벽엔 민낯으로 있잖아요. 그리고 또 다른 의미론 나에게 지금 내가 필요한 걸 스스로 선택해서 참여하고 있다는 상태이기에 민낯인 거지요. 실제로 저는 화장하지 않은 제 얼굴보다도 화장한 제 얼굴을 더 좋아하긴 하는데요. 그럼에도 새벽에 일어난 제 민낯과 내가 하고 싶은 일을 스스로 선택한 제 마음의 민낯은 그 어떤 꾸밈보다 사랑해요.

도전하고 싶은 일이 있고, 생각보다 어려울 수 있겠다 싶은 일들이 있을 때마다 저는 오히려 푹 쉬기보단 새벽에 일찍 일어나는 걸 택해요. 새벽에 일어나는 일은 쉬운 일이 아니기에, 일단 이걸 해낸 자신이 자랑스럽거든요. 누군가에게 끌려가지 않고, 내가 하고 싶은 일을 스스로 선택해서 끝낸 내가 두번째로 자랑스러워지고요. 그러다보면 자연스럽게 이 마음이 딱 장착이 됩니다.

"오늘 이 새벽으로 승부한다!"
이렇게요.

이번주도 아마 무수한 어려움이나 소소한 갈등이 있지 않을까 싶어요.
그럴 때마다 새벽에 승부를 거는 나를 떠올려봅시다.
무탈함은 어쩌면 아무 일도 생기지 않는 상태가 아니라, 내가 그걸 무탈하게 받아들이는 마음의 형태가 아닐까 싶어요. 그렇기에 이번주도 새벽의 민낯으로 무탈하길 건투를 빕니다!

새벽 레터, 내가 나를 사랑하는 방식

얼마 전, 아이와 잠들기 전 '사랑'에 대한 이야기를 나누던 중의 일이다. 둘째 아이가 내게 곤란한 질문 하나를 던졌다.

"엄마, 엄마는 아빠랑 오빠랑 나랑 셋 중에서 누굴 가장 사랑해?"

"글쎄, 대답하기가 어렵네. 하윤이는 엄마랑 아빠랑 오빠 중에서 누굴 가장 사랑해?"

"엄마. 있잖아. 이건 비밀인데 엄마한테만 말하는 거야."

아이가 내게 몸을 밀착하며 작은 목소리로 입을 열었다. 나는 분명 내 이름이 나오겠거니 예상했다. 그러지 않고서야 왜 비밀일까?

"엄마. 실은, 나는 날 가장 사랑해."

머리를 한 대 쾅 얻어맞은 기분이 들었다. 아이의 말을 듣고 내가 다음으로 해줬던 말은 이거다.

"하윤아, 큰 소리로 이야기해도 돼. 그건 비밀이 아니야. 자랑스러운 거지. 엄마도 실은 엄마를 가장 사랑해."

"나는 나를 가장 사랑해"라는 이 짧은 한 문장을 뱉고 나니, 신기하게도 해방감이 들었다. 두 아이의 엄마로서, 누군가를 가르치는 교사로서, 철이 들고 싶지만, 여전히 철이 없는 딸로서,

한 남자의 아내로서 살아가는 동안 '나를 가장 사랑'하면 큰일날 것만 같았다. 엄마의 손길이 가장 필요한 시기이기에, 지금껏 힘들게 나를 키워주셨기에, 교육의 질은 교사의 질을 따라갈 수 없기에, 행여라도 내가 우선시되면 결정적인 순간들을 놓치게 될까 봐 노심초사하곤 했다. 그런데 나를 둘러싼 다양한 역할은 결국 '나란 사람'이 없으면 성립되지 않는 게 아닐까? 엄마도, 교사도, 딸도, 아내도 말이다. 나조차도 자주 깜빡 잊어버리곤 하는 이 사실을, 내 주변의 많은 이들도 자주 놓치고 산다. 매 순간 내가 나를 가장 사랑한다는 사실을 기억하자고는 하지 않겠다. 그건 너무 힘든 일이 분명하기에. 그래서 가장 사랑하는 사람이 나라는 사실을 '가끔'이라도 기억하자고 제안하고 싶다. 가끔만 기억해도 숨구멍이 열린다.

나를 가장 사랑할 수 있는 방법은 무얼까? 나는 새벽 레터라는 방법 하나를 강구했다. 이 편지가 누군가에게 온전하게 가닿지 않아도 상관없었다. 누군가에게 정성스럽게 편지를 쓰기 위해서, 나는 일주일간 마음을 닦는 시간을 보냈다. 그럴 때마다 신기하게도 나에게 꼭 맞는 문장을 만나 위로받기도 하고, 다시 시작해보고자 마음먹기도 했다. 어떨 땐 세상 귀찮고 그냥 다 그만두고 종일 잠만 자고 싶다는 생각이 가득 차올라도, 주 1회 새벽 레터라는 마감일이 있고, 공지 사항에 떡하니 적어두었으니, 몸을 일으켜 누군가에게 도움이 될 문장을 고심했다. 이 모든 과정이 나에 대한 사랑 표현이었다.

매번 쓰는 문장마다 그 주의 나의 고민이 담겨 있었다. 어떤 때는 성과를 내고 싶어 안달인 나를, 어떤 날은 그저 쉬는 것도 정답이라고 말하는 나를, 어떤 날엔 자꾸 실패하는 나를 외면하고 싶다고 고백하는 문장들을 썼다. 그런데 남에게 쓰는 글이니 내 감정을 덜렁 고백하고 마치는 게 아니라, 끝맺음은 항상 '나아감'이 있도록 했다. '그럼에도, 그래서, 다시, 한번 더, 용기를 내어' 등의 말들로 마무리했다. 이렇게 내 사랑을 내가 먹고 자라다 보니, 나에게 보내는 사랑을 멈추지 않다 보니, 마음이 꽤 튼튼하고 면역력이 좋아졌다. 내가 바라는 작은 희망 하나가 있다면 이런 엄마를 보고 자란 우리 딸이, 꼭 필요한 순간에 큰 소리로 '자신을 가장 사랑한다고' 용기 내주었으면 한다. 그런데 막상 따라 해보고 싶어도, 새벽 레터를 보낼 곳이 없으면 어떡하냐고 묻고 싶을 것이다. 마음먹었다면, 오늘부터 바로 시작할 수 있는 간단한 방법 하나를 알려주겠다. 바로 블로그 대문에 이 글을 적어두는 것이다.

'매주 금요일, 일주일 동안 고심해서 고른 문장과 생각을 나눕니다.'

특별한 사람만 할 수 있는 일이 아니다. 내가 나를 가장 사랑한다고 가끔이라도 외치기 위해선, 그 사랑을 행동으로 보여주기 위한 작은 약속이 필요하다. 정말 아무도 보지 않을 것 같지만, 좋은 글에는 사람들이 모인다. 댓글이나 공감을 누르지 않더라도, 당신의 글을 읽는 익명의 독자가 생긴다. 이왕이면 글이 가장 잘 써지는 시간, 무리카미 하루키도 인정한 시간, 새벽에 키보드를 두드려보기를 추천한다.

5년, 진짜 하고 싶은 말을 찾은 시간

"어떻게 그렇게 했어요?"

생각보다 나를 만나는 많은 사람이 묻는다. 실제로 나는 크게 대단한 사람이 아닌데도, N잡에 대한 사회적인 관심이 많아져서인지 외부 활동을 꾸준히 하는 내가 물컵에 들어간 빨대마냥 유독 확대되어 보였나 보다. 어떻게 했냐는 질문의 핵심은 보통 두 가지로 압축된다.

"어떻게 강의 요청을 받았어요?"

"교육 인플루언서가 된 비결이 뭐예요?

이 두 가지 질문 뒤에는 가장 묻고 싶은 말이 숨겨져 있다. 누군가는 수줍게 묻고, 누군가는 호기심에 반짝이는 눈빛으로 묻는다. 이 말을 통해 내가 당신처럼 한번 시작을 해봐도 되겠냐는 무언의 확신을 얻고 싶어서인 것 같다.

"그래서 돈은…… 많이 벌어요?"

그런데 아무도 내게 그렇게 되기까지 얼마나 걸렸는지는 묻지 않는다. 사람들은 보통 그 사람이 누리고 있는 '영광의 순간'만 바라본다. 아이러니하게도, 누군가가 영광의 순간에 있을 때가 돼서야 그 사람을 다시 보게 되니까 그렇지 않을까? 누군가가 방구석에서 끝나지 않을 어두컴컴한 터널 안을 지나가고 있을 때는 관심도 없다. 심지어 그런 순간이 있을 거라고, 생각하고 싶지 않아 보인다. 사람들은 달콤한 열매만 원한다. 그 열매를 온전하게 키우기 위해 묵묵히 견뎌낸 나무의 시간은 잊는다. 그저 빨리 따서 과즙을 맛보고 싶을 뿐이다. 그럼에도 나에게 당신처럼 사는 것이 진짜 즐거운 게 맞고, 돈까지 벌 수 있는 일이 맞느냐고 묻는 말에는 항상 해주는 대답이 있다. 동문서답 같은 말인데도, 이것만큼 정확한 말은 없다.

"얼른 해봐요. 하다보면 하고 싶은 게 보여요. 할 수 있는 걸 찾게 돼요."

당신에게 무엇이 필요한지 알아야 하는 이유

아마도 콘텐츠를 만들어보거나, 콘텐츠를 만들어보려고 고민한 사람이라면 이 사실에 누구나 공감할 것 같다. 생각보다 시간이 어마어마하게 든다는 점이다. 유튜브 시장이 아직도 블루

오션이라고 하는 말은 거짓말이 아니다. 콘텐츠 제작을 1년 이상 지속하는 사람이 생각보다 적기 때문이다. 지속하기 어려운 이유는 단순하다. 내가 만든 콘텐츠를 아무도 보지 않아서다.

30초 영상을 만들기 위해 8시간을 쏟았는데, 조회수는 50회 미만이고 좋아요 수는 10개가 채 되지 않는다. 처음 한 달은 '이제 시작했는데! 뭐'라고 생각할 수 있지만, 3개월이 지나고, 6개월이 다 되어가는데도 처음 상태와 비슷하면 힘이 빠진다. 나는 세상과 소통하고 싶은데, 세상은 그런 나에게 굳건히 문을 닫고 있다는 생각마저도 든다. 주변을 돌아보니 시작한 지 얼마 되지도 않았는데 벌써 팔로워는 1만이 넘고, 올리는 콘텐츠마다 조회수가 폭발하는 사람들이 있다. '이것도 재능이구나'라는 씁쓸함이 생긴다. 어떻게 이렇게 디테일하게 아느냐 묻고 싶다면, 내가 딱 겪었던 상황이기 때문이다. 나는 인스타를 시작하고 6년이란 시간 동안 팔로워가 100명이 되지 않았다.

사람은 필요가 있어야 행동하게 된다는 게 맞나보다. 첫 책을 2023년도 출간하자 홍보라는 큰 벽에 부딪혔다. 말 그대로 '아무개 작가'인 나는 스스로 할 수 있는 홍보가 적었다. 자력으로 책을 알린다기보다는, 출판사와 주변인들의 도움을 참 많이도 받았다. 그래도 책을 알아봐준 감사한 독자들이 계셔서, 출간 2주 만에 3쇄를 찍기도 했다. 어느 날 대형 서점에 인플루언서 매대를 꾸미니 내 책을 추천해주겠다는 고마운 지인도 있었다. 조심스레 내게 팔로워가 만 명이 되냐고 물었다. 서점 매대를 꾸미는 조건이 인스타 팔로워 만 명이었기 때문이다. 내가 운영하는 SNS인 인스타, 블로그, 브런치, 네이버 카페를 통틀어도 천 명이 될까 말까 했다. 그때 자존심이 확 꺾이며, 내 안에서 무언가가 '팟' 켜졌다.

내가 준비되지 않아서, 이렇게 좋은 기회도 눈앞에서 날려 버리니 스스로 실망스러웠다. 그때부터였을까. 인스타 팔로워 만 명의 필요성을 느끼고, 간절히 바라게 되었던 것이. 하루에 8시간을 쏟아가며 콘텐츠를 만들기 시작했다.

동굴 속에서 비로소 얻은 타이틀

의욕이 불타올랐다. 하루에 몇 시간이고 콘텐츠를 만드는 일에 쏟는 게 아깝지 않았다. 그런데 내 눈에는 잘 만든 것 같은데 반응이 왜 이렇게 없는지 궁금했다. 반응이 없는 시간만 꼬박 6개월이었기 때문이다. '내가 만든 건 별로 도움이 안 된다'라는 사람들의 표현 같아서 의기소침해졌다. 그럼에두 한 가지 확실하게 말할 수 있는 건, 6개월 동안 콘텐츠를 만들었던 나와 아무것도 만들지 않았던 나는 분명 다른 사람이라는 점이었다.

누군가에게 도움이 되는 영상을 만들기 위해 고민한 나는,

고민하기 이전의 나와는 확연히 다른 사람이었다. 하다보면 는다는 말도 맞았다. 만들다보니 손이 익숙해져서 제작 시간도 단축됐고, 좋은 영상을 참고해서 나만의 색을 입히기도 했다. 반응이 없는 기간에도 내가 자주 했던 생각은, 콘텐츠가 곧 나만의 포트폴리오니까 그 자체로 의미 있다는 것이었다. 꼭 많은 사람이 보지 않더라도, SNS는 내가 어떤 방향으로 가는 사람인지를 가장 확실하게 드러내줄 수 있는 무료 공간이다. 나를 궁금해하는 어떤 이에게 '임가은'이라는 세 글자를 가장 명료하게 설명해줄 수 있는 곳이란 뜻이다. 지속하지 않을 이유가 없었다.

6년 동안 100명이 안 되던 팔로워는, 어느 시점을 기점으로 폭발적으로 늘어나더니 며칠 만에 만 명이 넘었다. 100일 동안 마늘과 쑥만 먹던 곰이 웅녀가 된 것처럼, 5년이라는 시간 동안 고민을 먹으며 크리에이터가 되었다. 곰과 나의 차이점은 곰은 동굴에서 쑥과 마늘만 먹어야 한다고 정해져 있었지만, 나는 동굴에서 무엇을 먹으며 어떤 사람이 될지 선택할 수 있었단 것이다. 이렇게 나를 드러내는 명함을 통해 내가 얻고 싶었던 기회는, 다름 아닌 강의였다. 내가 하는 말이 나에게서만 끝나지 않기 위해 책을 썼고, 누군가가 읽어주고, 심지어 삶에 작은 도움이라도 되길 바랐다. 그러기 위해선 내가 누구인지 알릴 필요가 있었다.

처음에는 무료 강의만 했다. 누구라도 나를 불러주기만 한다면 돈을 받지 않아도 된다고 생각했다. 나에게 필요한 건 경험이고 연결이니까. 강의를 기획하는 관계자분들은 인스타 만 명이 넘는 게 중요한 게 아니라, 이 사람이 이전 강의에서 어땠는지를 더 중요하게 생각하셨다. 그래서 매번 강의 기회가 주어질 때마다 마지막 기회로 생각하고 임했다. 자신의 소중한 시간을 떼어서 나에게 기꺼이 내어준 청중들에게 후회할 시간일랑 드리고 싶지 않았다. 강의가 입소문이 나고, 관계자분이 다른 관계자에게 소개해주고, 강의를 들었던 사람이 본인들의 학교와 지역 도서관에 나를 추천해주었다. 그 이후 나를 소개해주는 명칭 앞에는 '전국구 인기 강사'가 붙었다.

새벽은 빛이 떠오르기 직전의 시간

내가 하고 싶은 게 무엇인지 선명하게 알기까지 꽤 긴 시간이 걸렸다. 누구도 나를 보지 않았던 음지의 새벽이 무려 5년이었다. 이렇게 긴 시간을 투자해야 하냐고 묻는다면, 확실히 대답할 수 있다. 나에게 이 시간이 없었다면, 내가 필요를 느끼더라도 내 안에서 나올 수 있는 게 없었을 거라는 걸. 나는 음지의 시간 동안 '내가 무엇이 되고 싶다'라는 생각을 크게 하지 않았다. 그저 엄마로만 사는 게 힘들어서, 나로서 살고 싶은 마음이 컸기에 매일 내가 할 수 있는 최선을 다했을 뿐이다. 마음이 향하는 목적지를 정확히 특정하지 않았던 이유는, 도깨비방망이처럼 단번에 나오는 답이 아니기 때문이다.

사람들이 흔히 하는 착각은, '내가 되고 싶은 모습'을 명확히 정해야 시작할 수 있다는 거다. 틀렸다. 매일 최선을 다하다보면 내가 하고 싶은 게 무엇인지 알게 된다. 되고 싶은 모습만 생각하다 보면 금세 지치고 포기하기 쉽다. 생각이 아닌 행동을 먼저 해야 기회도 만나고, 놓치기도 한다. 놓친 기회가 아까워서, 자존심이 상해서, 한번 해보자고 느끼면서 방향이 잡힌다. 점 하나를 찍고 나서, 다른 점 하나를 찍게 되고, 점을 잇다보면 내가 가고 싶은 선이 된다. 그 선이 내가 가고자 하는 이정표다. 가다가 또 아니다 싶으면 어떤가? 다른 점을 찍어서 방향을 틀면 된다.

곰은 쑥과 마늘을 먹어야만 했지만 우리는 무엇을 먹을지 스스로 정할 수 있다. 그런데 조금 부지런해지긴 해야 한다. 새벽에 일어나 나를 탐색하는 시간 정도는 투자해야 한다. 달리고 싶어서 달리는 게 아니라, 달리다 보면 달리고 싶어진다. 일찍 일어나는 것도 마찬가지다. 일어나다 보면, 일어나고 싶어진다. 일어나서 뭐든 하다 보면, 뭐가 되긴 된다. 그리고 신기하게 뭐든 해본 경험이, 나를 지탱해주는 축이 된다. 나를 위해 내가 무언갈 하고 있다는 사실만큼, 나를 위안하는 건 없으니까. 무너지더라도 언제든 일어날 수 있는 나만의 마음에 드는 구석 하나는 보험처럼 만들어두자. 새벽은 어두컴컴한 터널과 사뭇 닮아 있다. 캄

　　　　　　　　　　　　　　　　　　　　　　어쩌면 새벽

캄한 밤이 이어지는 것 같지만, 시간이 조금만 지나면 어느새 해가 뜬다. 만약 지금 당신의 삶에서 가장 어두운 터널 속을 걷고 있다면, 이 사실을 꼭 기억하자. 해뜨기 직전 새벽녘엔 빛이 없다는 사실을. 인생에서 가장 깜깜하다고 느끼는 지금이 터널의 끝일지도 모른다. 한 발짝만 더 내디뎌보자.

① 루틴의 이유 적기

"왜 새벽 시간을 선택했나요?"

내가 새벽 시간을 선택한 이유

(예시) 하루를 여유롭게 시작하고 싶어서 / 아침에 아이들을 따뜻하게 맞이하고 싶어서

② 내가 꿈꾸는 기상의 모습

"내가 꿈꾸는 기상의 모습이 있나요?"

내가 원하는 기상의 모습 그리기

(예시) 하나, 둘, 셋을 외치고 몸 일으키기 / 시원한 스트레칭을 통해 몸 깨우기 /
　　　 5분 명상 후 기상

③ 새벽 공간 꾸미기

"나만의 새벽 공간을 어떻게 꾸미고 싶나요?"

나만의 새벽 공간 조성하기

(예시) 화병 놓기 / 좋아하는 향의 캔들 켜기 / 필기구 미리 준비하기 /
　　　잠들기 전 깨끗하게 공간 정돈하기

④ 내가 오늘 시작할 수 있는 작은 루틴 3가지 적어보기

"내가 새벽 시간 동안 가장 쉽게 할 수 있는 루틴은 무엇인가요?"

작은 성공을 보장하는 나의 루틴 목록 적어보기

(예시) 일어나자마자 물 한 잔 마시기 / 3분 명상 / 오늘의 할일 다이어리 정리 /
　　　간단한 스트레칭

⑤ 나의 새벽에 이름 붙이기

"나의 새벽에게 어떤 이름을 지어주고 싶나요?"

나만의 새벽을 표현할 수 있는 정체성 단어를 고민하고, 이름 지어주기

(예시) 포근한 새벽 / 용기를 움켜쥔 새벽 / 조용한 새벽 / 햇살 새벽 /
　　　충전 새벽 / 몽글몽글 새벽

마음_밥을 먹듯 나에게 꼭꼭 씹어 전하는 말 15가지

아침마다 나에게 마음에 드는 한 문장을 말해주며 집을 나서보자.
소리내어 말하는 데 30초도 걸리지 않지만, 하루를 단단하게 지켜줄 문장들이다.
목소리로 읊어진 문장들이 다시 내 마음에 흘러들어와 나를 일으켜줄 테니까 말이다.

① 어떤 날도 같은 날일 순 없어. 무엇이든 새롭게 시작할 수 있는 오늘이야.

② 다른 누구를 위해서가 아닌 오직 나만을 위해 선택한 시간이야.

③ 오늘 나의 선택이, 내일의 나를 만드는 걸 아니까.

④ 나는 하루의 즐거움을 발견할 수 있고, 행복한 순간을 충분히 만끽할 수 있어.

⑤ 어떤 일이 일어날지는 아무도 몰라. 나는 언제든 기회를 잡을 준비를 하고 있어.

⑥ 내가 바라는 일은 하루아침에 이루어지지 않아. 하루아침은 매일의 하루가
   쌓여야 가능하니까.

⑦ 지금 긴 터널을 걷고 있는 것 같다는 생각이 들어도 괜찮아.
   계속 걷기 위해, 나를 위한 작은 불빛을 만드는 시간이야.

⑧ 시작이 있다면 반드시 끝은 있어. 기억에 남는 건 '즐거운 과정'이야.

⑨ 오늘 내가 할 수 있는 최선에서 딱 5%만 더 얹어보자. 이 사실이 남들과 나의
   차이를 만드는 거야.

⑩ 하루라는 시간은 누구에게나 공평한 가치야. 그러나 시간을 자신에게 먼저
   투자하는 사람은 많지 않아.

⑪ 지금 이 시간이, 오늘 나의 하루를 지탱할 단단한 뿌리가 될 거야.

⑫ 어떤 일이 일어나도 나는 문제를 해결할 수 있는 사람이야.
   나에겐 그런 힘이 있어.

⑬ 어렵다는 건, 그만큼 잘하고 싶다는 마음이 있기 때문이야.
   충분히 애쓰고 있어.

⑭ 때로는 나에게 관대해지자. 내가 느끼는 감정, 생각, 행동 모두 다 옳아.
   그럴 만한 이유가 분명히 있었을 거야.

⑮ 내가 나에게 가장 '다정한 관찰자'가 되자. 내가 나에 대해 잘 알아갈수록,
   나는 나에게 더 다정해질 수 있어.

질문 _ 이럴 땐 어떡해요? 새벽 기상 Q&A

그동안 새벽 기상을 시도하고자 하는 수많은 참가자를 만나왔다. 마음만 먹었다면 뭐든 할 수 있을 것 같지만, 만약 기혼에 아이까지 케어해야 한다면 생각보다 다양한 고민에 부딪히게 된다. 그동안 많이 받은 질문들을 따로 모아보았다.

Q. 제가 옆에 없으면 아이도 깨요. 매번 아이 때문에 실패하네요. 어떡하죠?

실제로 새벽 기상에 참여하는 멤버 중에 돌이 갓 지난 아이를 키우는 엄마도 계셨고, 24개월이 채 안 된 쌍둥이를 키우는 엄마도 계셨어요. 아이의 나이가 어릴수록 새벽 기상에 대한 고민이 깊으시더라고요. 엄마가 곁에 없다는 걸 알면 아이가 따라 깨서 그날 하고 싶었던 일을 번번이 못 하게 된다고요. 저 역시 아이들이 어렸을 때부터 시작했던 터라 깊이 공감이 되었죠. 우선 아이가 어림에도 불구하고 더 건강한 엄마가 되기 위해, 나만의 시간을 찾고자 새벽 기상을 시작한 엄마의 마음은 마땅히 칭찬받고 지지받을 만한 일이에요. 다만, 이 시기에는 '매일 일어나는 새벽'에 집중하는 것이 아니라 '다시 잠들 수 있는 새벽'이 될 수 있다는 것에 초점을 맞춰야 해요. 아이가 엄마 품이 없어도 잘 자는 날은 분명히 옵니다. 다만 시간이 필요할 뿐이지요. 지금 그 시기도 생각보다 짧게 지나가는 귀한 시간이기에, 조급하게 생각하지 마세요. 일주일에 한 번만 성공해도 만족할 수 있는 마음가짐이 필요해요.

Q. 배우자가 알람 소리에 같이 깨요. 이럴 땐 어쩌죠?

새벽 4시, 띠리링! 울리는 알람 소리에 제 남편도 몇 번을 깼는지 모릅니다. 푹 자야 하는 시간에 시끄럽게 울리는 알람 소리를 듣고 잠이 확 깨서, 다시 잠들기 어려워하는 모습을 저도 종종 보았어요. 저뿐만이 아니라 많은 분들이 실제로 고민하시는 문제였어요. 그때 제가 썼던 방법은 두 가지예요. 첫째, 핸드폰을 거실에 둔다. 둘째, 워치를 활용한다. 핸드폰을 거실에 두니 생각보다 장점이 많더군요. 자기 전에 폰을 안 봐서 좋고, 거실에서 울리는 알람 소리를 잘 듣기 위해 마음을 더 다잡게 되었고요. 무엇보다 남편이 알람 소리 때문에 깨지 않게 되었어요. 워치 진동으로 일어나는 것도 추천합니다.

Q. 새벽 시간에 도대체 뭘 해야 할지 모르겠어요.

잠도 많은 내가 새벽에 일어났는데 도통 뭐부터 시작해야 할지 모르겠다고 말하는 분이 꽤 많으셨어요. '한 달 목표' 시스템을 마련해두긴 했지만, 처음부터 너무 높은 기준을 가지고 시작하지 않는 게 좋아요. 목표가 많으면, 새벽 시간이 나를 위한 시간이 아니라 과업을 완수하는 시간이 되기도 하거든요. 처음엔 나에게 부담되지 않는 것부터 시작해야 해요. 아무것도 하지 않아도 좋고, 창밖을 구경하거나, 새벽의 새소리를 듣거나, 따뜻한 차 한잔을 마시는 거죠. 해야 할 일을 찾는 시간보다는, '그냥 이대로 있어도 되는 시간'을 느끼는 게 먼저라는 사실을 잊지 마세요. 그다음에 하고 싶은 일을 찾아도 충분합니다.

Q. 잠이 너무 부족한데, 새벽에 일어나는 게 맞을까요?

제가 새벽 기상 참여자에게 항상 강조하는 건 '나에게 맞는 수면 시간'이에요. 잠은 제3의 인격이라는 말이 있어요. 잠을 충분히 못 자면 피로감에 다음 날 나의 나쁜 습관들이 나오게 되는데요. 이런 과정이 쌓이면 하나의 인격이 된다는 거지요. 그렇기에 내가 몇 시간을 자면 괜찮은 사람인지를 아는 게 정말 중요해요. 7시간만 자도 되지만 적어도 8시간은 자야 개운하다든지 그런 것을 먼저 알아보세요. 그걸 알아야 몇시에 잠자리에 들어야 할지 답이 바로 나오죠. 새벽에 일어나는 것보다, 몇시에 잠들어야 다음날 컨디션이 좋은지를 알아야 합니다.

Q. 아이들보다 먼저 일어나면 뭐가 좋아요?

아이들보다 늦게 일어나면 마음이 바쁘죠? 아침밥도 줘야 하고, 아이들 준비물도 함께 점검해야 하고요. 아이들보다 30분 먼저 일어나는 것만으로도 마음이 여유로워져요. 여유가 생기면 아이에게 건네는 말투와 말의 방식이 훨씬 부드러워집니다. 또한, 누구의 요구도 먼저 받지 않고 오직 '나'를 위해서 쓰는 시간이 보장되기에 마음이 한결 정돈되지요.

Q. 아이들도 새벽 기상을 함께 하면 좋을까요?

제가 새벽 기상을 시작하고 시간이 어느 정도 지났을 때, 첫째가 새벽 기상을 함께 시작했어요. 저는 이 시간을 '존중의 시간'이라고 불렀는데요. 제가 하고 싶은 일, 아이가 하고 싶은 일을 보장하는 시간이었거든요. 엄마가 '하루를 잘 살아내는 모습'을 보여주고 있기에, 아이는 이미 긍정적인 자극을 받는 셈이에요. 그런데 아이마다 적절한 수면 시간이 달라요. 엄마가 새벽 기상을 한다고 해서, 모든 아이가 새벽 기상을 할 수 있는 건 아니에요. 그러니 무리할 필요는 없습니다. 아이도 언젠가 그런 시간이 필요할 때, 엄마가 살아낸 삶의 모습을 기억하겠지요.

Q. 새벽 기상이 습관이 되려면 얼마나 걸리나요?

새벽 기상이 습관이 되는 시기를 알려달라고 하시는 분이 정말 많아요. 그런데 정확히 수치로 말씀드리긴 어려워요. 누군가에겐 4주, 누군가에겐 3개월이 필요할 수 있지요. 그런데 5년 넘게 새벽 기상을 하는 저도 아직 습관이 됐다고 말씀드리진 않아요. 누워서 떡 먹기처럼 쉬운 일은 아니기 때문이죠. 하루도 빠지지 않고 벌떡 일어나는 일이 습관이라고 생각하지 않아요. 저는 언제든 다시 시작할 수 있다면, 이미 습관으로 자리잡은 것이라 말씀드려요. 중요한 건 실패하지 않는 게 아니라, 실패하더라도 다시 시작해보는 것이거든요.

Q. 저처럼 게으른 사람도 할 수 있을까요?

새벽 기상에 대한 오해 중 하나가, 게으른 사람은 시도하지 못한다는 건데요, 실제로 "저는 부지런하지 않아서 못해요"라고 말씀하시는 분들이 꽤 있어요. 새벽 기상은 부지런한 사람들이 하는 게 아니라, 자기를 바꾸고 싶은 마음을 가진 분들이 시작하시는 거예요. 게으름이나 부지런함 같은 특성이 아닌, 마음이 움직일 때 할 수 있는 게 바로 새벽 기상입니다. 그렇기에 누구든 할 수 있는 거지요.

Q. 새벽에 일어났는데, 성과를 내지 못하면 불안해요.

애써 새벽에 일어났는데 별다른 성과를 내지 못하고 있다면, 마음이 불안해지기 시작하죠. 실제로 불안함을 호소하는 분들도 많으셨어요. '새벽에 일어나고는 있는데, 아직 이룬 게 하나도 없어요.' 이렇게 말이죠. 새벽에 깨어 있다는 것

자체가 무언가 해내야 한다는 마음을 자극하죠. 하지만 새벽 기상의 진짜 가치
는 성과가 아니라 '회복력'에 있어요. 매일 나를 위해서 해내는 행동의 누적, 바
로 이게 새벽 기상의 가치예요. 수치로 증명되지 않은 성과일지라도, 나를 위한
다정한 행동이 반복되면, 결국 내 마음도 변합니다. 시간이 꽤 걸릴지도 모르죠.
저 역시 새벽에 일어난 처음 3년 동안 그 어떤 성과도 얻지 못했었어요. 마음이
준비되면, 신기하게 기회가 옵니다.

Q. 너무 피곤해서 '오늘만 더 자자' 싶은 날이 많아지면 어떡해요?

이런 날도 필요해요. 그렇기에 저는 '쉬는 날'을 시스템에 보장해두었어요. 너무
피곤해서 자야 하는 날에는, 스트레스를 받지 말고 푹 자야 합니다. 휴식이 필
요하다는 몸의 신호를 따라야 하기 때문이에요. 잠이 필요해서 푹 잤다면, 자신
에게 말해주세요. "정말 잘 쉬었어! 오늘 꼭 필요한 휴식이었어"라고요. 쉬는 것
도 일종의 용기 있는 선택입니다.

의지란 어제는 강철같아도,

오늘은 종이 한 장처럼 쉽게 구겨지기 마련이다.

그래서 개인의 의지를 강요하는 게 아닌 시스템을 만들었다.

내가 더 나은 선택을 쌓아갈 수 있는 시스템 말이다.

제 2 장

나만의 아지트,
새벽 놀이터

새벽 그리고 기록

(강선영_또똣샘)

간절히 '살아 있고' 싶었던 순간들

아이에게 울분을 푸는 못난 엄마

"제발, 그만 좀 징징대!"

남편의 퇴근이 평소보다 늦은 날이었다. 아이가 저녁 내내 칭얼거렸다. 내가 잠시라도 곁에서 떨어지면 보채고 울었다.

"엄마 설거지 좀 할게, 잠깐만 기다리자."

아이에게 애원하듯 기다리라고 했지만, 소용이 없었다. 겨우 두 돌을 넘긴 아이는 설거지하는 내내 다리를 붙들고는 놀자고 졸라댔다. 빨리 일을 끝내고 싶은 마음에 아이를 달래며 남은 일을 했지만, 아이는 나를 놓아줄 생각을 하지 않았다. 끝내 아이는 목청껏 울었다. 아이의 울음소리에 내 심장이 빠르게 뛰었고, 아이의 악쓰는 소리가 커질수록 내 안의 화도 커졌다.

"제발 그만 좀 울어!"

온 힘을 다해 아이에게 소리를 질렀다. 내 목소리가 이렇게 컸나 싶을 만큼, 손끝과 발끝까지 잔뜩 힘을 주어 아이를 다그쳤다. 처음이었다. 아이에게 그렇게 소리를 질러본 것은. 아이는 빨개진 눈으로 입술을 간신히 오므리며 훌쩍였다. 눈에 가득 차오른 눈물을 떨어뜨리지도 못한 채 겁먹은 표정으로 엄마를 바라보고 있었다. 금방이라도 서럽게 울고 싶은 마음을 참으며 딸꾹거리는 아이의 얼굴을 마주했을 때, 내 눈에도 눈물이 차올랐다. 아직도 그 순간 아이의 표정을 잊지 못한다.

"엄마가 미안해. 미안해. 엄마가 너무 잘못했어. 아가, 울어도 괜찮아."

아이를 끌어안고 아이에게 사과하고 빌고 또 빌었다. 아이를 안아 들고 나 역시 아이처럼 울었다. 나를 용서할 수 없었다. 아이가 칭얼거리면 아이를 꼭 안아주던 나였다. 별일 아닌 것에, 온몸에 힘이 빠질 정도로 화를 내는 나는, 문제가 있었다. 감정이 조절되지 않고 있었다. 평소 화를 안으로 쌓아두는 편이긴 하지만, 스스로 감정 조절 능력은 갖추고 있다고 여겼다. 그런데 작고 여린 내 아이에게 화를 풀고 있었다. 내 안에 쌓인 울분을 말이다.

아이에게 고성을 지른 그날 밤, 아이에게 큰 상처를 줬다는 생각이 머릿속을 맴돌아 잠을 잘 수가 없었다. 나에게 어떤 문제가 있는지 찾아야만 했다. 아이가 잠든 뒤, 쌓여 있는 집안일은 뒤로하고 조용히 나를 들여다보았다. 무엇이 나를 이런 지경으로 몰아넣었는지, 하루의 모습을 하나하나 떠올려보았다.

- 알람 소리에 겨우 눈을 뜨고, 서둘러 씻기
- 엄마 옷을 꽉 붙잡고 놓아주지 않는 아이의 손을 매정하게 떼어내며 아이 등원시키기
- 일터에 지각할까, 불안에 시달리며 출근하기
- 학교에 도착하자마자 숨돌릴 틈 없이 담임 업무, 수업하기
- 점심을 먹는 시간조차 아까워서, 업무를 하는 책상에서 도시락을 먹으며 일하기
- 학생들의 갈등 상황 조정하고 보호자에게 연락하기
- 할일을 마무리 짓지도 못했는데, 새롭게 추가되는 업무 처리하기
- 미완의 일들을 짊어진 채 퇴근하기
- 아이가 서운해하지 않도록 아이의 옆에서 아이와 함께 시간 보내기
- 밤 9시에 불을 끄고 누웠는데도, 한 시간이 넘도록 뒤척이는 아이에게 화내기
- 아이가 잠들 때까지 밀린 일의 가짓수를 생각하며 버티기
- 할일을 끝내지 못하고 지쳐 잠들기
- 아침에 피곤한 모습으로 다시 일어나기

나의 하루는 숨돌릴 틈 없이 흘러갔고, 너무도 비슷한 모습으로 반복됐다. 이렇게나마 유지했던 일상도 아이가 아픈 날이면

완전히 깨졌다. 양가 부모님이 모두 제주도에 계셔서 도움을 청할 수도 없었다. 아이가 아프면 출근을 못하고 아이를 돌봐야 했다. 그런데 교사는 연가를 써도 자신이 맡은 수업 시간이 사라지지 않는다. 연가를 사용하면 기존의 수업은 다른 날로 옮겨졌고, 다시 출근한 날에 공강 시간 없이 빼곡하게 수업을 해야 했다. 하루에 해야 할 수업의 양은 많아지고 업무를 할 시간은 없어졌다. 못한 업무는 잠자는 시간을 줄여서 해야 했다. 아이는 자주 아팠고, 나는 제대로 잠을 자지 못하고 출근하는 날이 많아졌다.

수업과 업무 처리하는 교사, 학생 30명의 담임 선생님, 아내, 딸, 며느리, 엄마라는 역할. 나의 역할에 책임을 다하며 다른 사람에게 피해를 주지 않고, 바쁜 엄마 때문에 아이가 서러움을 느끼지 않게 하려고 애썼다. 주어진 일들을 완벽하게 끝마쳐야 한다는 강박감으로 수면 시간도 줄였다. 그렇게 무리하다보니 감기는 자주 걸렸고, 자주 몸살을 앓았다. 아이를 안아 키우며 생긴 허리 통증은 심해졌고, 두통은 약을 먹어도 없어지지 않았다.

스트레스가 심해질수록 달콤한 음식에 손이 갔다. 기운이 떨어질 때면 믹스 커피를 다섯 잔 이상 마시며 견뎌냈다. 매운 음식과 시원한 맥주로 스트레스를 풀던 날도 잦았다. 그렇게 달고 짠 음식, 술로 마음을 달래는 날이 이어지자 체중은 급격히 늘고, 몸의 기력은 서서히 빠져나갔다. 매일 아침 부은 얼굴을 마주칠 때마다 거울을 보며 한숨을 쉬었다. 부정적인 감정들이 정리되지 못한 채 찝찝하게 쌓였다. 마음이 조급했고, 나 혼자만 힘든 것 같았다. 누군가 그저 툭 던진 말에도 서러워 눈물이 차올랐다. 나에게 주어진 여러 역할을 충실하게 해냈지만, 몸은 망가져갔고, 내가 가진 좋은 모습들은 하나둘 희미해져갔다.

나는 원래 잘 웃었고, 무엇보다 배우는 일에서 기쁨을 느끼는 사람이었다. 어느새 그런 내 모습과 멀어지고 있었다. 나에게 주어진 일을 끝내기도 벅차서 경직되고, 나만 찾는 아이를 두고 새로운 일을 하는 것에 죄책감이 들었다. 하고 싶은 것이 생길 때마다 마음의 욕구가 더는 피어나지 않도록 단단히 단속했다.

워킹맘이 된 나는 다양한 사회적 역할을 너무 충실하게 해내느라, 나의 삶에서 '나'가 완전히 빠져버린 삶을 살고 있었다. 그걸 인지하지 못한 채 버텨내는 삶 속에서 몸과 마음이 아팠다. 다 그만두고 도망치고 싶었다. 살아가는 것이 너무 버거웠다.

고독하기 위해서 선택한 새벽

잊을 수 없는 날이 있다. 출근길에 학교 건물이 보이자, 숨막히는 기분이 들었다. 학교 건물만 봤는데도 가슴이 옥죄이는 마음이 들었다. 순간 무서워 차를 세우고 차오르는 눈물을 닦아냈다.

 어쩌면 새벽

"자기야, 나 딱 2시간만 카페에 다녀올게."

그날 저녁, 혼자 있을 시간을 위해 남편에게 아이를 돌봐달라고 부탁했다. 숨을 쉬고 싶어서 혼자 조용한 카페로 갔다. 카페에서 제일 좋아하는 따뜻한 카페라테 한 잔을 시켜놓고 가만히 커피를 바라보았다. 한 시간 정도는 아무것도 하지 않은 채 앉아 있었다. 코로 느껴지던 커피 향이 입안에 머금어지는 순간을, 커피가 목을 타고 넘어가는 부드러운 순간을 느낄 뿐이었다. 그렇게 아무 생각을 하지 않고 앉아 있는데 이상하게 눈물이 났다. 나를 위해 단 5분도 내주지 않는 삶을 살면서 혼자서 여유롭게 커피 향을 느껴볼 시간도 없었다는 것이 서글퍼졌다. 혼자, 조용히 있고 싶었다.

혼자서 마시는 커피가 위안으로 느껴질 때쯤, 혼자만의 시간을 즐기던 내가 떠올랐다. 사람들을 만나 즐겁게 대화하는 것도 좋지만 혼자서 생각하고 느낄 수 있는 시간을 더 좋아했다. 생각하고 결정하는 속도가 느린 편이라 혼자서 충분히 사유할 시간이 필요한 것이다. 천천히 고민해야 이런저런 생각과 마음이 정돈됐다. 혼자만의 시간은 나의 기본 욕구였지만, 워킹맘이 되면서 이 욕구를 채우지 못하자 속상하고 분한 마음이 나두 모르는 사이 자꾸만 쌓였다. 억눌러서 쌓인 감정들. 이 마음들이 분출될 곳을 찾지 못하다가 아이를 향해 터져버렸다. 더는 품고 있기 힘든 부정적인 감정의 무게를 아이에게 화를 내고 소리를 지르는 것으로 덜어냈다.

　문제가 무엇인지 알고 나니 해결하고 싶었다. 더는 아이에게 상처 주고 싶지 않았다. 혼자 맘껏 고독할 시간을 찾아야만 했다. 그러지 못한다면 삶이 완전히 망가져버릴 것 같았다. 하지만 매일 해야 할 일이 있는 하루 중에서 틈을 낼 수 있는 시간은 보이지 않았다. 고민 끝에 시간을 만들어보기로 했다.

　새벽. 그래, 새벽이라면 아무에게도 방해받지 않고 혼자 오롯이 보낼 수 있는 시간이었다. 아이와 함께 잠들고, 아이보다 먼저 일어나면 아이가 늦게 잔다고 화를 내지 않을 수 있었다. 혼자서 누리는 새벽의 고독한 시간이 삶을 변화시킬 수 있을 것이라 믿었다. 나에게 주어진 것을 해결하며 '그냥 사는' 것이 아니라, 내가 존재하는, '살아 있는' 삶을 살 수 있을 것이란 확신이 들었다. 나는 새벽에 일어나기로 했다.

나를 일으켜세운 비밀 두 가지

'내가 알고 있는 나의 좋은 모습을 잃어버리지 않고, 나를 지키고 싶다면 함께 해보자.'

2023년 7월 말, 은릿쌤이 만든 '반드시 일어나는 미라클 모닝(반일미)' 3기 모집 글에서 본 문장이다. 나를 사로잡은 이 문장은 나에게 다시 해보자고 내미는 따뜻한 손 같았다. 그렇게 반일미 3기에 지원했고, 8월부터 새벽 기상을 시작했다.

사실 혼자서 새벽 기상을 시도한 적이 있었다. 육아와 일을 병행하려니 선택할 수 있는 시간은 새벽밖에 없었기 때문이다. 하지만 푹 자고 느지막이 일어나는 걸 좋아하는, 일명 잠순이인 나에게 새벽에 일어나기란 보통 힘든 일이 아니었다. 하루이틀은 단호한 의지로 새벽 5시에 일어났다. 하지만 출근을 준비하기까지 남아 있는 시간은 더 잘 수 있다는 유혹으로 가득찼다. 눈을 떴지만, 몸을 일으킬 수 없어 다시 자곤 했다. 반드시 일어나겠다는 의지는 쉽게 무너졌다.

그럴 때마다 역시 난 안 되는구나, 새벽 기상 같은 건 애초에 나랑 안 맞는다며 실패한 나를 깎아내렸다. 그동안 스스로 의지가 꽤 강한 사람이라고 생각해왔는데, 새벽 기상은 마음먹은 대로 되지 않았다. 새벽 기상을 못하는 이유가 의지 부족 때문이라고 생각했다.

릿미의 운영자인 은릿쌤은 의지 부족을 탓하는 내게 의지만으로는 새벽 기상을 지속하기 어렵다고 했다. 새벽 기상을 할 수 있는 시스템 안에서 함께 해보자고 격려했다. 그 마음이 통했는지, 은릿쌤의 새벽 기상 시스템에 따라 일찍 일어난 이후로 지금까지 새벽에 일어나고 있다. 어떻게 그런 일이 가능했을까?

은릿쌤이 만든 새벽 기상 시스템에서 두 가지 비밀을 찾았다. 그 비밀 덕에 일어나기 힘들어도 새벽 기상이 좋아졌다. 좋아하는 일로 하루를 열기 시작하자 삶에서 도망쳐버리고 싶던 마음이 사그라들기 시작했다. 마음이 회복의 길로 들어선 것이다. 지친 나를 구했던 두 가지 비밀을 알고 나면 이 글을 읽는 독자들도 새벽에 일어나고 싶어질 것이다. 새벽 기상이 힘들어도 즐거울 수 있다는 것을 누군가는 알게 되리라 믿는다.

비밀 하나, 새벽에 일어나면 좋은 일이 생긴다

은릿쌤의 새벽 기상 프로젝트는 성과를 강요하지 않는다. 새벽 시간은 오롯이 스스로 꾸려나가는 시간이다. 새벽에 일어나서 자신이 하고 싶은 걸 자유롭게 한다. 처음에는 자기에게 맞게 새벽을 이끌어가라는 메시지가 아주 낯설고 어려웠다. 내가 하고 싶고, 좋아하는 것이 무엇인지 몰랐기 때문이다. 영어 공부, 자격증 공부와 같이 새벽에 일어나서 부지런히 자기계발을 해야 할 것만 같았다. 하지만 설레지 않았다. 하고 싶지 않았다. 그건 나를 위한 일이 아닌 것 같았다.

내가 원하는 것이 무엇인지 잘 모르겠으니, 평소에 하지 못했던 것부터 시작해보자는 마음으로 새벽에 할 일을 정했다. 출근과 육아로 미루게 되는 책 읽기부터 시도했다. 손이 가는 대로 책을 집어들었다. 책을 읽다보니 나만의 공간을 만들고 싶은 욕구가 생겼다. 책을 읽기 위해 작은 책상을 마련하고, 벽에는 예쁜 엽서도 붙여보았다. 나를 위한 공간을 만들고 책을 읽은 뒤 인증사진을 찍었다. 집안에 나만을 위한 곳이라 부를 수 있는 공간이 생기니 설렜다. 내 삶에 '나만을 위한'이라는 수식어가 붙었다.

새벽의 고요함을 즐기기에는 독서가 좋았다. 어느 날은 책을 읽다가 기지개를 한번 쭉 펴며 밖을 바라보았는데, 하늘이 눈에 들어왔다.

“와……”

밝은 빛을 가볍게 품은 새벽의 어스름이 마음을 맑게 씻어 주는 듯했다. 새벽 하늘은 해가 저무는 하늘과는 완전히 달랐다. 깊은 어둠을 밀어내며 서서히 피어오르는 새벽의 선홍빛에 넋을 잃을 정도였다. 새로 시작하는 빛을 품은 새벽 하늘이 자꾸만 보고 싶었다. 사진으로 찍어보았지만 직접 하늘을 바라보는 것만큼의 감동이 느껴지지 않았다. 사진으로는 담을 수 없는 새벽 하늘을 직접 보기 위해 새벽에 눈을 떴다.

새벽 하늘과 책, 그리고 커피. 평소에도 즐겨 마시는 카페라테를 새벽 독서 시간에 곁들였다. 나를 위해 우유 거품이 가득 담긴 카페라테를 만들고, 부드러운 커피 한 모금을 머금으며 책을 읽으니 나를 대접하는 기분이 들었다. 고요함 속에 책장을 넘기는 소리, 커피 한 모금이 넘어가는 소리는 아주 적당히 마음을 편안하게 만드는 배경음이 되었다. 이런 행복감을 시로 써서 남겨둘 만큼 새벽이 점점 더 좋아졌다.

새벽 놀이터

입장료

이불의 포근함을 걷어찰 수 있는 행동력

바닥에 붙은 몸을 떼어낼 수 있는 행동력

놀이는 자유

새벽 하늘에 감탄하기

점점 더 깜깜한 하늘에 뿌듯하기

선홍빛으로 물들기 시작하면 감동하기

긍정 확언으로 마음 덥히기

나긋한 목소리 큐잉에 따라 림프 순환하기

책장을 넘기는 소리에 귀기울이기

문장에는 자 대고 밑줄 좍

타닥타닥 키보드 위에서 뛰어놀기

한 줄 한 줄 써지는 문장에 감탄하기

새벽에 놀자.

(2023. 10. 8. 또똣샘)

새벽에 선택한 일 덕분에 기분이 좋아지고, 마음이 편안해진다면 그것이 내가 좋아하는 일이었다. 새벽은 잠의 욕구를 떨치고 일어나 귀하게 얻은 시간이므로 허투루 쓸 수 없었다. 그렇기에 나도 모르게 설레고 행복한 일을 선택하고 있었다. 그러면서 내가 좋아하는 것이 무엇인지 조금씩 찾아나갔다. 좋아하는 일을 하니 자꾸만 새벽에 일어나고 싶어졌다. 새벽은 억지로 일어나는 시간이 아니라 어느새 나만을 위한 놀이터로 변해 있었다. 새벽에 일어나면 나에게 좋은 일이 생긴다는 마음이 점점 커졌다.

비밀 둘, 실패를 받아들이면 지속할 수 있다

새벽 기상을 시작해도 며칠 못 가서 쉽게 포기해버리는 이유 중에는 매일 일어나야 한다는 강박이 있다고 본다. 매일 인증의 맹점은 '매일'에 있다. 매일 잘하다가도 단 한 번을 놓쳐버리면 실패하게 되는 것이다. 어차피 실패한 것이라는 생각 때문에 지속할 동기를 잃어버린다. 특히 나처럼 완벽주의 성향이 있는 사람들은 공감할 것이다. 새벽 기상도 완벽해야 하기에 그동안은 매일 일어나야 한다고 생각했다. 매일 잘 일어나다가 딱 한 번 못 일어난 날이 있으면, 스스로를 실패한 사람 또는 못난 사람이라 여기며 자책했다. 새벽 기상에 실패한 단 하루에 종일 마음을 쓰곤 했다. 하지만 릿미 프로젝트의 선택적 쉼 제도(R8 법칙)에 익숙해지면서 완벽주의로부터 조금은 벗어나 마음이 가벼워지는 경험을 했다.

새벽 기상은 잘 일어나는 것보다 일어나지 못한 나를 토닥일 수 있어야 지속할 수 있다. 새벽 기상에 실패한 날이 있더라도 실패가 아니라 그럴 수 있음을 자연스럽게 받아들이는 연습을 했다. 충분히 잘하고 있다고 자신을 다독이는 것이야말로 포기하지 않고 지속하는 힘이 되었다.

나는 스스로를 엄격하게 채찍질하는 편에 가까운데, 무언가 일이 안 풀릴 때는 나의 잘못으로 몰아가 자책하곤 한다. 이런 내가 새벽 기상 덕분에 변하고 있다. 새벽에 몇 번 못 일어나도, 새벽 기상을 매달 완주하는 나를 보며 충분하다는 마음으로 받아들인다.

나의 부족함을 인정하고 받아들이면서 내가 삶에서 도망치고 싶었던 진짜 이유를 깨달았다. 그동안 완벽을 목표로 나를 다그치는 삶에 지쳐 있었던 것이다. 허둥지둥 사는 삶 속에서, 완벽하게 해내지 못하는 내 모습이 싫었다. 덤벙대고 실수를 남발하는, 부족해 보이는 모습들이 자꾸만 세상 밖으로 드러나자 창피하고 부끄러웠다.

조금 부족해도 괜찮다는 걸 배우면서 나의 삶에는 '완벽하지 않아도 괜찮아, 충분히 만족해'라는 생각이 자리잡기 시작했다. 나를 다그치기보다 부족하면 부족한 대로 스스로를 받아들이기 시작하자, 나는 다시 잘 웃는 사람이 되었다. 삶이 회복되는 시간으로 들어선 것이다. 이런 변화를 만들어준 새벽 기상이 점점 좋아졌다.

새벽에 일어나자 나에게 좋은 변화가 생겼다. 새벽 기상으로 발견한 이 두 가지 비밀 덕에 나는 다시 살아갈 힘을 얻었다. 내 삶에 나만의 영역이 생기고, 나만을 위한 마음 회복 놀이터가 생겼다. 나를 위한 놀이터에서 논다는 마음으로 새벽에 일어난다. 나만을 위한 시간이 필요하다면 새벽 놀이터를 만들어보는 게 어떨까. 삶이 버거울 때 자신만의 아지트, 새벽 놀이터를 갖고 있다면 다시 일어설 힘이 생길 것이라 믿는다.

새벽의 선물, 하루 설계권

"안녕하세요!"

먼저 출근한 사람들에게 밝게 인사를 하면 사람들이 내게 묻는다.

"좋은 일 있으세요? 표정이 밝네요. 보기 좋아요."

요즘 자주 듣는 말이다. 생기 있어 보인다고도 한다. 밝은 기운을 가진 사람, 내가 되고 싶었던 모습으로 다시 나아가고 있는 것 같다.

"바쁘시죠? 피곤해 보여요."

2년 전만 해도 피곤해 보인다는 말을 자주 들었다. 주변 사람들이 나를 마주칠 때미다 했던 첫인사는 '바쁘시죠?'였다. 무언가에 쫓기고 허덕이며 피곤해 보이는 얼굴로 다니는 나에게 쉬엄쉬엄하라는 조언도 아끼지 않았다. 일상이 아무리 바빠도 활력이 넘쳐서 밝게 웃을 수 있는 사람이 되고 싶었다. 피곤하다는 말을 달고 사는 삶을 바꾸고 싶었다. 그런 내가 요즘 생동감 있는 삶을 산다. 양어깨가 피곤함에 짓눌리지 않고, 상쾌하게 하루를 맞이하는 삶을 산다. 하루를 새벽부터 시작하면서 생긴 변화이다.

새벽을 통해 나만의 활력 시계를 찾다

새벽에 잘 일어나기 위해서는 최적의 수면 시간을 찾아야 한다. 은릿쌤과 함께하는 새벽 기상에서 강조하고 있는 것은 새벽 기상 시간이 아니라 수면 시간이다. 나에게 맞는 최적의 수면 시간을 찾고, 그 수면 시간을 지킬 수 있는 새벽 기상 시간을 스스로 정해야 한다. 초반에는 수면 시간을 가볍게 생각했다. 취침 시간과 상관없이 내가 정한 시간에 벌떡 일어날 수 있을 줄 알았다. 그래서 평소와 같이 자정을 넘긴 시간에 잠들었다가 욕심을 내어 새벽 5시에 일어났다. 새벽 기상 인증을 해야 하니 간신히 일어났지만, 몽롱한 상태로 새벽을 보냈다. 새벽뿐이랴. 수면 시간을 억지로 줄인 탓에 종일 몸이 처졌고 두통에 시달려야만 했다. 잠을 줄이고 기상 시간만 앞당긴 결과였다. 늦게 자고 일찍 일어나는 방식은 나에게 맞지 않았다. 기상 시간을 무리해서 앞당기기보다는 얼마만큼 자야 좋은 컨디션으로 하루를 지낼 수 있는지를 확인하는 과정이 필요했다.

자기만의 적정 수면 시간 찾기			
날짜	☰ 취침시간	☰ 기상시간	⏷ 만족도
📄 2023.09.02.	22:20	5:00	❤❤❤❤
📄 2023.09.04.	22:00	5:00	❤❤❤❤❤
📄 2023.09.05.	22:20	5:15	❤❤❤❤
📄 2023.09.07.	23:30	5:10	❤
📄 2023.09.08.	23:00	5:15	❤❤❤
📄 2023.09.09.	22:30	5:15	❤❤❤❤

나에게 맞는 수면 시간을 찾기 위해 노션으로 취침 시간과 기상 시간을 쓰고 하루의 컨디션을 점검하기 시작했다. 그 결과 7시간은 자야 기운차게 하루를 보낼 수 있다는 것을 알게 되었다. 같은 7시간이라도 밤 10시 30분 이전에는 자야 다음날 머리가 맑다는 것도 확인했다. 적정한 수면 시간을 확인하고 나니, 평소보다 일찍 잠드는 것이 중요했다. 아이가 밤 9시에서 10시 사이에 잠드니 이 시간에 나도 함께 자면 되겠다 싶었다. 아이와 같이 잠들지 않더라도 최대한 밤늦게 깨어 있지 않으려 애썼고, 세벽 5시에서 5시 반 사이에 일어났다.

이렇게 나에게 필요한 수면 시간을 알고, 새벽에 일어나는 적정 시간을 찾게 되자, 새벽 기상이 수월해졌다. 알람을 듣고 몸을 일으키기만 하면, 그 이후에는 오히려 정신이 맑아지고 온몸에 기운이 가득했다. 밤늦게까지 일하거나, TV를 보다가 잠든 다음날과는 확연히 달랐다. 수면 시간을 바꿨을 뿐인데, 쌓인 피로를 털어내고 새 몸이 된 기분으로 새벽을 맞았다. 나에게 딱 맞는 수면 시간을 알고 있으니, 몸 상태를 읽어가며 새벽 기상 시간을 조절해나갈 수 있었다. 피곤할 때에는 수면 시간을 늘렸고, 해야 할 일이 많을 때는 평소보다 일찍 자고 기상 시간을 앞당겼다. 내 시간을 내가 조절하게 된 것이다.

삶에서 스스로 통제할 수 있는 부분이 생긴다는 것은 다르게 말하면 삶을 주도하며 산다는 말이다. 주도적으로 하루를 시작하자 생활에 생동감이 돌기 시작했다.

"오늘, 좋은 일 있으세요?"

새벽 기상 덕분에 이런 말을 하루에도 여러 번 듣는, 생기 있는 삶을 살고 있다.

새벽, 나의 우선순위를 챙기는 시간

나1: 일어나야지, 지금 일어나야 글도 쓰고 책도 읽을 수 있어. 나와의
약속을 지키기로 했잖아.

나2: 아, 오늘 너무 피곤한데, 5분만. 조금만 더 자면 안 될까? 오늘은 쉴까?

나1: 어서 몸을 일으켜. 일어나기만 하면 돼. 할 수 있어.

나2: REST(쉼) 한 번도 안 썼는데, 오늘은 쉴래.

나1: 일단 일어나. 하나, 둘, 셋. 으쌰!

새벽마다 알람이 울리면, 일어나지 못하는 나와 일어나고 말 겠다는 내가 서로 다툰다. 새벽마다 벌어지는 치열한 내적 다툼 이다. 이 다툼이 길어질 때도 있지만, 보통은 끝내 몸을 일으킨 다. 이 변화가 놀랍다. 유독 아침에 일어나기 힘들어했던 내가 지 금은 더 자고 싶은 유혹을 이겨내며 '으쌰' 하고 몸을 일으킨다. 어떻게 이런 일이 가능해졌을까.

새벽 기상이 어려운 건 자신과의 약속이기 때문이다. 나와의 약속은 하기 쉬운 만큼 깨기도 쉽다. 약속을 지켜야 하는 대상이 나이기 때문이다. 가령 다이어트를 위해 밀가루는 먹지 않겠다고 선언했다가 하루도 채 못 가서 라면을 맛있게 먹는다든지, 매일 운동하겠다 다짐해놓고 그렇게 말한 사실조차 잊는 경우처럼 말 이다. 어느 순간부터 무엇을 하겠다 결심할수록, 나는 나와의 약 속을 지키지 않는 사람으로 변해가고 있었다. 나를 위한 약속을 쉽게 잊고, 지키지 않는 것이 당연한 듯 습관이 되니, 불만족스러 운 마음이 쌓여갔다.

그런데 새벽 기상을 하면서 나와의 약속을 잘 지켜내는 사 람이 되고 있었다. 새벽에 일어나겠다는 약속을 잘 지키는 하루

하루가 쌓이자, 스스로에 대한 만족감과 신뢰감이 쌓였다. 그런 마음이 쌓일수록 이상하게 몸은 가벼워졌다. 머리도 맑아졌다. 피곤하다는 말을 입에 달고 살던 지난날이 무색하게 새벽 기상을 하는 날에는 왜인지 온몸에 기운이 넘쳤다. 내 안에 색다른 에너지가 채워지고 있었기 때문이다. 나를 위해 새벽에 몸을 일으켰다는 만족감과 신뢰감이 내 안에 에너지로 충전되고 있었다.

나에게 새벽 시간이 없을 때는 엄마로서, 직장인으로서, 아내로서, 며느리로서 나에게 주어진 숙제를 하나씩 없앤다는 느낌으로 살았다. 중요하지 않지만 급한 일이 눈앞에 쌓여 있어서, 내가 하고 싶은 일은 그뒤에 시간이 나면 해야 하는 일로 자연스레 미뤄졌다. 하지만 내가 새벽을 선택하자, 나는 내가 원하는 것을 하루의 우선순위에 두고 할 수 있게 되었다.

새벽에 이불을 박차고 일어나 뿌듯한 마음으로 좋아하는 일을 하나씩 해나간다. 사각사각 볼펜 소리를 들으며 필사를 하고, 읽고 싶은 책을 읽는다. 타닥타닥 글도 쓴다. 중요하지만 급하지 않은, 나를 위한 일을 가장 먼저 할 수 있게 된 것이다. 내가 원하는 것, 내가 채우고 싶던 일을 먼저 할 수 있는 시간을 만들었다는 자부심도 새벽 기상으로 얻은 선물이다. 하루의 흐름을 스스로 설계한다는 만족감은 이루 말할 수 없이 컸다.

새벽에 1~2시간 정도 내가 원하는 일로 하루를 시작하니, 마음에 한결 여유가 생겨 일상을 대하는 태도도 전보다 유연해졌다. 나를 위한 좋은 경험들은 내 몸에 신선한 연료로 저장되었다. 그 연료는 너른 마음으로 하루를 살아갈 에너지이기도 하다. 새벽에 일어나 하고 싶은 일을 충분히 했기 때문에, 일상의 스트레스와 돌발적인 상황에 여유롭게 대응할 수 있었다. 새벽 기상 후 그런 유연한 태도로 사는 것이 좋다고 느껴지니, 다시 새벽을 찾을 수밖에. 하루를 긍정의 방향으로 흐르게 하는 방법을 터득한 기분이다.

새벽에 일어나는 건 여전히 쉽지 않다. 하지만 나를 중심으로 하루를 주도적으로 설계하고 여유롭게 지낼 수 있다는 기대감에 오늘도 일찍 몸을 일으킨다. 새벽은 나를 향한 긍정이 또다른 긍정을 불러오는 연결고리이다.

기록이 가져온 놀라운 변화

마음의 흔적을 한 줄의 제목으로

2023년 8월부터 블로그에 '꿈꾸고 실천하고'라는 카테고리를 만들어 새벽 기상에 대한 자기 리뷰를 쓰고 있다. 자기 리뷰는 한 달간 새벽 기상을 실천한 뒤 자신의 모습을 성찰하며 쓰는 글이다. 자기 리뷰를 쓰기 전에는 굳이 리뷰 글까지 써야 할까 싶었지만, 한 번만 써봐도 그 효과를 느낄 수 있었기에 지금은 꾸준히 쓰고 있다. 새벽 기상에 대한 기록이 다시 새벽을 맞이할 동기 부여가 되기 때문이다.

처음에는 어떤 방식으로 리뷰를 써야 할지 난감했다. 사실 누군가 글의 형식을 만들어주길 원했다. 주어진 형식 안에서 내 생각을 정리하면 되니 말이다. 하지만 자기 리뷰를 써본 뒤에야 깨달았다. 자기 리뷰는 자율적이어야 한다. 각자의 삶의 형태와 사유의 방식이 다르기 때문이다. 어떤 새벽을 보냈는지에 따라 색다른 자기 리뷰가 탄생한다.

나는 자기 리뷰에 노력하는 모습을 주로 담으려고 애썼다. 결과가 아닌 과정을 담고 싶었다. 지나온 과정을 놓치지 않기 위해, 새벽에 일어나서 남기는 하루 인증 글의 제목을 특별히 신경 써서 달았다. 새벽에 기상해서 떠오르는 마음을 놓치지 않고, 제목으로 남겨놓는 것이다.

2023. 8. 29. 포기만 하지 않는다면
2023. 9. 3. 내 컨디션에 맞게
2024. 9. 19. 다시 GO!

새벽마다 제목에 남겨둔 마음의 흔적은, 월말 자기 리뷰를 쓸 때쯤이면 해내기 위해 노력한 과정이 되었다.

새벽이 좋지만, 새벽을 맞이하는 일은 결코 쉽지 않았다. 벌떡 일어나는 날보다는 스스로 다독이고 설득하며 겨우 일어나는 새벽이 훨씬 많다. 그런데 새벽에 일어나기 위해 애썼던 순간과 그때 느낀 감정을 어딘가에 담아놓지 않았더니 그 감정은 쉽게 사라졌다. 순간의 기억은 단숨에 휘발되니 붙잡아둬야 했다. 나는 실패나 좌절의 기억을 오랫동안 기억하는 편이라, 내가 해냈던 순간의 기록은 많을수록 좋았다. 하루하루의 성취 기록들은

내가 해내고 있음을 보여주는 선명한 증거가 되었고, 실패했다는
내 생각이 틀렸다는 걸 알려줬기 때문이다. 못한 날보다 잘한 날
이 더 많다는 걸 보여주는 기록이 있으니, 막연한 자책 대신 구체
적인 자신감을 가질 수 있었다.

〈해냄 스위치〉 카페에 남긴 새벽 기상 인증글의 제목들

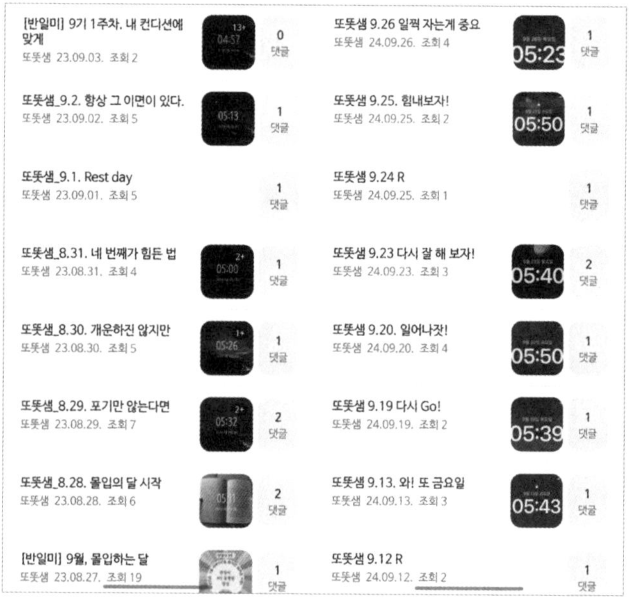

어쩌면 새벽

새벽에 일어나 그 순간의 마음을 제목으로 남겨놓고, 월말이 되면 마음의 흔적들을 따라 한 달 간의 새벽의 모습을 회고하는 자기 리뷰를 쓴다. 이렇게 모인 자기 리뷰는 나만의 성장 기록이 되었다.

【 초기 자기 리뷰 】

나는 나에게 약속한 것을 지킬 수 있는 사람이야.

나는 해낼 수 있는 사람이야. (2023년 8월)

실패하면 어때, 차곡차곡 성장하고 있는데. (2023년 9월)

괜찮아, 잘했어, 그런데도 끝까지 해냈잖아. (2023년 12월)

【 최근 자기 리뷰 】

나도 모르는 새 나를 채워가고 있었구나. (2024년 4월)

기록한 만큼 나는 선명해진다. (2024년 12월)

자기 리뷰에 남겨놓은 문장들이다. 새벽 기상 프로젝트에 참여한 초기에는 나를 다독이는 말들이 많았다. 새벽에 일어나는 것이 쉽지 않아 속상해하던 때에는 '그런데도 끝까지 해냈잖아'와 같이 응원을 보내는 말을 주로 썼다. 흥미롭게도 최근의 리뷰는 분위기가 다르다. 나 자신의 모습을 객관적으로 관찰하고, 기록하려고 노력하고 있다. 스스로를 바라보는 태도가 바뀌고 있다는 게 느껴졌다. 이런 변화를 보며 내가 반복한 생각은 반드시 내 삶에 결정적인 영향을 미친다는 괴테의 말이 떠올랐다. 새벽에 일어나 자신을 응원하는 말을 하고, 자기 리뷰를 쓰며 꾸준히 해낼 수 있다고 말해준 덕분일까. 스스로를 대하는 태도가 변하고 있었다. 성찰하는 글을 쓰며 나는 단단해지고 있었다.

기록으로 나를 믿는다

나는 불안이 많은 사람이다. 나에게 중요한 삶의 가치는 안정감이어서 그동안은 삶의 안정을 무너뜨리는 일을 맞닥뜨리는 것을 피해왔다. 무슨 일을 하든지 걱정을 먼저 한다.

"그 걱정은 일어날 가능성이 거의 없어. 걱정하지 마."

19년째 나를 지켜보는 남편이 자주 하는 말이다. 남편은 내가 하는 걱정의 대부분이 쓸데없는 것임을 일깨워주려고 애쓴다. 나 역시 불필요한 걱정으로 감정과 에너지를 소모하고 있다는 것을 잘 안다. 걱정하면 좀 어떠냐고 생각할 수도 있겠지만 이 걱정은 내 삶에 큰 걸림돌이긴 했다. 일상의 안전을 깨는 새로운 일이 생기면 스트레스가 컸다. 스스로 걱정 목록을 만들어갔다.

올해 2월에도 새로 부임하는 학교에서 도서관과 독서 교육 업무를 담당해야 한다는 이야기를 들었을 때부터 걱정을 시작했다.

　‘담임을 하면서 도서관 업무를 할 수 있을까? 도서관 행사를 무엇으로 하지? 학교에서 독서 교육을 역점 과제로 정한다는데, 나는 그것까지 감당할 시간이 없어. 책 사는 것도 너무 많은 에너지가 들어. 도서관 도우미 모집은 어떻게 하지? 아이들이 안 하겠다고 하면? 도서관을 3월에 빨리 개방해야 하는데 업무 파악이 안 됐어. 독서 동아리도 만들어야 하는데, 시간은 또 어떻게 내지? 이렇게 바쁘면 우리 아들은 또 어떻게 챙기고……’

　이런 걱정들이 꼬리에 꼬리를 물었다. 하지만 이 글을 쓰는 지금, 이 모든 일을 다 해냈다. 도서관은 3월에 문을 열어 활발하게 운영하는 중이고, 도서관 도우미 모집도 성황리에 끝났다. 독서 동아리도 만들었고, 독서 교육 계획서도 작성했으며, 관리자로부터 심혈을 기울여 추진해줘서 고맙다는 피드백도 받았다. 남편이 이런 나를 보며 늘 하는 말이 있다.

　"잘하면서."

　그렇다. 나는 잘할 수 있는 사람이다. 아니, 잘 해낼 수 있는 사람이라는 말이 더 맞는 것 같다. 그런데 무엇이 나를 이토록 불안과 걱정의 늪에 빠뜨리는 걸까.

　그 이유를 나를 믿지 못하는 마음 때문이라고 생각했다. 내가 결정하고 판단하는 것, 내가 할 수 있는 것에 대한 단단한 믿음이 없어서, 내가 처하는 상황마다 불안하고, 우려부터 앞서는 것이다. 나에 대한 확신이 없다는 깨달음이 마음을 무겁게 눌렀다. 내가 나를 믿지 못하다니.

스스로를 신뢰하지 못한다는 사실을 알아챌 수 있었던 것은 기록 덕분이었다. 새벽에 일어나 글을 쓰면, 싫든 좋든 나에 대해 깊이 생각할 수밖에 없다. 글을 쓰다보면 내가 했던 걱정이 기우였을 때가 많았다. 내가 판단하고 실행에 옮긴 일들이 올바른 방향으로 가고 있었다. 불안했던 마음이 민망할 정도로 말이다. 나에게 일어난 일들을 쓰고 돌아보면서, 내가 하는 일에 신뢰를 갖지 못하고 불안과 초조한 마음으로 내 마음만 갉아먹었다는 사실을 알게 됐다.

아이러니하게도 나를 좀더 믿을 수 있게 이끌어준 것도 기록이었다. 새벽 기상을 꾸준히 하고, 리뷰를 쓰며 발견한 사실이 있다. 매달 새벽 기상에 성공하는 일은 쉬운 일이 아니고, 그 쉽지 않은 일을 꾸준히 이어가고 있다는 사실 말이다. 이를 깨닫자, 나는 해낼 힘을 가진 사람이라고 느끼게 되었다. 그동안 쌓아온 자기 리뷰가 그것을 증명해줬다.

새벽을 리뷰하며 달라진 나를 마주하자 새벽에서 하루, 한 달로 이어지는 모습을 남기고 싶었다. 자기 리뷰에 나의 한 달의 모습을 조망하는 글을 남기기 시작했고, 내가 쌓아온 기록들을 모아 일 년을 관찰하는 1년 리뷰를 쓰게 됐다.

한 달 리뷰, 1년 리뷰를 읽다보면, 그 속에는 나를 움츠러들게 하는 불안은 없고, 성실하고 꿋꿋하게 하루를 잘 살아낸 내가 있었다. 아무 성과도 없이 반복된 일상을 살아왔다고 여겼는데, 기록은 내 생각이 틀렸다는 구체적 근거를 나에게 보여주었다. 기록은 부정적 사고방식을 깨뜨리고, 나를 신뢰할 수 있도록 자신감을 선물로 주었다. 그리고 걱정으로 가득한 내 생각을 믿지 말고, 촘촘히 쌓아온 기록을 믿으라며 나를 다독이는 것 같았다.

기록 덕분에 자신감도 얻고, 마음도 점점 회복했다. 기록은 곧 사유할 시간을 뜻하기도 했다. 기록을 통해 바쁜 일상에서도 나를 만난다. 일상에서 뒷전으로 밀려난 나라는 존재를 내 삶의 중심에 놓고 기록한다. 기록하는 습관 덕분에 내 안에 있는 나를 바라보았다. 이것이 곧 회복의 길이었다. 기록은 내 안에 갇힌 부정적인 생각을 깨고, 나를 따뜻하게 안아주는 일이었다.

나는 여전히 완벽하지도 대단하지도 않다. 하지만 적어도 이제는 완벽하지 않은 나를 스스로 괴롭히지는 않는다. 꾸준히 기록하며 마음이 단단해졌기 때문일 것이다. 마음이 단단해지자, 나를 좀더 믿게 됐다. 스스로를 자책하고 의심하던 모난 생각의 습관을 깬 것이다. 기록 덕분에 새벽 일출만큼 아름다운 '내 안의 가능성'을 마주하며 산다.

소중한 사람의 손을 가만히 붙들고 하고 싶은 말이 있다.

스스로를 기록해보자고.

알을 깬 겁쟁이,
삶을 이끄는 사람이 되기로 하다

해내는 힘을 가진 사람

은릿쌤의 새벽 기상 프로젝트를 함께하며 내가 달라졌다는 것을 느낀다. 좋은 기회가 주어져도 우려가 앞서서 망설이고 포기했던 지난 날들과는 조금 다른 모습으로 산다. 두렵고 불안해도 해낼 수 있다는 마음을 붙들어본다. 그런 마음 덕분에 스스로 기회를 만들어가는 사람으로 변하는 중이다. 스스로 해내는 힘을 가진 사람이라고 생각하면서부터 자꾸 무언가 하고 싶어졌다. 잘하는 것을 찾고 싶었다. 이런 변화는 내가 쓴 블로그 글에서도 느낄 수 있다.

저도 '리더' 한번 도전해봐야죠. 판 깔렸는데, 안 해보면 너무 아쉽잖아요? 특히나 이미 서로를 신뢰하고 다정하게 맞아주는 안정한 공간이 [반일미]니까요. '하고 싶은 거 다 해'라는 운영자님의 열렬한 지지, 함께하는 멤버들의 따뜻한 격려가 있는데 뭔들 못하겠어요. 그런데 제가 이런 생각을 하고 있다는 것 자체가 이미 제가 성장했다는 의미예요. 저는 정말 마음이 쫄보거든요. 뒤에서 뒷받침은 정말 잘하는 책임감 있는 성실의 아이콘인데요. 제가 남 앞에 서서 무언가를 주도하고 싶다고 생각을 하다니. [반일미]가 이루어낸 멋진 성장이네요.

– 2023년 10월 블로그에 남긴 글

나를 신뢰하는 마음이 생기면서 외면했던 진짜 욕구를 마주하기 시작했다. 나한테도 은릿쌤처럼 누군가를 이끌어보고 싶다는 욕구가 있었다. 마침 새담책살롱★ 리더 역할을 할 기회가 주어졌고, 2024년 4월 새담책살롱 리더가 되었다. 새담책살롱 리더의 역할은 도서 선정부터 어려웠다. 새벽이란 귀한 시간에 이루어지는 북토크이므로 신중해야 했다. 질문 준비에도 며칠이 걸렸다. 새담책살롱이 열렸던 당일에도 가장 빨리 일어나서 멤버들을 맞이하기 위해 신경쓰다보니 밤잠을 설쳤다. 화상으로 이루어지는 대화가 자연스럽게 연결되도록 신경쓸 부분도 많았다. 리더

★ —— 릿유에서는 매달 새벽에 한 달 동안 읽은 책으로 대화하는 '새담책살롱'을 운영한다. 고정된 리더가 존재하는 북토크가 아니라, 리더가 매달 바뀌는 새벽 북토크이다.

역할은 어려웠지만 리더를 해내고 나니 이전에는 경험하지 못한 벅찬 감동이 몰려왔다.

리더를 맡아보니 성장은 주도성에서 나온다는 사실을 깨달았다. 리더가 되어 구성원이 즐길 수 있는 판을 짜보는 경험이 나의 성장 곡선을 가파른 상향 선으로 만들었다. 그동안 누군가 이끌어주면 그것에 발맞춰 잘 따라가는 것이 내 장점이라 여겼는데, 직접 모임을 주도해보니 미처 알지 못했던 점들이 보이기 시작했다. 무엇보다 리더로 모임을 주도할 때의 성취감은 남달랐다. 내가 계획한 대로 일을 진행하고, 구성원의 호응이 좋을 때면 '나도 할 수 있다'는 자신감이 생겼다. 이런 경험들은 자기효능감으로 이어졌다. 리더라는 자리는 구성원을 이끄는 일이기에 때로 몸과 마음이 피곤하고, 나의 시간을 누군가에게 기꺼이 내어주어야 했다. 하지만 이런 경험들은 굳이 힘든 길을 기꺼이 선택하고 싶게 만드는 이유이기도 했다.

새담책살롱의 리더를 맡았던 경험이 강렬하고 짜릿하여, 2024년에는 은릿쌤의 해냄 스위치 카페의 운영진 모집 공고를 보고 기꺼이 지원했다. 〈해냄 스위치〉 카페 운영 보조, 릿유 새벽 기상 프로젝트의 활성화를 위해 나도 뭔가 도울 수 있을 거라는 자신감이 있었다. 운영진 역할을 하면서, 나는 주도적인 사람이 될 수 있고 내가 속한 곳의 분위기를 좋은 방향으로 이끌 수 있다는 자긍심이 커졌다. 점점 용기가 생겨 2025년 3월 릿유에서 '릿유필사단, 쓰담'★이라는 소모임을 만들었고 지금도 여전히 리더의 역할을 이어가고 있다.

말하는 사람이 아니라, 보여주는 사람

내 삶을 스스로 이끌어가는 연습을 하면서, 가정과 직장에서의 삶의 태도가 조금씩 바뀌기 시작했다. 나를 위해 애쓰는 경험이 쌓일수록, 삶을 주도적으로 살아가는 엄마로 성장하고 있었다. 북토크 리더나 소모임 운영 같은 새로운 일에 도전해보면서, 아이에게 전하는 말에도 힘이 생겼다.

"우리 아들, 새로운 환경이 겁나지? 엄마도 새로운 것에 도전할 때마다 겁이 나서 피하곤 했었어. 그런데 해낼 힘이 있다고 믿고 해보니까 정말 멋진 일들이 일어나더라고. 우리 아들에게도 그 힘이 (가슴에 손을 대며) 여기에 있어. 엄마를 믿고 한번 해보자."

이렇게 말할 수 있게 되었다. 어떤 일이든 주저하지 않고 도전해보면 좋겠다는 엄마의 기대를 말로만 선하는 것이 아니라,

★ —— 릿유에는 다양한 소모임이 있다. '쓰담'은 나에게 다가온 문장을 쓰고 담는, 필사 소모임이다.

엄마인 내가 직접 해보고 경험하며 아이에게 보여주게 된 것이다. 내가 하는 말을 직접 보여줄 수 있는 사람, 나의 말에 무게를 실을 수 있는 사람으로 변하고 있다.

남편에게도 좀더 솔직한 사람이 되었다. 나는 다른 사람에게 폐를 끼치는 것을 매우 싫어하는 성격이었고 남편에게도 마찬가지였다. 내가 하고 싶은 일을 하려면 남편이 좀더 육아와 집안일에 신경을 써야 했다. 내가 가정에 소홀한 면이 생길 수도 있었다. 그동안은 하고 싶은 일이 있어도 남편에게 동의를 구하는 것을 지레 포기했었다.

하지만 이제는 나를 위해 도전하고 싶다고 당당하게 말한다. 이동 시간만 두 시간이 넘는 곳에 일부러 시간 내어 강의를 들으러 가는 일, 전문성을 높일 수 있는 일 등에 도전하고 싶다고 속마음을 진솔하게 털어놓았다. 삶을 주도하면서 얻는 기쁨과 성취감이 가정에 매우 긍정적인 영향을 끼칠 것이라는 확신이 들었기 때문이다. 남편도 이런 나의 마음을 이해하고 서로 돕기로 했다. 삶을 주도적으로 가꿀 수 있다는 확신이 들자, 내 마음을 표현하는 일에서는 망설이지 않기로 했다.

일에 대해서도 그동안은 '굳이, 괜히 해서 힘들잖아', 또는 '내 능력으로 뭘'이란 생각으로 움츠러들기 일쑤였다. 이제는 포기하던 일들에 굳이 해보자며 용기를 내어 도전해보고 있다. 더 나은 교사가 되기 위해 다양한 환경에 나를 내놓기로 했다. 능력이 넘쳐나는 선생님들이 가득한 전국 단위 교사 공동체에 지원서를 쓰고, 교과 전문성을 살린 콘텐츠 제작에 과감히 도전했다. 이전에는 모두 두려웠던 일이다. 하지만 이제는 안다. 해보지 않은 일에 대한 두려움을 줄이려면 끝내 해봐야 한다는 것을. 두려움을 견디고, 때론 몸과 마음에 주어지는 고통을 참아가며 하는 일이 결국 내가 해낼 수 있다는 확신으로 돌아온다.

"애들아. 너희들이 지금 해야 할 일은 다양한 경험 속에서 나 자신이 무엇을 잘해내는 사람인지를 알아가는 거야."

학생들에게 자주 하는 말이다. 학생들에게 그럴듯하게 말하면서도 정작 나는 안전한 일상에 머물러 있었다. 학생들에게 하던 말을 나에게 들려주기 시작하자, 어느덧 내가 먼저 경험하고 잘할 수 있는 것이 무엇인지 찾는 사람이 되었다. 내가 하는 말에 힘이 생겼다.

새벽에 일어나는 것. 이것이 모든 변화의 시작이었다. 마음에 힘이 빠져 삶에서 도망치고 싶을 때, 새벽에 일어났을 뿐이다. 그런데 나는 변했다. 새벽에 일어나 책을 읽고, 글을 쓰고, 내가 좋아하는 걸 했더니 어느 순간 내 마음도 힘을 냈다. 마음이 단단해졌다. 현실에 주어진 일을 숙제하듯 하나씩 해나가며 그저 하루가 평탄하게 흐르면 만족하던 사람이었다. 그런 내가 요즘 '내가 해낼 수 있는 건 무엇일까?' 꿈을 꾼다. 나를 믿고 나의 다음을 꿈꾸는 일이 즐겁다. 나는 새벽을 깨웠고, 새벽은 나를 깨웠다. 나는 새벽에 나를 만나며 나와 점점 잘 지내고 있다. 이런 내가 참 좋다.

 Lit tip

딱 15일! 새벽 기상을 위한 에너지 리셋

내 몸의 리듬, 최적의 수면 루틴 찾기

	날짜	전날 취침 시간	기상 시간	수면 시간	새벽 컨디션	나를 기분 좋게 하는 말	하루 만족감 (잠자리 들기 전에 체크)
1					♡♡♡♡♡		♡♡♡♡♡
2					♡♡♡♡♡		♡♡♡♡♡
3					♡♡♡♡♡		♡♡♡♡♡
4					♡♡♡♡♡		♡♡♡♡♡
5					♡♡♡♡♡		♡♡♡♡♡
6					♡♡♡♡♡		♡♡♡♡♡
7					♡♡♡♡♡		♡♡♡♡♡
8					♡♡♡♡♡		♡♡♡♡♡
9					♡♡♡♡♡		♡♡♡♡♡
10					♡♡♡♡♡		♡♡♡♡♡
11					♡♡♡♡♡		♡♡♡♡♡
12					♡♡♡♡♡		♡♡♡♡♡
13					♡♡♡♡♡		♡♡♡♡♡
14					♡♡♡♡♡		♡♡♡♡♡
15					♡♡♡♡♡		♡♡♡♡♡

기록으로 찾은 내 몸의 리듬

(　　)시에 잠들고 (　　)시에 일어나 (　　)시간의 수면을 지킬 때,
하루를 가장 활기차게 보낼 수 있다.

제3장

나를 알아가는 믿을 구석

새벽의 실험들

(김자희)

새벽에 일어나는 진짜 이유

2022년, 4년 만에 둘째를 품에 안고 휴직에 들어갔다. 온종일 아이들과 부대끼는 일상이었지만, 둘이 함께 웃고 노는 모습을 바라보면 둘째 낳길 잘했다는 말이 절로 나왔다. 첫째가 유치원에 다녔을 무렵, 유치원 교사인 나는 엄마 노릇을 조금 더 잘해내리라 기대했다. 하지만 아이 앞에 선 마음은 여느 엄마와 다르지 않았다. 누구보다 따뜻하게 품어주며 아이들에게 비빌 언덕이 되어주고 싶었으나, 그런 마음과 달리 하루하루가 순탄하지만은 않았다. 아이들과 보내는 일상 중 유독 삐걱대는 순간이 있었으니, 바로 아침이었다. 복직을 1년 남기고 그 아침이 가장 걱정이었다. 그렇게 새해를 앞둔 12월, 일찍 일어나는 습관부터 들이자고 결심했다. 시작은 이처럼 단순한 이유였지만, 사실 진짜 이유는 훨씬 더 깊은 곳에 자리하고 있다는 것을 나중에 알았다.

아침이 분주했던 이유

아침은 언제나 분주했다. 휴직을 하면 여유가 생길 줄 알았지만, 여전히 바빴다. 선크림이라도 바르고 나가면 다행인 날들이 많았고, "아, 또 늦겠다"라는 말이 입에서 튀어나올 때는 스스로에 대한 실망으로 아침을 맞았다. 아이들을 보내고 집으로 돌아와 어질러진 공간과 제대로 씻지도 않은 나를 마주할 때면 진이 빠졌다. 나의 하루는 정작 시작도 되지 않은 것 같은데 소파에 털썩 앉아 그저 쉬고 싶은 날이 많았다.

복직해서 과연 잘할 수 있을까? 아이가 혼자서 준비하도록 '씻고 로션 바르기, 옷 입기, 밥 먹기, 가방 메고 신발 신기' 네 가지만 하면 되는 등원 루틴 습관을 들이기 위해 부단히도 노력했지만, 이론과 현실은 달랐다. 한바탕 열을 낸 아침이면 아이를 데려다주고 난 그길로 카페로 향했다. 커피 사진과 함께 '유치원 교사도 멀고 먼 기본 생활 습관 교육'이라는 문구를 SNS에 올리며 마음을 잠깐 눌러 앉혀보았다. 하지만 아이스 아메리카노도 진정한 처방이 될 수는 없었다. 아침은 원래 바쁘고 정신없다는 주변의 말도 그다지 위로가 되지 않았다. 마음에 들지 않는 그 무엇이 자꾸만 속에서 올라왔다.

그러던 어느 날, 아침이 분주했던 진짜 이유를 알게 되었다. 그날도 등원 시간은 늦어졌다. 친절하게 알려주자던 어제의 다짐은 온데간데없이 사라지고, 답답한 마음을 못내 삼키지 못한 채 한소리를 더했다. "내일은 일찍 좀 준비하자. 응?" 나와 딸은 대치하듯 각자 엘리베이터 양쪽 벽을 등지고 섰고, 아이는 끝내 억울한 듯 한마디를 던졌다.

"엄마도 늦잠 잤잖아!"

머리를 한대 얻어맞은 것 같았다. 마음에 들지 않는 그 무엇이 뭔지를 그제야 알 것 같았다. 다름 아닌 '나'였다. 그러고 보니 나의 아침은 늘 힘겨웠다. 6시쯤 둘째의 칭얼거림에 깼다가 다시 잠든 아이 곁에 잠시 누워 있었을 뿐인데 시계 바늘은 어느새 8시를 가리켰다. 감정이 실린 기억은 뚜렷하게 저장된다는 뇌과학 이론을 증명이라도 하듯, 유사한 기억들이 줄줄이 떠올랐다. 직장을 다니며 빠듯했던 출근길부터 더 거슬러올라가 대부분의 아이들이 등교하고 난 뒤 한산해진 길을 걷던 초등학생 시절까지. 뒤처진다는 조바심과 자책이 따라왔다.

물론 그것이 내 전부는 아니다. 새벽 수영으로 하루를 활기차게 열던 시기도 있었다. 다만 엄마가 된 뒤, 마음은 쉽게 요동쳤다. 늦어진 아침에 화가 난 건 아이 때문이 아니라, 아이를 통해 보이는 내 모습 때문이었다. 그 안에는 여러 역할을 잘 해낼 수 있을지에 대한 두려움과 좋은 엄마가 되고 싶은 마음도 들어 있었

     어쩌면 새벽

다. 마음을 깊이 들여다보니 단순히 복직에 대한 걱정 때문에 새벽 기상을 결심한 게 아니었다. 아이가 보고 배우며 자라는 가장 가까운 어른으로서, 부끄럽지 않은 내가 되고 싶어서였다. 새벽 기상은 달라지고 싶다는, 조용하지만 단단한 내 안의 외침이었다.

좋은 어른이 되고 싶어

새벽 기상 습관을 들이고자 고군분투하던 초기에 놀이치료사 선생님이 이끄는 한 프로그램에서 중요한 질문 하나를 만났다. "좋은 엄마란 뭐라고 생각하세요?" 그날 모임에서는 기다려주는 엄마, 정서적 안정감을 주는 엄마, 있는 그대로 사랑해주는 엄마 등 충분히 공감 가는 대답들이 오갔다. 마지막 차례였던 나는 내 안에 계속 맴돌던 답을 꺼냈다. "건강한 엄마요." 몸도 마음도 건강한 엄마, 그 이상의 답을 찾을 수 없었다.

아이를 기르는 일은 행복하고도 값진 일임이 분명한데 수많은 상황에 흔들린다. 이런 상황에서도 몸과 마음이 건강한 엄마라면 아이에게 온전히 사랑을 줄 수 있다고 생각했다. 특히 눈에 보이지 않는 마음 건강은 어떤가. 정신과 전문의들은 마음이 건강하다는 것은 문제가 없는 상태가 아니라 문제가 있어도 살아갈 수 있는 상태라고 말한다. 완벽하고 흔들리지 않는 마음이 아니라, 흔들려도 나를 돌볼 수 있는 유연함을 가져야 건강한 마음이라고 했다.

몸도 마음도 건강해지려면 우선 날 위한 '시간'이 필요하다. 처음에는 내 건강을 챙기려니 이기적인 건 아닐까 싶기도 했지만, 나를 돌보는 일은 결코 이기적인 것이 아니라 오히려 사랑하는 아이들을 품기 위해 꼭 필요한 일이었다. '나 좀 쉬고 싶다'라는 말 뒤에는 늘 '그러고 나서 더 잘 해내고 싶다'는 마음이 따라왔다. 결국 나를 돌보는 일이 육아의 시작점이었다.

내가 생각하는 좋은 엄마가 곧 건강한 엄마라는 사실을 인식하자, 새벽을 여는 이유도 선명해졌다. 건강하게 살아가기 위해 지금 바로 실천 가능한 원 포인트가 바로 새벽 기상이었다. 긍정의 에너지로 삶을 다져온 친정엄마의 모습이 내게 가장 든든한 힘이었듯, 나도 아이들에게 건강하게 살아가는 좋은 어른이 되어주고 싶다. 진짜 원하는 것이 무엇인지를 찾은 뒤부터는 '뭐하러 이렇게 열심히 살아?'라는 말이 내 안에서 사라졌다.

새벽 기상을 하는 진짜 이유는 마음 깊은 곳에 조용히 자리 잡고 있었다. 원하는 것을 확실히 알고 나니 마음이 한결 가벼워졌다. 단순한 이유로 시작했더라도 진짜 마음을 깨닫게 되면 지칠 때마다 '나는 왜 굳이 새벽 기상을 하는 거지?'라는 의구심에 붙들리지 않고 의미 있는 새벽 생활로 그저 한 걸음 더 나아간다. 지금 당장 이유를 알지 못해도 괜찮다. 어쩌면 조용한 새벽이 천천히 그 답을 건네줄지도 모른다.

하나, 나의 오늘로 즐겁게 출근하기

새벽 시간은 이제 평범한 일상이 되었다. 하지만 이 조용한 새벽이 준 선물은 보통이 아니었다. 언제 일어나는지, 그 기준을 누가 정하는지 생각해본 적이 있는가. 나의 경우, 직장에 다닐 때는 출근 시간이, 휴직했을 때는 아이의 등원 시간이, 특별한 일정에 있을 때는 그 일정이 그날 하루를 시작하는 기준이었다. 일을 하든 하지 않든 공통점은 일어나는 시간을 정하는 사람이 내가 아니라는 것이었다. 매일 성실히 일어났지만, 그 아침은 늘 숙제 같았다.

그런데 새벽 기상을 시작하고는 아침에 일어나는 의미가 달라졌다. '나의 오늘'에 출근하는 것. 옷의 단추를 가지런히 채우듯 나만의 루틴을 따른다. 새벽 일기를 쓰면서 몸이 피곤하진 않은지, 마음은 안녕한지, 오늘을 어떻게 보내고 싶은지를 살핀다. 이렇게 스스로 선택해 이끄는 날들이 쌓이자, 이전에는 알지 못했던 새로운 일상을 만났다.

먼저 매일 아침 아이를 맞이하는 마음이 한결 편안해졌다. 새벽 시간을 먼저 채운 뒤 얻은 좋은 기분은 자연스럽게 아이에게로 흘러갔다. 알람은 껐지만 일어나지 못한 채 누워 있던 내가, 이제는 아이에게 "잘 잤어?"라고 다정한 인사를 먼저 건넨다. 반쯤 눈을 감은 채로 나에게 걸어오는 아이를 사랑스럽게 품어줄 마음의 공간이 생겼다. 둘째가 유난히 일찍 일어난 날에도 아이와 이른아침 시간을 즐긴다. 엄마와 오롯이 보내는 시간이 부족한 둘째를 안아주고, 책도 읽어주는 그 잠깐의 시간이 감사하다. 등원 전쟁을 겪었던 첫째는 이제 초등학생이 되었고, 늦게 준비하는 날도 화가 나기보다 어떤 도움이 필요할지를 먼저 생각한다. 그간 서두르고 재촉했던 것이 못내 미안하지만, 아쉬움에 자책하기보다 주어진 오늘의 시간을 더 다정하게 채우려 한다. 아이들과의 아침은 여전히 분주하지만, 하루를 응원하는 마음의 온기가 들어왔다.

여러모로 걱정이었던 복직도 순조로웠다. 피곤한 모습으로 겨우 출근하던 날들 대신 새벽 에너지를 품고 내 리듬을 지켜 출근한다. 물론 복직은 엄마 모드에서 업무 모드로의 전환이 아니라 업그레이드가 필요한 상황이었고, 하루하루는 출근과 일, 퇴근과 육아로 가득찼다. 그럼에도 이렇게 사는 게 맞는지 고민하는 대신 나를 믿는 마음으로 하루를 맞이했다. 새벽 기상의 핵심은 일찍 일어나는 것이 아니라 유연한 태도로 기분좋게 하루를 시작하는 것이었다.

흘러가던 하루에 좋은 에너지가 스며들었고, 나의 속도를 이해하고 조절하면서 삶의 리듬이 건강해졌다. 새벽에 일어나기 힘든 날도 오지만, '못' 일어나는 것이 아니라 '안' 일어나는 날로 선택한다. 스스로 선택하고 결정하기 때문에 기상에 실패한 날도 실패가 아니라 다시 시작하면 될 뿐이다. 출근으로, 등원으로, 바쁜 마음만 자리했던 아침은 이제 나를 위한 시간으로 제자리를 찾았다. 그렇게 나는 '나의 오늘'에 가장 먼저 출근한다. 누구나 매일 하루를 맞이한다. 가장 중요한 한 사람, 나를 위해 각자의 오늘로 '오픈런' 해보자.

둘, 중요한 것부터 해내기

중요한 것을 놓친 채 비쁘게만 산다고 느껴질 때 유독 마음한 켠이 허전했다. 자기 돌봄, 꿈, 건강, 가족처럼 중요하게 생각하는 우선순위가 있을 것이다. 새벽은 본격적인 일상을 시작하기 전, 중요한 것을 담는 그릇과도 같다.

복직 전에는 새벽 시간을 효율적으로 보내고 싶었다. 중요하지만 미루곤 했던 운동, 독서. 그리고 아침식사와 저녁 재료 준비처럼 목표에 맞춰 우선순위를 정했다. 중요한 것을 하는 새벽을 보내고 아이들까지 등원시키고 난 후 주어진 시간은 선물처럼 느껴졌다. 이미 부지런히 할일을 해내고 난 뒤라, 마치 하루를 두 번 여는 기분이었다. 그래서 그 시간을 '두번째 아침'이라 부르기도 했다. 중요한 일을 우선 끝냈다는 든든함 덕분에 약속이 있거나 갑자기 일이 생겨도 한결 편안하게 받아들였다.

반면 복직 후 새벽은 비효율적으로 보내고 싶었다. 하고 싶은 것을 하며 느긋하게 보내는 시간이 중요했다. 따뜻한 야채수 한 잔을 마시며 서서히 나를 깨우고, 감사를 떠올리며 새벽 인증 사진 안에 짧게 한 줄 기록하기. 마음을 들여다보며 새벽 일기를 남기는 것처럼 말이다. 이 사소한 일들이 중요하게 여겨지는 건, 나를 돌보는 의미가 담겨 있기 때문이다. 습관을 만들기 위한 루틴과 달리, 의미를 담아 반복하는 의식을 리추얼이라고 하는데, 그동안은 사소하게 쌓아가는 과정을 소홀히 하고 빨리 해치우고자 했던 일이 많았다. 이제는 새벽 기상으로 생긴 나만의 리추얼로 일상을 의미 있게 보내는 방법을 알아가고 있다.

사실 새벽에 느긋하기가 쉽지 않다. 못다 한 일, 눈앞에 쌓인 집안일을 하기도 한다. 그럼에도 불구하고 잠시라도 천천히 마음을 쏟고 숨을 고르는 비효율적인 시간으로 하루를 열고 싶다. 그

 어쩌면 새벽

렇게 느리게 보낸 새벽은 치열한 하루를 살아낼 힘을 주기 때문
이다.

　새벽의 모습은 복직을 전후로 달라졌고 매일 조금씩 다르다.
글을 쓰는 요즘은 책상 앞에 오래 앉아 있고, 체력이 소진되는 여
름은 운동을 먼저 챙긴다. 마음이 흐린 날엔 집안 구석 하나를 정
리하기도 한다. 세세한 모습은 달라져도 중요한 것으로 새벽을
채운다는 건 변함없다. 몸을 보살피고 생각과 마음을 채우는 일
들이다. 감사와 긍정, 사랑처럼 일상에서 놓치기 쉬운 귀한 마음
을 더해, 흩어져 있던 소중한 것들로 새벽이라는 그릇을 채운다.
채운 만큼 하루가 빛난다.

셋, 나를 제대로 안다는 것

　쉽게 말하자면 일찍 일어나서 뭔가를 하기. 그게 새벽 기상
이다. 일찍 일어나는 건 힘들긴 해도 고민이 필요한 영역은 아니
다. 그런데 새벽에 무엇을 할지가 고민이었다. 새벽에 나는 주어
진 일과 해야 할 일로부터 해방감을 느꼈고, 하고 싶은 것을 마음
껏 해보는 시간을 기대했다. 운동, 독서처럼 습관으로 만들고 싶
은 것은 금방 떠올랐다. 하지만 '정말 하고 싶은 건 뭐야?'라는 질
문 앞에서 머뭇거렸다. 마치 무인도에 가져갈 단 한 가지를 고르

듯, 중요한 질문 앞에 선 느낌이었다. 그렇게 나에 대한 탐색이
시작됐다.

　살아온 시간을 뒤적거리다 그림책을 좋아하는 나를 발견했
다. 유치원 교사에게 익숙한 그림책은 아이를 키우면서도 늘 곁
에 두었고, 나와 아이 사이에 그림책을 끼우면 대화는 평소보다
다채로워졌다. 유치원생이던 딸과 함께 즐기는 취미라는 사실만
으로도 즐거웠다. 언제부턴가 그림책은 어른인 내 마음에도 파동
을 일으켰다. 동심을 넘어 진심을 만나게 하는 그 얇은 책은 나를
비추는 거울 같았고, 점점 내 일상의 중심으로 들어왔다.

　좋아하는 것이 좋아서 하는 일로 이어진 건, 릿미 프로젝트
의 새벽 독서 모임(새담책살롱)부터였다. 성인을 위한 독서 모임
에서 내가 좋아하는 것, 그림책을 내밀었다. 우리는 같이 그림책
을 읽었고, 각자의 이야기는 그림 위에 포개지며 또 하나의 이야
기로 태어났다. 기대보다 더 깊고 따스한 시간을 경험했다. 이날,
그림책에 기대어 삶을 나누고 응원하는 사람이 되고 싶다는 마
음도 어렴풋이 생겨났다.

　혼자 좋아하던 일을 밖으로 꺼내놓았을 뿐인데, 새로운 나를
만난 것 같았다. 좋아하는 것을 찾으니 무언가를 해보고 싶었고,
직장인을 위한 학습 커뮤니티로 이어졌다. 이 커뮤니티에서는 다
양한 사람들이 모여 좋아하는 일, 잘하는 일, 직장 밖에서도 온전
한 나로 설 수 있는 자리를 고민했다. 나는 '어른도 그림책'이라

는 이름으로 모임을 열어 좋아하는 것을 다시 꺼내보았다. 엄마이자 유치원 교사라서 그저 익숙했던 그림책은 어느 순간 '내가 진짜 좋아하는 것'이 되었고, 여러 역할을 연결해주는 선물처럼 다가왔다. 그렇게 지금은 릿유에서 그림책 소모임 '깊이북×너덜북'의 공동 리더로 활동하며, 아이와 엄마가 함께 그림책으로 성장할 수 있는 공간을 만들어가는 중이다.

하고 싶은 것조차 모르던 그때는 씁쓸했지만, 덕분에 귀한 자기 탐색의 시간을 얻었다. 새벽은 마음껏 방황해도 괜찮은 시간이다. '헤맨 만큼 내 땅이다'라는 말처럼 그 걸음들이 나만의 지도를 만든다면 모호해도 불안하지만은 않을 것이다. 여전히 나를 알아가는 중이지만, 불과 1년 전의 나보다 지금의 나는 꽤 많은 걸음을 내디뎠다. 그 걸음이 모여 삶의 지도를 또렷하게 한다는 것을 보통의 새벽이 알려주었다.

"아니, 미라클 모닝 하지 말고 그냥 굿모닝을 해."

새벽 기상을 시작한 후, 남편은 몇 달간 걱정과 불만을 쏟아냈다. 원래도 잠귀가 밝아 알람 소리에 더 예민해졌고, 나는 어느 날은 곧잘 일어났고, 어느 날은 일어나기 힘들어 뒤척이는 와중에 눈치도 보였다. 그럴 때마다 남편은 잠의 중요성을 강조하며 무리하지 말라고 했다.

그러나 새벽을 쉽게 내려놓을 수 없었다. 무리하는 게 아니라고 말하면서 왠지 모르게 오해받는 것 같아 억울했다. 일어나기 벅찬 날이 있다고 해서 새벽 기상 자체가 틀린 건 아니다. 돌이켜보면, 문제는 새벽이 아니라 새벽을 둘러싼 두 가지 오해였다.

새벽 기상에 대한 남편의 오해

남편에게 새벽 기상은 '피곤해지는 일'이었다. 새벽 기상은 '일찍 일어나는 일'에 방점이 찍히다보니, 쉬고 싶은 어른들에게는 피곤한 일이기도 하다. 처음 시작했을 때를 떠올려보면, 남편이 오해할 만도 했다. 새벽 기상을 결심했지만, 잠드는 시간은 예전과 같았고 자연히 수면시간이 줄어들면서 피곤은 쌓였기 때문이다. 일찍 일어나기 위해서는 일찍 자야 하지만 익숙한 패턴은 쉽게 바뀌지 않았다. 내가 힘들어하자, 남편은 휴식이 필요하다며 낮잠이든 밤잠이든 자꾸 잠을 더 자라고 말했다. 새벽 기상이 더 자고 싶은 마음을 누르고 일찍 일어나야 하는 피곤한 일처럼 보였을 법하다.

하지만 남편의 생각은 절반만 맞는 이야기다. 새벽에 일어난다는 말의 진짜 의미는 '일찍' 그 자체보다 흐트러진 생활 리듬을 다시 회복해가는 과정이라는 점이다. 그러니 5시 기상처럼 특정 시각을 목표로 삼기보다 수면량과 컨디션부터 기록하며 파악하는 쪽이 우선이다. 결국 피로는 새벽 때문이 아니라, 익숙했던 리듬에서 벗어나 새로운 걸 익히는 과정에 나타나는 자연스러운 몸의 반응이다. 아침의 피로는 주로 밤에서 비롯되었다. 아이들이 잠든 뒤 집안일까지 끝내면 하루가 비로소 끝났고, 이만하면 됐다는 마음으로 나만의 자유를 누렸다. 아쉬움에 끝까지 버티다 늦게 잠들면 생활 리듬이 뒤엉켜 아침이 힘든 건 당연했다. 홀로 깨어 있는 밤은 분명 편안했지만, 지친 나를 회복하는 휴식이 아니었다. 반면 새벽 시간을 알차게 보낼수록 남은 하루에 생기가 돌았다. 새벽 기상은 수면을 희생하는 선택이 아니라, 오히려 무너졌던 리듬을 회복하는 시간이었다.

또하나, 남편이 생각한 쉼과 내가 원하는 휴식 사이에도 간극이 있었다. "잠 좀 자면서 쉬어"라는 말이 걱정인 줄 알면서도 억지로 누우라는 듯 들렸다. 물론 쉼이 필요했지만, 더 많은 잠을 뜻하는 건 아니었다. 아이를 키우며 충분한 잠이 얼마나 중요한지 누구보다 절실히 경험했다. 하지만 잠 말고 다른 휴식과 채움의 시간도 필요했다. 잠은 분명 피로를 덜어주지만, 나로 살아간다는 느낌까지 되찾아주진 못했다. 겉으로 보기엔 새벽 기상이 무언가를 해내기 위한 또하나의 노력, 의지로 버티는 시간, 자기계발의 상징처럼 보일지도 모른다.

그러나 나에게 새벽은 누구의 방해도 없이 나에게 집중하며 숨을 돌리는 휴식, 쉬어가는 시간에 가까웠다. 주말까지 기다리지 않고 나를 돌보는 시간을 조금이라도 매일 반복되는 일상, 새벽에 놓아두는 것이다. 나를 돌보며 하루를 준비하기 가장 좋은 환경이 새벽인 것이다.

어떤 행동의 이유는 잘 드러나지 않아 오해를 부른다. 지쳐 있던 나에게 잠은 분명 필요했지만 정말 원했던 건 마음의 회복이었던 것처럼, 타인이 내 마음을 온전히 이해하기란 쉬운 일이 아니다. 새벽 기상을 왜 시작했는지 구구절절 설명할 필요는 없다. 하지만 틈틈이 대화를 나눠야 불필요한 오해가 줄어든다. 특히 한 공간에 사는 가족은 바뀐 생활 리듬을 함께 겪는 사람들이기 때문에 충분한 이해 안에서 새벽 기상을 시작하는 것이 좋다. 알람 소리, 거실에서 들리는 작은 소음, 은은한 불빛조차 누군가에게는 방해가 될 수 있기 때문이다. 열심히 살아보고자 마음먹은 나에게 의도치 않은 갈등과 불편함이 생긴다면 내 다짐이 꽃피기도 전에 흔들릴 수 있다. 새벽을 여는 이 조용한 일상의 변화도 혼자만의 일이 아니다. 가장 가까운 사람들로부터 오해가 아닌 이해로, 방해가 아닌 응원을 받으며 새벽이 시작되길 바란다.

새벽 기상에 대한 나의 오해

새벽은 일상에서 얻은 보너스 같은 시간이었다. 오늘을 주도한다는 감각이 돌아왔고, 그렇게 시작한 하루는 힘차고 경쾌했디. 그런데도 이상하게, 마냥 행복하지만은 않았다. 6개월쯤 지속했을 무렵, 일찍 일어나기를 그만두고 싶은 생각이 몰려왔다. 짧지도 길지도 않은 시간, 기적까진 아니어도 뭔가 크게 변할 줄 알았다. 책도 읽고 운동도 하며 뿌듯한 날을 보내고도 나는 자꾸 멈쳤다. 뭐가 문제였을까?

어릴 땐 공부 잘하는 이들이 멋져 보였다면, 지금은 자기만의 색으로 중심을 잡고 즐겁게 살아가는 사람들이 근사해 보인다. 그들처럼 내 마흔도 단단할 줄 알았지만, 여전히 흔들렸고 나의 색은 어딘가 흐렸다. 내가 자꾸 부족해 보였다. 완벽하지 않아도 된다는 말이나 있는 그대로의 자기를 사랑하라는 말에 고개는 끄덕였지만, 공감은 잠시뿐이었다. 문제는 새벽 기상에 대한 나의 깊은 오해, '내가 부족해서 새벽을 연다'고 여긴 그 생각이었다.

새벽을 깨우고 또 깨우다보니 점차 갇혀 있던 생각이 깨어났다. 내가 원하는 모습보다 타인에게 보이는 모습에 더 마음을 쓰고 있었고, 잘하고 싶은 자연스러운 마음과는 달리 잘해야만 가치가 있다는 생각 때문에 스스로 지치고 있었던 것이다. 그렇게 깨닫고 나자, 부족한 나를 바꿔야 해서 새벽에 일어난다는 전제가 달라졌다. 부족해서가 아니라 사랑해서 새벽을 여는 것이라고. 나와 내 삶을 향한 애정에서 비롯된 선택이었다. 부족해서 새벽에 일어난다는 오해는 나에 대한 이해로 바뀌었다. 낯간지럽기도 하지만, 부족하면 부족한 대로, 잘하면 잘한 대로 나에게 하이파이브를 건넨다. 그렇게 나와의 관계를 서서히 회복해나갔다.

이제 내게 미라클 모닝과 굿모닝은 같은 말이다. 미라클 모닝 말고 굿모닝을 하라고 말하던 남편도 이젠 잠을 더 자라는 대신 내 새벽을 믿고 응원한다. 새벽에 일어나면 무조건 피곤할 거라는 오해, 새벽에 뭔가를 해내야 한다는 부담감, 내가 뭔가 부족해서 새벽을 연다는 자기 의심 등 방해꾼이라 여겨진 것들을 떨쳐낸 이 시간이 내게는 작은 기적이다.

나답게 새벽 기상 즐기기

어느 날 아홉 살 딸이 누워 책장을 쭉 둘러보다가 혼잣말처럼 한마디 툭 던졌다. "나는 나로 살기로 했다? 당연한 거 아니야?" 아이의 말은 때 묻지 않아 오히려 핵심을 찌를 때가 있다. 『나는 나로 살기로 했다』라는 책 제목을 보고 던진 말에 "어? 그렇지……" 하고 바람 빠진 공처럼 대답했다. 내가 나로 사는 건 당연한 일인데도, 어른에게 나답게 살기란 결심과 용기가 필요한 일이기도 했다. 여러 번 도전하고 포기했던 새벽 기상에 빠져 있던 이유도 바로 '나답게' 때문이었다.

예전에는 새벽 기상을 시도하며, 흔히 알려진 미라클 모닝의 루틴을 그대로 따라 하곤 했다. 시각화로 미래를 구체적으로 떠올리고, 긍정 확언을 외쳐보는 등 성공적인 새벽 기상의 공식 같은 루틴은 분명 의미 있는 시도였다. 하지만 따라 하는 동안에도 내게는 맞지 않는 옷처럼 느껴져, 결국 끈기 있게 이어가지 못했

어쩌면 새벽

다. 새벽 기상을 즐겁게 지속하는 지금이 그때와 다른 점은 나다운 방식으로 시작했다는 것이다. 그러고 나니 미라클 모닝에 관한 책에 담긴 지혜를 내 상황과 속도에 맞게 받아들일 수 있는 여유도 생겼다. 나다운 새벽을 만들기 위해 어떤 마음가짐이 필요할까? 시행착오를 겪으며 얻은, 꼭 지키고 싶은 다섯 가지를 정리해보았다. 처음 시작하는 이들에게도, 지금의 나에게도 흔들릴 때 돌아올 중심이다. 물론 이 역시 나만의 방법이니 '이 정도는 나도 한번?' 하는 마음으로 시도해보고 각자의 방식을 찾아가길 바란다.

STEP 1. '일단' 시작

완벽하고 싶은 마음은 시작을 방해한다. 나 역시 미룬 일들이 많아 이 말을 하면서도 뜨끔하다. 완료와 완성도 사이에서 완성도에 더 집착하는 편이었다. 해내는 것보다 잘하려는 것에 가치를 둔 셈이다. 하지만 잘해야 한다는 부담감에 시작조차 하지 못하고 제자리걸음만 하길 원하지는 않는다. 어떤 일을 해내면 신뢰를 얻고, 잘하면 실력 있는 사람이 된다고 한다. 새벽 기상은 후자가 아닌 전자, 실력보다 자기 신뢰의 영역이다. 잘하기보다 해내면 된다. 그러니 일단 시작해보자.

실행으로 옮겨진 것들을 돌아보면 '이번엔 꼭'이라는 굳은 다짐과 촘촘한 계획보다 '일단'이라는 말로 가볍게 시작했던 일들이었다. 새벽 기상도 우연히 공지를 보고 고민 없이 시작했다. 즉흥적인 선택처럼 보이지만, 사실은 이미 오래전부터 더 나은 삶을 향한 갈망, 나다움, 성장에 대한 마음을 품고 있었다. 3년 전 『미라클 모닝』을 읽었고, 작심삼일로 끝나긴 했지만, 새벽에 일어나보려고 몇 번이나 시도했었다. 뭔가 자꾸 생각나고 해보고 싶어진다면, 그건 언제부턴가 조금씩 자란, 결코 가볍지 않은 마음일지도 모른다. 그러니 하고 싶은 마음이 든다면 시작해보자. 우스개지만 일단 해봐야 이단, 삼단도 쌓을 수 있지 않을까.

STEP 2. 새벽 10분

어느 날 가까운 지인과 새벽 기상에 대해 이야기를 나눈 적이 있다. 지인도 일찍 일어나고 싶지만, 지금은 아닌 것 같다고 했다. 아이가 어릴 땐 같은 공간에서 자는 경우가 많고, 엄마의 부재도 금세 알아채고 찾곤 하는데, 지인의 상황이 딱 그랬다. 일찍 일어나도 매번 아이에게 소환된다면 지금은 아니라는 말이 백번 이해되는 결론이었다.

그럼에도 새벽 기상을 하며 느낀 아쉬움과 아끼는 지인에게

　　　　　　　　　　　　　　　　　　　　어쩌면 새벽

좋은 것을 나누고 싶은 마음으로 조심스레 운을 뗐다. 다시 새벽 기상을 시작한다면 5시에 기상해 7시까지 2시간을 온전히 채우려 애쓰지 않을 것이며, 대신 조금만 일찍 일어나 10분 정도를 모을 것이라고 말이다. 처음에 나는 의욕이 앞서 새벽 기상 첫 달 목표를 6가지나 세웠고, 당연히 실천하기가 벅찼다. 다음달은 목표를 3가지로 줄였고, 그다음은 딱 한 가지, 운동만 하겠다고 선언했다. 새벽 시간을 충분히 확보할 수 없다면 단 10분이라도 쉽게 할 수 있는 아주 작은 일부터 반복해보라고 건넸다. 자신만의 방식이 확고한 편인 지인으로부터 그날 저녁 메시지 하나를 받았다.

"새벽 기상은 불가능한 일이라고 생각했는데 단 5분, 10분이어도 괜찮다는 말에 마음이 움직였어요."

새벽의 단 10분, 나만의 작고 사소한 루틴을 만들어보는 것은 어떨까? 필사나 책 몇 쪽 읽기, 오늘의 우선순위 3가지 적어보기처럼 짧은 시간에 할 수 있는 것을 반복해보자. 즉각적인 보상 없이 꾸준히 하기란 쉽지 않지만 단 10분이라도 해냈다는 기쁨은 어떤 보상보다 강력하다. 니는 간단히 수면시간과 아침 컨디션 등을 일기처럼 기록하고 있는데, 10분이면 충분하다. 나를 이해하는 일이 얼마나 중요한지 알았더라면 처음 새벽 기상을 시작할 때 무엇보다 먼저 내 몸의 리듬부터 알아갔을 것이다. 이렇게 말하는 나 역시 의욕이 앞서 작은 시작과 반복이 말처럼 쉽지 않다. 그때마다 초심을 불러낸다. 새벽 기상을 실천중인 이들의 루틴을 참고해 10분이면 충분한 가벼운 새벽 루틴을 소개한다.

새벽에 하기 좋은 가벼운 10분 루틴

양치와 세수 후 거울 속 나에게 하이파이브 보내기

따뜻한 차나 물 마시기

필사하기

10분 새벽 일기

10분 산책 겸 쓰레기 버리기

10분 독서

감사 일기 한 줄 쓰기

집안 한 군데 정리정돈

하루 일정 살펴보고 우선순위 3가지 적기

신문 기사 하나 읽기

벼락치기보다 매일 조금씩 공부한 날들이 더 믿음직스러운 것처럼 소소해 보여도 작게 실천하고 반복하면 자기에 대한 믿음이 자란다. 스스로 믿는 마음은 무언가를 이루어낸 결과가 아니라 하루하루 쌓아가는 과정에서 오는 것이었다. 새벽은 옷을 적시는 가랑비처럼 조금씩 자기를 바꾸기에 참 좋은 시간이다.

STEP 3. 감사하는 저녁

새로운 것을 받아들이려면 먼저 뭔가를 내려놓아야 한다. 일찍 일어나기 위해 무엇을 내려놓아야 할까? 그렇다. 일찍 자야 한다. 새벽과 저녁은 뫼비우스의 띠처럼 연결되어 있다. 일찍 일어나는 것이 나만의 일이라면, 잠자는 시간을 앞당기는 것은 가족들의 협조가 필요했다. 아이들의 건강한 생활 습관을 위해 지키려 했던 저녁 루틴은 새벽 기상을 하는 나한테도 중요해졌다. 저녁 루틴이 밀려 취침 시간이 늦어지면, 새벽도 힘들어진다는 생각에 스트레스가 올라왔다. 그래서 "일찍 좀 일어나자" 만큼 "빨리 좀 자자!"라고 자주 말하며 아이들을 재촉하기도 했다. 새벽의 온화한 엄마는 어디로 가고, 밤의 엄마는 하루의 마무리가 늦어질수록 일그러졌다. 내 안의 두 엄마는 어딘가 어긋나 보였다.

육아에서 저녁 루틴의 실천과 중요성을 다룬 『미라클 베드타임』의 저자는, 습관을 만드는 비결로 '우선순위를 따져서 한결같이 그 순서를 지켰다는 것뿐'이라고 말한다. 실천의 반복과 일관성이 성취를 만든다는 의미지만, 우선순위를 정하기 전에 먼저 무엇을 위해 저녁 루틴을 만들려는시 되돌아보았다. 우리 가족의 저녁 루틴은 하루를 안정적이고 따뜻하게 마무리하기 위함이었다. 하지만 루틴이 지켜지지 않을 때마다 부정적인 감정이 올라와 그 목적을 잊어버리곤 했다. 남편의 늦은 퇴근으로 혼자 감당해야 하는 저녁 육아가 힘들었다. 여기에 계획한 것을 꼭 지켜야 한다는 욕심, 지키지 못했을 때의 자책과 화, 아이들을 빨리 재워야 한다는 조급함이 더해졌다. 결국 문제는 마음에 있었다.

내 감정을 깨닫고 나니 나름의 해결 방법도 보였다. 뒤엉킨 마음을 물리치는 또다른 마음, '감사'였다. 가족 모두가 하루를 무사히 보내고 다시 함께 모이는 이 시간에 감사하는 마음, 그것이 진심이었다. 상황은 바꾸기 어려울지 몰라도 마음은 선택할 수 있는 영역이다. 저녁 루틴을 자기 전에 '해야 할 일'처럼 여기다가 '감사할 일'로 생각하자 신기하게도 지쳤던 마음이 스르르 풀렸다. 가족들이 돌아가면서 무엇에 감사한지 말해보는데, 네 살배기 둘째가 이 감사 이야기를 가장 좋아한다. "엄마가 태어나 줘서 고마워!"라며 내 말을 따라 하는 모습에 웃음이 흘러나온다. 여전히 늦어지는 취침 시간과 피곤함에 마음이 날카로워질 때도 있지만 우리만의 감사 의식이 뾰족했던 마음도 껴안아준다.

요즘은 감사하는 마음으로 저녁을 닫고, 그 마음으로 새벽을 연다. 저녁에 이어 새벽에는 인증 사진 안에 감사 한 줄을 적는다. 감사하는 마음을 표현하기가 쉬워 보여도 누구나 처음에는 막막할 수도 있다. '한 줄 감사' 예시를 덧붙였으니 참고하기 바란다. 흥미롭게도 우리의 뇌는 읽기만 해도 실제로 감사한 경험을 한 듯 반응해 긍정적 정서와 안정감을 느낀다고 한다.

감사한 일, 채워진 욕구, 지금 느낌을 쓴다. 무엇을 경험했고,

무엇이 채워졌으며, 지금 어떤 느낌인가? 이 예시를 따라가며, 마음 어딘가에 이미 자리한 감사를 찾아보기 바란다.

Lit tip　　**새벽 기상을 돕는 한 줄 감사**

① 알람에 눈을 뜨고 고요한 새벽을 맞이하며 하루를 차분히 준비할 수 있어서 감사합니다.

② 새벽의 고요함과 자연의 아름다움을 느낄 수 있어 감사합니다.

③ 모두가 잠든 시간, 거실에서 혼자 책을 읽으며 오롯이 나와 연결될 수 있어 감사합니다.

④ 따뜻한 커피 향을 느끼며 아침을 시작하니 감각이 깨어나고 마음이 정돈되어 감사합니다.

⑤ 일어나자마자 몸을 쭉 펴고 스트레칭하며 몸과 마음을 깨울 수 있어 감사합니다.

⑥ 복잡했던 마음을 새벽에 글로 정리하니 머릿속이 맑아져서 감사합니다.

⑦ 아이들보다 먼저 일어나 잠든 얼굴을 바라보며 사랑과 평화를 느낄 수 있어 감사합니다.

⑧ 간단한 집안일을 미리 끝내고 하루를 가볍게 시작할 수 있어 감사합니다.

⑨ 새벽 일기장에 감사하는 마음을 쓰며 나를 돌보는 시간을 가질 수 있어 감사합니다.

⑩ 아무것도 하지 않고 그저 앉아 호흡하며 존재만으로 충분함을 느낄 수 있어 감사합니다.

오늘 하루 ＿＿＿＿＿＿＿＿＿ (구체적인 상황이나 경험) 덕분에

＿＿＿＿＿＿＿＿＿ (내가 중요하게 여기는 욕구)이/가 충족되었고,

그래서 ＿＿＿＿＿＿＿＿ (지금 느끼는 감정)을 느낄 수 있어 감사합니다.

《 김자희 》

STEP 4. 자기만의 루틴

새벽 생활로 하루는 자연스레 새벽 루틴과 저녁 루틴으로 나누어졌다. 새벽이 먼저인지, 저녁이 먼저인지는 닭과 달걀의 이야기 같다. 기준은 각자가 선택하면 된다. 중요한 것은 저마다의 루틴을 계획하고 실천하는 일이다. 처음에는 나만의 루틴을 세트로 만들었다. 일어나자마자 하는 마인드셋 루틴, 목표로 삼은 액션 루틴, 아이들을 위한 엄마 루틴처럼 실행 목록을 이어 붙여 하나로 만들고 거기에 이름을 붙였다.

Lit tip **나만의 루틴 세트 만들기**

'나만의 루틴 세트' 예시

마인드셋 루틴	액션 루틴	엄마 루틴	저녁 루틴	감사 루틴
일어나자마자 하는 루틴	목표로 하는 핵심 루틴	아이 등원(교)을 위한 루틴	자기 전 혼자, 또는 가족과 함께하는 루틴	하루 중 아침, 저녁으로 감사하는 루틴
• 따뜻한 차 한잔 • 하루 일정 체크 • 긍정 확언	• 10분 독서 • 30분 운동 • 30분 글쓰기	• 클래식 라디오 • 건강한 아침 식사 준비	• 10분 정리 후 양치 • 마사지+감사 이야기 • 책 읽기 • 취침	• 새벽 감사 한 줄 쓰기 • 저녁 감사 이야기 (가족과 함께)

심리학 연구에서도 'X하면 Y한다'처럼 의도적인 조건을 세우는 방식이 습관을 만들 때 가장 효과적이라고 한다. 이를 새벽 루틴에 적용하면, 일어나면 물을 끓이고, 따뜻한 물을 마시며 새벽 인증과 감사 일기를 쓰는 식이다. 한 행동이 다음 행동을 자연스럽게 이끈다. 저녁 루틴도 마찬가지다. 8시 30분이 되면 양치를 하고, 양치가 끝나면 책을 고르듯 구체적인 행동을 연결하면 실천하기가 한결 수월해진다는 것이다. 나만의 루틴 세트 예시를 힌트 삼아 각자 원하는 루틴을 만들어 설레는 이름을 붙여보면 어떨까? 처음 한 달은 하나의 세트만 시도해보고 점차 확장해봐도 좋다. 한 번에 완벽하게 하려는 욕심을 내려놓고 한 걸음씩부터 함께 시작해보자.

STEP 5. 새벽 실험

어릴 땐 심심하면 어떻게든 재미를 찾아냈다. 어른이 되니 심심할 틈도 없이 바쁘다. 새벽 기상이 익숙해졌다면 그 틈에서 재미도 찾아보자. 지루하면 멈추지민, 재미가 붙으면 지속할 힘도 난다. 안정적으로 이어가는 루틴 사이사이에 재미있는 시도를 엎어보니 새벽이 다채로워졌다. 그렇게 쌓인 경험들은 즐거운 기억으로 남았다.

하나, 100층짜리 체력 쌓기

어느 날, 새벽에 할 만한 운동을 생각하다가 100층 계단 오르기를 결심했다. 15층까지 일곱 번 정도 오르는 것을 목표로 삼았다. 한때는 수영, 필라테스, 심지어 발레 같은 운동을 좋아했지만, 아침에 하기에는 부담이었다. 그렇다고 실내 자전거나 러닝머신은 그다지 의욕이 생기지 않는 운동이었다. 반면 계단 오르기는 단 10층만 올라가도 몸과 마음이 동시에 오늘도 해냈다는 성취감을 느낀다. 게다가 사계절 별다른 장비 없이 바로 시작할 수 있는 실내운동으로 제격이다. 그렇게 첫날 10층부터 시작해 10일째 되는 날 100층에 오르는 계획을 세웠고 실행했다. 15층까지 한 번 올라가는 데에 걸리는 시간은 5분, 엘리베이터로 내려가는 데 1분, 세번째 세트부터 땀이 줄줄 흐르고, 네번째 세트에서는 땀이 비 오듯 흘렀다. 40분 정도 걸친 100층 오르기를 해내며 외쳤다. "오, 할 만하다! 해냈다!" 마라톤 완주증을 딴 건 아니지만 계단 100층짜리 체력 달성이라는 나만의 작은 목표를 실천한 것만으로도 충분히 기뻤다.

둘, 시그니처 아침 메뉴 만들기

유치원 교사로 일하며 아이들에게 종종 들었던 말은 "선생님, 배고파요"였다. 아침을 먹고 왔다고 해도 대부분 시리얼이나 빵이었고, 핫도그라는 대답도 있었다. 아이를 키우기 전에는 의아하기도 했지만, 엄마가 된 지금은 뭐라도 먹여 보내야겠다는 마음을 이해한다. 아침에 입을 옷을 미리 준비해두면 출근 준비가 수월해지듯, 매일 고민해야 하는 아침식사도 간단하게 미리 정해두어 하루를 한결 가볍게 시작하고 싶었다. 무엇보다 간단하면서도 건강한 한 끼이길 바랐다. 나를 위해서도.

그렇게 우리 집의 시그니처 아침 메뉴를 만들어보고자 새벽 루틴 마지막에 '건강한 아침 식사 준비'를 넣어두었다. 무조건 준비가 간단해야 했다. 이것저것 해보다가 1년 넘게 먹어도 질리지 않는 양배추 샐러드를 찾았다. 레시피라 부르기 민망할 만큼 간단하지만, 새벽 루틴으로 넣기엔 충분한 메뉴라고 생각해 책에 담았다. 냉장고 사정과 취향에 따라 사과, 아몬드, 삶은 계란, 브로콜리, 두부 등을 곁들이기도 했다. 채 썰어둔 양배추로 해먹은 간단한 요리도 소개한다.

만들기 쉬운 아침 메뉴 추천

양배추 샐러드

채 썬 양배추 + 올리브유 + 소금, 후추 약간

(사과, 견과류, 삶은 달걀, 브로콜리, 당근, 두부 등 취향껏 추가)

양배추 계란전

① 채 썬 양배추에 계란 2개와
  소금을 넣고 잘 섞는다.
② 팬에 기름을 두르고 약불에서
  노릇노릇하게 부친다.
③ 한입 크기로 썰어 접시에 담는다.

※ 당근, 치즈 등 취향에 따라 다양한
  재료를 함께 넣어도 좋다.

양배추 볶음밥

① 기름을 약간 두르고, 채 썬
  양배추를 볶는다.
② 닭가슴살이나 기름을 뺀 참치를
  넣어 함께 볶는다.
③ 밥을 넣고 간장으로 간한 뒤
  고루 볶아준다.

※ 참치캔은 조리 10분전에 미리
  열어두면 유해물질이 휘발된다.

양배추 피자

① 기름을 약간 두르고
  라이스페이퍼를 올린다.
② 라이스페이퍼 위에 토마토 소스를
  바른다.
③ 계란물에 섞은 양배추, 치즈를
  올리고 뚜껑을 덮어 약불에서
  3~5분 구워준다.

※ 닭가슴살, 옥수수 등 원하는
  재료를 토핑으로 더하면
  더 맛있고 든든하다. 또띠아를
  활용해도 좋다.

양배추 햄버거

① 통밀 모닝빵을 반으로 잘라
  살짝 굽는다.
② 떡갈비를 노릇하게 굽는다.
③ 빵 위에 양배추, 사과 → 떡갈비 →
  케첩 → 빵을 차례로 올린다.

※ 떡갈비는 시판 제품을 사용해도
  좋지만, 다진 고기와 간단한
  양념으로 집에서도 손쉽게
  만들 수 있다.

양배추 샐러드는 아침뿐만 아니라 치킨, 떡볶이, 카레, 라면 등 고열량 고탄수화물 음식을 먹을 때 특히 어울렸고, 무엇보다 아이들이 맛있게 먹어주니 우리 가족에게는 잘 맞았다. 각자의 입맛과 상황은 다르다. 중요한 것은 특정 메뉴가 아니라 나와 가족에게 맞는 아침 메뉴와 루틴을 찾는 것이다. 아침은 매일 먹는 식사이자 늘 고민거리이지만, 하루의 힘을 얻는 소중한 끼니이기에 건강한 아침식사로 나와 가족의 건강을 작게나마 돌보는 일은 생각보다 큰 기쁨이었다.

셋, 새벽의 자연 느끼기

바깥으로 나가고 싶은 4월, 새벽 산책을 시작했다. 집밖으로 나가기까지가 힘들지만, 그 문턱만 넘으면 상쾌한 새벽 공기에 온몸이 깨어나는 느낌이었다. 나른한 한낮의 햇빛보다 차가운 새벽 공기를 마시며 걷는 벚꽃길에 더 행복했다. 집 근처 주말농장에서 텃밭을 가꾸기 시작하면서, 새벽 산책 코스에 텃밭을 넣어 아침마다 들렀다. 텃밭을 가꾸는 시간 동안 내 안에 많은 생각들이 차올랐다. 냄새나는 퇴비를 줄 때 '달갑지 않은 과정이 결국 열매를 맺는 데 도움이 될 거야', 뿌리 깊은 잡초를 뒤늦게 뽑을 때 '잡초는 끊임없이 자라지만 어릴 때 바로 뽑아주면 훨씬 수월하지. 나쁜 습관은 자리잡기 전에 바로잡아주자'고 생각했다. 며칠 못 간 사이 토마토는 금세 숲처럼 자라 있었다. 그 모습을 보며 이웃 어르신은 어릴 때 곁가지를 정리하지 않으면 나중에 줄기조차 헷갈리고, 영양분이 흩어져 달린 열매도 제대로 익지 않는다고 말씀하셨다. 그 말에 내 안에서 울렸다. '이것저것 다 잘하길 바라며 키우지 마. 선택과 집중!' 마치 육아 고민에 대한 답을 스스로 얻는 것 같았다. 집안에서 맞이한 새벽이 고요하고 평온하다면 바깥의 새벽은 맑고 생생한 에너지를 품고 있었다.

지금까지 다시 새벽 기상을 시작한다면 중심에 두고 싶은 다섯 가지를 그간의 새벽 경험에서 찾아보았다. 앞에 언급한 다섯 가지를 정리하면 다음과 같다.

step 1. 가벼운 마음으로 시작하기. 부담 없이 첫걸음을 떼는 것이다.

step 2. 짧게 반복하기. 단 10분이라도 꾸준히 이어가며 흐름을 만드는 것이다.

step 3. 저녁을 감사히 마무리하기. 하루를 돌아보며 마음을 챙기는 일이다.

step 4. 나만의 루틴 만들기. 각자가 원하는 루틴을 정하고 실천하며 내게 맞는 새벽 생활을 알아가는 과정이다.

step 5. 재미있게 실험하기. 좋아하는 일을 시도하며 새벽을 즐기는 마음가짐이다.

각자의 선택과 실천은 자기답게 하면 된다. '너답다'라는 말에는 인정이 들어 있고, '너답게 해!'라는 말에는 응원이 담겨 있다. 그러니 방향이 바깥이 아니라 자신을 향하고 있다면 충분히 잘 가고 있는 것이다. 나만의 새벽을 위한 시도들은 성공하든 실패하든 모두 다음을 위한 소중한 경험이자 데이터이다. 그렇게 나의 새벽은 계속 업데이트중이다.

지속하는 새벽 기상의 비밀

새벽 기상을 결심하면서도 의문이 들었다. '새벽에 일어난다고 뭐가 크게 달라질까?' 마음 한편에는 흐지부지될지도 모른다는 의구심도 뒤따랐다. 하지만 1년이 지나 다시 새해 앞에 서보니, 새벽 기상은 단순한 실천이 나열된 새해 목표들보다 훨씬 더 큰 힘을 지니고 있었다.

『원씽』이라는 책에 이런 말이 있다. '앞서가는 비밀은 시작하는 것이다. 시작하는 비결은 복잡하고 어려운 일들을 관리하기 쉬운 작은 조각들로 나눈 다음, 가장 첫번째 조각에 덤비는 것이다.' 이 문장의 의미를 비로소 체감했다. 새벽 기상은 복직을 앞두고 막막했던 나에게 더 나은 삶을 위한 첫번째 조각이었다. 그 작은 조각에서 시작하자, 단순히 일찍 일어나는 습관을 넘어 일상을 주도해가는 법을 배우고, 일과 육아로 바쁜 날들 속에서도 나를 잃지 않기 위한 균형을 조금씩 찾아갈 수 있었다.

물론 쉬운 일만은 아니었다. 사계절의 새벽을 만나고도 누워 있고 싶은 유혹은 어김없이 찾아왔다. 습관이 된다는 21일 혹은 66일이 지나면 절로 일어날 줄 알았지만, 새벽 기상은 그렇게 단순한 공식으로 굳어지는 일이 아니었다. 그럼에도 지속할 수 있었던 비밀은 강한 의지가 아니라 시스템의 힘이었다. 반복을 통해 성장이 이루어진다면, 시스템은 그 반복을 도와주는 가장 현실적인 방법이었다.

실패가 아닌 휴식으로 힘 빼기

새벽 기상을 시작한 첫 주를 잊지 못한다. 가족여행으로 떠난 바닷가에서 이국적인 일출을 보며 첫날을 근사하게 시작했다. 새벽 기상을 결심한 나에게 무한 응원과 격려를 보내며 의지를 다졌지만, 그날을 제외하고 일주일간 일어나지 못했다. 야생 원숭이에게 물리는 예기치 못한 사고를 당한 것이다. 병원에서 치사율 99%라는 공수병(일명 광견병)에 대한 안내를 받고는 다른 건 생각조차 할 수 없었다. 지금은 웃으며 추억하는 에피소드지만 당시에는 며칠을 눈물로 보낼 만큼 심각했다.

그렇게 새벽 기상은 실패로 끝날 줄 알았지만, 지금까지 이어온 것이다. 일어나지 못한 날이 있어도 다시 시작할 수 있었던 이유는, 한 달에 8번의 휴식과 주말 8일간 채울 기회가 있는 시스템 덕분이었다. 일어나지 못한 날마다 실패라고 생각했다면 또 작심삼일로 끝나버렸을 것이다. 하지만 실패가 아닌 휴식이라는 의미 부여와 체계적인 시스템은 다시 새벽을 맞이할 힘을 주었다.

나는 원숭이한테 물린 다소 극단적인 상황이었지만 이런 예기치 못한 일들은 누구에게나 생기기 마련이다. 익숙한 생활 습관을 바꾸는 일은 쉽지 않다. 더구나 익숙해진 후에도 날마다, 계절마다, 상황마다 힘든 시기는 수시로 찾아온다. 1월은 새해라서, 2월은 아이들 방학이라서, 3월은 새로운 기관과 학년에 적응으로, 4월은 남편의 잦은 출장으로, 5월은 행사가 많아서, 6월은 아이가 아파서, 7월은 휴가라서…… 이처럼 결심을 흔드는 일은 끊임없이 생긴다. 그 흔들림 속에서도 포기하지 않고 지속할 수 있었던 비결은 힘을 내라는 말이 아니라, 힘을 빼는 '휴식(Rest)'이었다. 1장에서 소개한 릿미 프로젝트의 SRF 시스템은 한 달에 8번의 휴식을 허용한다. 이 여유가 실패 앞에서 실망하는 대신 그날의 나를 인정하고 돌볼 수 있게 했다. 불필요한 힘을 빼야 몸이 부드럽게 움직이듯, 새벽 기상에서도 긴장과 완벽주의를 내려놓으니 훨씬 자연스럽게 이어졌다.

일어나지 못한 날, 휴식했다는 인증에 새벽 친구들은 다정한 응원까지 보낸다. "잘 주무셨다면 그걸로도 충분하지요", "늦어도 시작했다는 것이 중요!"라며 힘을 뺀 나에게 다시 힘이 더해 줬뜨. 새벽 기상을 한다는 말에 본의 아니게 의욕을 꺾는 반응이 돌아오기도 했다. "참 열심히 산다"처럼 글자는 긍정이지만 긍정적이지 않은 말투라든지, 차라리 자는 게 좋겠다는 말에 기운이 빠지기도 했다. 하지만 함께하는 사람들이 있다고 생각하면 마음이 한결 가벼워졌고, 시간이 지날수록 그런 생각의 차이를 아무렇지 않게 받아들일 만큼 단단해졌다. 인증으로만 그치지 않고, 쉴 수 있는 여유와 서로를 응원하는 이들이 있는 시스템 덕분에 나의 새벽은 오래간다.

기록, 나를 위한 월말정산

대부분의 새해는 리셋에 가까웠다. '갓생'을 꿈꾸며 계획을 잔뜩 세웠지만, 계획들은 모래처럼 손가락 사이를 빠져나갔다. 새벽을 열며 사계절을 보내고 맞이한 1월은 달랐다. 강한 의지가 발동해 계획 세우기에 들떠 있을 법도 한데, 평범한 하루하루를 보내고 있었나. 그 변화의 중심에는 매월 반복히는 두 가지, '한 달 목표'와 '자기 리뷰'가 있었다. 새해 계획을 따로 세우지 않아도 매월 초 목표를 정했고, 매월 말 한 달을 돌아보며 그다음을 자연스럽게 이어갔다.

나는 한 달 목표를 계획할 때가 유난히 즐겁다. 한 달을 시작하기 전 지금 내게 가장 중요한 가치나 일이 무엇인지 점검하는 것은 흐트러진 일상에 중심을 다시 세워주는 의식 같다. 한 달 목표는 새벽에 대한 계획도 좋고, 그달의 목표를 써도 좋다. 한 달 목표를 정하는 과정에서 실행으로 옮기는 데에 특히 도움이 되었던 것이 있다. 최대한 그림이 그려지도록 장면을 구체화하기. 예를 들어 '운동'이라고만 쓰지 않고 '이어폰과 핸드폰을 챙겨 바깥으로 나간다. 집 주변 천을 따라 30분 동안 빠르게 걷거나 달린다. 다시 집으로 돌아오는 길엔 계단으로 집까지 올라온다. 그리고 상쾌하게 씻는다'처럼 행동과 장면을 세세하게 묘사하듯 기록하면, 계획이 실행과 한층 더 가까워졌다.

자기 리뷰는 말 그대로 자기를 위한 월말 정산이다. 한 달은 경험을 적당히 쌓을 수 있고, 사진이나 일기 등을 보며 일상을 되돌아보기에 적절한 기간이다. 리뷰를 정리하는 동안 소소한 기쁨과 힘들었던 순간의 의미를 찾았고, 한 달을 잘 보낸 스스로를 축하하기도 했다.

그렇게 1년을 모아 그래프를 그려보았다. 이는 한 그림책 모임에서 했던 활동으로, 휴대폰 사진을 참고해 매월의 행복도와 에너지, 감정 등을 그래프에 선으로 옮기는 작업이었다. 특별한 이벤트나 기억을 사진으로 돌아보는 것도 의미 있겠지만, 그때마다 남겨둔 글로 그 시절 나를 더 또렷하게 만날 수 있었다. 선으로 잇자 흩어져 있던 시간이 하나의 흐름으로 드러났다. 흔들리고 회복해온 흔적을 보며 조용히 응원했고, 이 응원은 다시 나에게 에너지로 돌아왔다. 한 달을 되돌아보며 쓴 자기 리뷰는 한 달을 닫는 문이자 다음을 여는 손잡이였다.

새벽 기상 1년을 담은 그래프

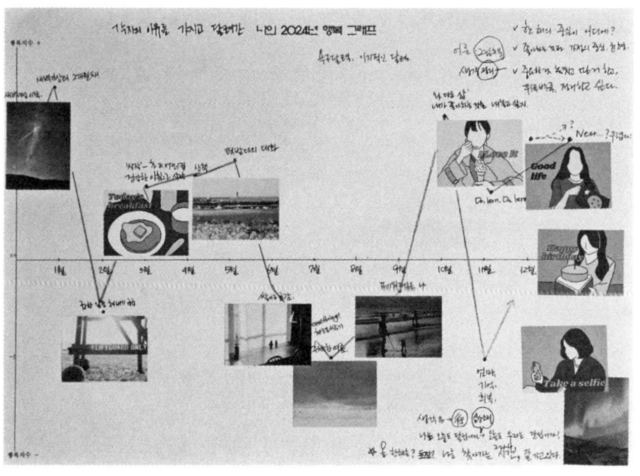

나에게 새벽은 그림책 『나의 구석』과 닮았다. 한 벽과 다른 벽이 만나 생긴 구석처럼, 잠든 시간과 깨어나는 시간이 만나는 새벽은 누구에게나 주어져 있지만 눈에 잘 띄지 않는다. 엄마가 된 후 혼자의 시간이 필요해졌을 때 비로소 이 틈을 발견했다. 이야기의 주인공인 까마귀는 비어 있는 어두운 구석에 책장과 소파를 두고, 작은 식물 하나도 정성스레 키우며 원하는 공간을 만들어간다. 어느새 아늑해진 그곳에서 편안한 시간을 즐긴다. 그러다 아무 무늬도 없던 벽에 그림을 그리기 시작한다. 자기만의 그림으로 채워진 벽은 구석을 더욱 근사하게 만들었다.

까마귀가 구석을 자기만의 공간으로 만들어가는 과정은 마치 나의 새벽 같았다. 처음엔 어둡고 텅 빈 시작이었지만, 불을 밝히고 원하는 것들을 하나씩 채워가며 나만의 새벽이 만들어졌듯이 말이다. 까마귀의 이야기는 여기서 멈추지 않고 한 번 더 놀라운 선택으로 이어진다. 궁금하면 그림책을 확인해보시길 바라며, 까마귀의 구석처럼 나의 새벽도 이제는 나를 알아가는 '믿을 구석'이 되었다.

얼마 후면 일찍 일어나기 시작한 지 두 해를 채운다. 성취감은 물론 나를 알아가는 귀한 시간을 얻었다. 익숙해졌지만, 의미 있는 새벽을 보내기 위해서는 여전히 몸과 마음을 일으켜야 한다. 허겁지겁 아침을 보내던 내가 새벽을 여는 사람이 되어가는 이야기는 성공담보다는 실패담에 가깝다. 하지만 실패는 작은 성공이라 하지 않던가. 세상을 배워가는 아이에게 건네던 그 말이 어른인 나에게도 따뜻하게 다가왔다. 실패처럼 보였던 순간들이 사실은 작은 성공이었다. 어쩌면 내가 찾던 건 거창한 성공이 아니라 나를 알아가며 나를 믿게 되는 시간, 새벽이라는 믿을 구석이었을지도 모른다. 그래서 내일도 가볍게, 즐겁게, 나답게 새벽을 열 것이다. 이 글이 자기다운 삶을 찾는 누군가를 비추는 작은 불빛이 되기를 바란다.

제 4 장

다정한 새벽의 숨 고르기

글쓰기와 수영

(김유진)

어느 노랫말처럼, 누구든 해뜰 날이 있다. 다만 그게 언제인지 모를 뿐. 그러니 그때를 기다리며 우리는 버티고 또 버틴다. 해 뜨기 전이 가장 어둡다는데, 내 해는 뜨긴 뜨는 걸까? 하고 생각한 적이 있었다. 여전히 그렇다. 지금 해가 뜨긴 한 거겠지? 하고 스스로를 위로한다.

대학을 졸업하자마자 계약직으로 교직 생활을 시작했다. 수능 점수에 맞춰 선택한 전공은 딱히 나랑 맞지도 안 맞지도 않았다. 그래서였을까, 당시의 사범대 4학년 학생이라면 자연스럽게 준비한다는 교원임용시험 준비도 하지 않은 상태였다(심지어 사대 학생들은 잘 하지 않는 휴학도 했다). 그렇지만 어쩌겠나, 대책 없이 사회에 나온 내가 갈 곳은 학교뿐이었다. 그렇게 얼렁뚱땅 교직에 들어온 것치고는 학교생활이, 학생들과 함께하는 생활이 참 좋았다. 임용시험은 번번이 떨어졌다. 사실 무늬만 수험생이었기에 당연한 결과였다. 그렇게 오랜 기간제 교사 생활, 임신과 출산, 육아를 겪으며 시작된 경력 단절을 지나 나는 10개월이 된 아이를 어린이집에 보내고서부터 제대로 된 수험생활을 시작했다. 그리고 아이가 막 18개월이 되었을 때, 드디어 합격했다.

그러면 행복 시작일 줄 알았다. 이미 학교에서 일한 경험이 있으니 다 잘 해낼 줄 알았다. 하지만 간과한 것이 있었다. 내가 워킹맘이 되었다는 사실 말이다. 직접 겪어보니 아이를 키우며 일을 한다는 것은 실로 어마어마한 일이었다. 심지어 나는 일명 육아독립군. 학교 일도, 육아도, 살림도 내 마음처럼 되지 않았다. 슬기로운 신규 교사 생활도, 현명한 엄마 생활도, 야무진 살림살이도 남의 얘기였다. 아이가 두 돌쯤 되어 말도 통하고 육아가 조금은 수월해진다 싶을 무렵 앗, 방심했다. 둘째를 임신했다.

남편은 시각장애인이다. 이 단순한 문장으로 지금 내 삶을 설명하기엔 그 단순한 문장이 내 하루에, 그리고 내 삶에 미치는 영향이 꽤 크다. 애니메이션 〈인사이드 아웃 2〉에 등장하는 '불안이'는 나에게도 여러 버전으로 존재한다. 내 불안이는 그 대상이 누구이고 무엇이냐에 따라 조금씩 모양이 달라진다. 교실에서 일어나는 일들도 버거운데, 육아와 살림 그리고 남편까지. 온종일 걱정하고, 생각하고, 고민하다보면 나에 대한 것은 항상 뒷전이다. 나한테 쓸 힘도 시간도 없었다. 대부분의 엄마들이 비슷하지 않을까. 난 거기에 남들과는 조금 상황이 다른 남편까지 더해졌을 뿐.

먼지처럼 매일 쌓여만 가는 우울함

나는 예측 불가능한 일에 스트레스를 받고, 내 앞의 상황을 통제하려는 욕구가 강한, 일명 J형 인간이다. 이런 나에게 육아는 늘 내 계획과는 달랐고, 내가 원하던 집의 이상적인 모습과 달리 퇴근 후 현관문을 열고 바라보는 현실은 처참했다. 그리도 가고 싶었던 학교였거늘, 팬데믹 시기에 학교는 잦은 지침 변화로 이리저리 흔들렸고, 가르치는 것은 이전보다 어째 더 어려워진 것 같았다. 공무원이니 철밥통이라는 말도, 교사는 방학 있으니 꿀 빠는 것 아니냐는, 사람들이 모르고 던지는 말도 지긋지긋했다. 그 와중에 아프고 지친 동료들은 하나둘 학교를 떠났다. 비록 직접적으로 아는 사이는 아니었지만, 비통하다는 말로는 다 표현하지 못할 정도였다.

직장도, 남편과 아이도, 살림도 내가 선택한 것이거늘 왜 다들 나를 괴롭히는 것 같다는 생각이 드는 걸까. 모든 질문이 나에게 쏟아지고, 모든 일들이 다 내 앞에 쌓이는 것 같았다. 누군가 자꾸 교실 문을 두드렸고 공문은 쏟아졌다. 퇴근하고 잠시 쉬고 싫었으나 아이들은 엄마, 엄마 끝없이 불렀으며, 공기청정기에 필터를 교체하라고 빨간 표시등이 들어왔지만 남편은 그것을 볼 수가 없었다(아니, 봤어도 못 본 척했을지도⋯⋯). 단 1분이라도 혼자 있고 싶고, 아무 말도 아무 일도 하고 싶지 않았다.

이렇게 나를 짓누르던 많은 것들이 마음에 쌓이고 쌓여 결국엔 우울증이 생겨났다. 어쩌면 당연한 수순이었다. 나의 우울증은 주로 분노나 짜증으로 나타났는데 그 대상은 주로 남편과 아이들이었다. 그렇게 질러놓고는 아이러니하게도 늘 죄책감이 쌓였고 이것이 또 우울함으로 돌아왔다. 악순환이었다. 이런 상황이 꽤 오래 이어지다 내 상태를 객관적으로 생각하게 된 어느 날 정신과에 갔다.

누구에게도 하지 못했던 이야기를 의사에게 했다. 남편, 육아, 직장⋯⋯ 마음을 덮고 있던 이야기를 병원에 털어내고 오면 조금 편했다. 약을 처방받았고 꼬박꼬박 챙겨 먹었다. 병원은 거리가 좀 있는 곳이었는데 혼자 있는 시간이 조금이라도 길었으면 하는 마음에 일부러 걸어다녔다. 병원 가는 길에 있는 하천의 징검다리에 서서 물끄러미 물이 흘러오고 흘러가는 방향들을 바라봤다. 그렇게 시원한 바람을 쐬다보면 미움도 시원해지는 것 같았다.

문득 친정 엄마가 생각났다. 40대 초반의 엄마는 병든 시아버지를 돌보며, 집을 감옥처럼 여기고 살아갔다. 당시 사춘기의 한가운데에 있던 나는 그런 엄마의 표정을 제대로 들여다보지 못했다. 할아버지가 편찮으신 것도 당시 내게는 별로 신경쓸 일이 아니었다. 그 집에서 할아버지를 돌보는 사람은 아내도, 자식도, 손자도 아닌 며느리인 엄마뿐이었다. 그저 엄마가 조금 무기력한 사람이라고만 생각했었는데, 돌이켜보면 엄마의 마음에도 먼지가 켜켜이 쌓여 움직이기조차 힘든 상태였던 것 같다.

할아버지가 돌아가신 후 아빠는 그런 엄마의 손을 이끌고 자신이 다니던 배드민턴장으로 향했다. 엄마가 40대 중반을 넘어서 시작한 첫 운동이었다. 시부모를 모시고, 내조하며, 3남매를 키우느라 매일을 고단하게 살던 엄마의 일상이 조금씩 달라지기 시작했다. 묵직하게만 보이던 엄마의 삶이 점점 가벼워지고 활기를 되찾는 것이 느껴졌다. 그런 엄마를 떠올리며 나는 병원으로 향했다.

그날 병원에서 무슨 얘기를 꺼낼까 하다가 징검다리 위에서 떠올린 엄마 이야기를 했다.

"선생님, 제가 여기 올 때 30분 정도 걸어오거든요. 걷다 보면 마음이 조금 가벼워져요. 길 위에 무거운 것들을 하나씩 내려놓는 느낌이랄까요. 운동을 하면 좀 나아질까요? 저도 엄마처럼 좀 가벼워질 수 있을까요?"

"운동을 하면 아무래도 무거운 생각에서 조금씩 빠져나올 수 있어요. 이미 그렇게 느끼셨다면 한 걸음 나아가신 거예요. 시간이 허락하는 선에서 조금씩만 해보세요. 무리하진 마시고요. 루틴에 집착하면 오히려 더 힘들 수 있으니까요.”

그렇게 마음을 돌보는 운동을 찾기 시작했다. 그동안 한 번도 운동을 꾸준히 해본 적이 없지만 이번만큼은 마음이 달랐다. 그런데…… 무엇부터 시작하면 좋을까?

텅 빈 곳간을 채우는 일

일하며 아이를 키울 때 가장 필요한 것은 무엇일까? 돈, 양육을 함께할 가족, 어린이집 등의 보육 시설, 육아를 병행할 수 있는 근무환경…… 모두 중요하겠지만, 내가 꼽은 1순위는 바로 '체력'이다. 체력이 바닥나면, 그 어떤 것도 온전히 해낼 수 없기 때문이다. 결국 체력은 생존력이다.

'곳간에서 인심 난다'라는 말이 있다. 여유가 있어야 다른 사람도 돌볼 수 있다는 뜻이다. 그런데 워킹맘은? 일을 하니 돈이라는 곳간은 조금씩 채울 수 있을지 몰라도 대신 시간이 절대적으로 부족하다. 시간을 쪼개고 쪼개며 살다보면 체력 곳간은 뒷전이 된다. 체력이 바닥나면 인심은커녕 인내심도 줄어드는 법. 결국 그 화살은 아이들을 향하고 만다. 누구보다 지키고 싶은, 나의 사랑하는 아이에게 말이다. 텅텅 비어버린 워킹맘의 체력 곳간, 도대체 언제, 어떻게 채울 수 있을까? 채워지긴 하는 걸까?

생존을 위한 처방, 운동

평생 운동과는 거리가 멀었다. 그래도 20대까지는 그럭저럭 아픈 곳 없이 지냈지만, 그건 순전히 운이 좋아서였던 것 같다. 서른에 첫아이를 낳았다. 그때부터였다. 몸이 삐걱대기 시작했다. 움직임은 없는데 먹기만 하니 살도 많이 쪘다. 편두통과 외이도염은 일상이었고, 이석증이 불쑥불쑥 찾아왔다. 어깨며 허리, 무릎까지 아파 정형외과 신세를 졌지만 아기가 있으니 치료를 받으러 가는 것조차 때를 놓치기도 했다. 서른이 넘으면 살기 위해서라도 운동을 해야 한다는데 운동할 시간이 있다면 잠이나 실컷 자고 싶었다. 사실 운동을 시도하지 않았던 것은 아니다. 유행하는 운동은 거의 시도해봤지만, 모두 잠깐이었다. 늘 어떤 이유로든 운동은 우선순위에서 밀려났고, 그렇게 내 체력 곳간은 텅 비어갔다. 체력 곳간이 비어가니 결국 내 안의 인내심도 다정함도 바닥났다.

사실 나는 운동을 몸을 위한 일이라고만 생각해왔었다. 정신과에서 운동에 대한 이야기를 나누고, 의사가 마치 처방전처럼 운동을 권했을 때까지도 그랬다. 하지만 그후 몇 년간 '운동'이라 부를 수 있는 여러 가지를 시도하면서 조금씩 깨달았다. 운동은 단지 신체 건강을 위한 것만이 아니라는 것을. 운동을 하는 그 순간만큼은 오롯이 나에게 집중하게 되었고, 그 시간 속에서 나는 나를 돌보고, 조금 더 따뜻하게 사랑할 수 있었다.

병원에서 집으로 돌아오는 길, 머릿속엔 어떤 운동을 할지에 대한 고민이 떠나지 않았다. 하지만 신생아를 돌보는 중이고, 아직 둘째 출산 후 몸이 완전히 회복되지 않은 나에게 허락된 운동은 걷기뿐이었다. 첫째를 어린이집에 보내고 아직 유모차에 누워 있는 둘째와 함께 공원을 걸었다. 하지만 날씨나 아이의 상태에 따라 걷지 못하는 날이 많았다. 헬스장이라도 가야 하나 싶었지만 시간도 시간이고, 휴직중이라 한 푼이 아쉬웠기에 운동에 들어가는 비용이 부담스러웠다. 그래서 궁여지책으로 선택한 곳은 아파트 계단이었다. 아기띠를 하고 계단을 오를 순 없으니 퇴근한 남편에게 양해를 구하고 저녁식사 후 30분간 계단을 걸어 올랐다.

나는 혼자 있는 시간에 에너지를 얻는 편이다. 하지만 아이를 키우면서 혼자 있는 시간을 갖기 어려우니 미칠 노릇이었다. 먼지가 가득한 아파트 계단은 내 몸을 돌보기 위한 운동 공간이자, 아이들과 잠시 떨어져 있을 수 있는 숨쉴 틈이었다. 계단 위에서 내 취향의 노래를 들으며 혼자만의 시간을 보내고 땀까지 흘리다보면 마음에 켜켜이 쌓인 먼지도 어느새 사라지는 것 같았다. 실제로 산후·육아 우울증 회복에 가장 중요한 것이 신체 회복이라는 연구도 있다. 나도 그 연구의 과학적 근거가 되어갔다.

새벽 시간을 '발견'하다

한 달쯤 계단을 오르다보니 또다른 문제가 생겼다. 저녁에 운동하고 와도 해야 할 일은 여전히 남아 있었고, 그러다보니 잠드는 시간이 점점 늦어졌다. 나는 괜찮은데, 아이들은 나와 함께 자려고 하니 아이들의 취침 시간도 덩달아 늦어지는 것이 문제였다. 이렇게까지 하면서 운동을 해야 하나 고민을 하다 대안을 찾아냈다.

'새벽에 하면 되지 않을까?'

그것이 새벽 운동의 시작이었다. 그렇게 일찍 자고, 일찍 일어나는 생활이 시작됐다. 새벽에 일어나 원래 하던 대로 계단을 걸었다. 1층부터 15층까지 6번, 30분이면 충분했다. 두 달 가까이 꾸준히 걷다보니 서서히 체력이 좋아지는 것 같았다. 그런데 또 문제가 생겼다. 나가려고 현관문을 여는 소리에 아이들이 깨기 시작한 것이다. 아이가 바짓가랑이를 붙잡으면 운동을 포기해야 했고, 아이들의 소리에 평소보다 일찍 깬 남편이 피곤해하는 것도 느껴졌다. 모두를 힘들게 하면서까지 운동을 해야 하나 싶어 새벽 계단 걷기도 그렇게 끝이 났다.

체력 곳간은 점점 채워지고 있었고, 덕분에 살도 조금씩 빠지기 시작했는데 너무 아쉬웠다. 무려 30여 년 만에 선택한, 의지가 듬뿍 담긴 운동이었는데! 이대로 멈출 수 없었다. 그 무렵에 마침, 둘째가 어린이집에 갔다. 운동할 시간과 마음, 계기까지. 드디어 삼박자가 딱 맞아떨어진 것이다! 다행히 아이는 어린이집에 잘 적응했고, 나는 마음 편히 낮에 운동을 할 수 있었다.

아이를 어린이집에 보내고 계단 오르기를 다시 시작했다. 그러다 조금 변화를 주고 싶어 선택한 것이 유튜브 영상을 보며 따라 하는 홈트레이닝(이하 홈트)이었다. 매일 같은 계단을 오르는 것보다 재미도 있었다. 추천받은 채널에서 운영하는 100일간의 홈트 챌린지도 완주했다. 덕분에 살도 많이 빠져서 출산 전에 입었던 옷을 다시 입을 수가 있었다. 운동이라고는 전혀 하지 않던 20대의 내가 지금의 나를 본다면 놀랄 테지. 체력 곳간이 바닥나면 결국엔 가장 가까운 이들에게 상처를 주게 된다는 사실을 지금의 나는 알고 있었다. 사랑하는 이들을 위해 어떻게든 나의 체력 곳간을 채워야 했다. 운동하지 않았던 20대의 시간이 아쉽고 아까울 정도로, 나는 땀 흘리는 운동에 재미를 느끼기 시작했다.

둘째가 18개월이 되던 무렵에 복직했다. 낮에 하던 홈트는 새벽으로 자리를 옮겼다. 하지만 6개월간 이어온 홈트도 쏟아지는 새벽잠 앞에서는 속수무책이었다. 직장에 적응하느라, 집에서는 육아와 집안일에 치여 하루를 정신없이 보내느라, 아침에 눈 뜨는 것조차 버거웠다. 게다가 화면만 바라보며 하는 운동이 더는 재미가 없었다. 그렇게 꽉 채워져 있던 나의 체력 곳간이 다시 조금씩 비어가기 시작했다.

　　　　　　　　　

매일 아침, 수영장으로!

알람이 울린다. 오전 5시 30분. 나의 머리카락을 꼭 쥐고 자는 아이의 손을 조심조심 빼내고 방을 나온다. 주섬주섬 옷을 챙겨 입고, 어젯밤에 미리 챙겨둔 가방을 들고 조용히 집을 나선다. 요즘 나는 매일 새벽에 수영장에 간다.

복직한 뒤 한동안 운동을 아예 못했다. 한때 운동의 힘과 재미를 맛본 나로서는 포기하기 어려웠지만, 시간이 부족하니 의지도 희미해져갔다. 새벽 홈트가 흔들리기 시작하고 하루를 찌뿌둥하게 시작하는 날이 계속되니 더는 안 되겠다 싶었다. 그러던 어느 날, 동료 선생님과 이야기를 나누다가 그녀가 수영을 시작했다는 이야기를 들었다.

'엇, 우리집 앞에도 수영장이 있는데? 수영이라는 운동이 진입 장벽이 조금 높긴 해도, 지금 상황에서 나도 수영을 하면 강제로라도 운동하게 되지 않을까? 홈트보다 재미있을 것 같기도 하고.'

우습게도, 3년째 새벽마다 나를 수영장으로 이끈 시작점은 바로 '얇은 귀'였다. 동료가 자랑하던 수영복에 홀딱 반해, 강습 등록도 하기 전에 수영복부터 사버렸다. 주사위는 던져졌고, 이제 어떻게든 수영을 시작해야만 했다. 그렇게 2022년 10월 나의 새벽 수영 라이프가 시작됐다.

‘사람이 별로 없겠지?’ 하고 가벼운 마음으로 수영장에 갔던 첫날, 깜짝 놀랐다. 고요한 새벽 거리와는 달리, 샤워실은 의외로 북적였다. 모두 잠이 덜 깬 얼굴로 묵묵히 몸을 씻다가도 수영복을 입고 물에 들어서는 순간부터 하나둘씩 생기를 되찾기 시작했다. 나는 20대 중반에 석 달 정도 수영을 배운 적이 있었다. 평영의 고비를 넘지 못해 그만두었지만 지금은 그때처럼 가벼운 마음으로 수영을 시작할 수는 없었다. 이미 수영복도 샀고, 강습비도 냈으니 어떻게든 해보자는 마음뿐이었다.

다행히 몸은 10년 전을 기억하고 있었는지, 생각보다 순조롭게 다시 배워나갔다. 한때 나를 가장 힘들게 했던 평영은 이제 가장 즐기는 영법이 되었고 도마 위에서 펄떡이던 생선처럼 어설펐던 접영도 이제는 그럭저럭 할 수 있다. 매일 빠지지 않고 수영장에 나갔더니 한 달 만에 초급반에서 중급반으로 올라갔고 중급반에서도 늘 1번 자리에 서서 1시간 동안 즐겁게 운동했다. 그리고 마침내 수영을 시작한 지 6개월 만에 상급반에 올랐다.

그때부터는 기존에 운동하던 사람들만큼의 속도나 체력을 따라가기가 쉽지 않아 버겁게 느껴질 때도 있었다. 그래도 어느새 일상의 루틴이 되어버린 수영을 포기할 수는 없었다. 힘들어도 꾸준히 하다보니 어느 정도 잘하고 있구나 싶은 날도 왔다. 처음엔 그저 예쁜 수영복에 끌려 시작했지만, 돌이켜보면 꽤 성공적인 선택이었다. 다행히 새벽 계단 운동을 하던 때보다 아이들이 더 자라서 이제는 수영장에 가는 내 바짓가랑이를 붙잡는 일도 줄어들어 마음 편히 집을 나선다. 수영장에 있는 그 순간만큼은 아이의 엄마도, 교사도 아닌 오롯이 ‘나’로서 물살을 가른다. 아무런 생각 없이 수영에만 몰입할 수 있는 이 시간이 내게는 참 소중하고 행복하다.

우울함을 밀어내기 위한 처방이었던 운동의 효과는 컸다. 물론 운동 하나로 오래도록 가라앉아 있던 우울감이나 그로 인한 우울증이 완전히 사라졌다고 말할 수는 없다. 하지만 분명한 것은 몸을 움직이며 나 자신에게 집중하는 시간 속에서 조금씩 힘을 되찾기 시작했다는 사실이다. 내 몸의 작은 변화를 느끼고 더 나아가기 위해 스스로를 다독이는 그 시간 덕분에 나는 앞으로 나아갈 수 있었다.

문득 그날, 징검다리를 건너며 떠올렸던 엄마가 생각났다. 한때 무채색 같았던 엄마의 일상이 배드민턴을 치며 점차 밝아지던 날들. 지금도 엄마는 아빠와 함께 운동을 즐기며 활기차게 삶을 이어가고 있다. 작년에 혼자서 달리기를 시작하시더니 10km 마라톤 완주증을 자랑스럽게 내밀기도 했다. 저녁마다 수영 가방을 챙기는 나를 보며 아이가 질문을 하면 나도 신이 나서 아이와 수영 이야기를 한다. 나에게 완주증을 내미는 엄마의 모습과 지금의 내 모습이 겹쳐진다. 어둡고 막막하기만 한 이 터널도 그저 지나가는 여정일 뿐이라고 생각하면 마음에 조금은 여유가 생긴다.

그렇게 새벽 수영인으로 지낸 지 1년이 지나갈 무렵, 우연히 블로그에서 은릿쌤의 새벽 기상 프로젝트 모집 공고를 보았다. 종종 늦잠을 자서 수영장에 못 가는 일이 생기곤 하던 참이었다. 어차피 새벽에 일어나는 김에 인증까지 하면 좀더 규칙적으로 일어날 수 있지 않을까 싶어 신청했다. 그때까지만 해도 나에게 새벽 기상은 오로지 새벽 수영만을 위한 것이었다.

나에게 맞는 운동 선택하기

하나, 나에게 딱 맞는 운동 찾기

어느 시간대의 운동이든 모두 그렇겠지만, 특히 새벽 운동은 기상 시간을 잘 지켜야 오롯이 해낼 수 있다. 그러니 자신의 기상 시간과 성향, 그리고 나를 둘러싼 모든 상황을 잘 고려하여 골라보자. 그렇지만 시간 아까우니 너무 오래 고민하지는 말고 일단 내키는 것 하나만 먼저 시작해보자. 아니다 싶으면 이리저리 바꿔가면 되니까!

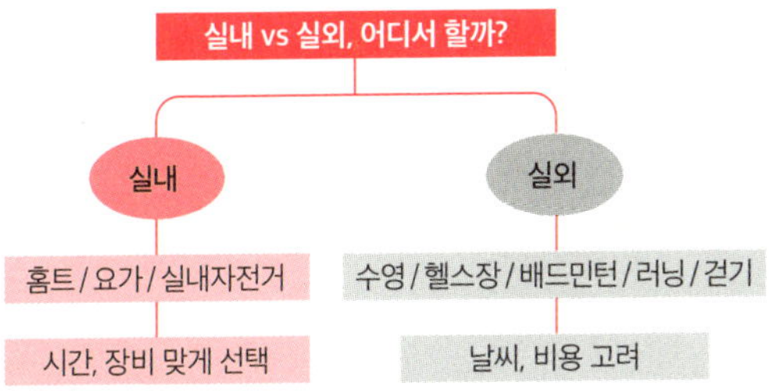

둘, 절대 무리하지 않기!

새벽 운동은 좋지만, 무조건 좋은 건 아니다. 특히 체력이 떨어졌을 때는 무리하지 않는 선택도 필요하다. 나처럼 루틴에 집착해 몸이 힘든 날도 꾸역꾸역 운동하면 결국 득보다 실이 더 많다.

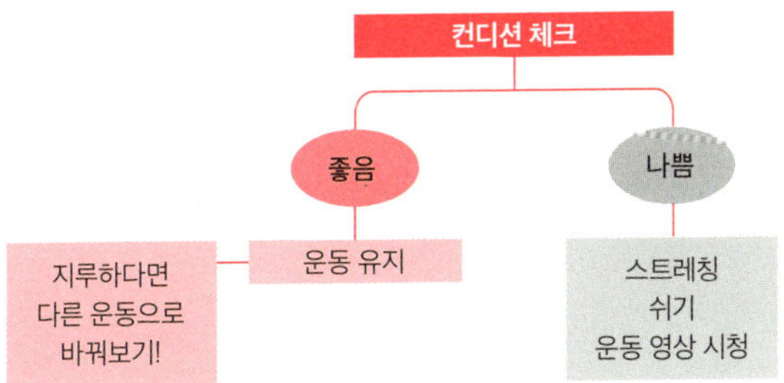

셋, 함께 해도 좋고, 혼자 해도 좋다

꾸준한 운동의 핵심은 동료에 있다. 같은 시간에, 같은 목표를 가진 사람들이 있다는 것만으로도 운동은 훨씬 쉬워진다. 하지만 마음이 맞는 사람을 찾기도 사실 쉽지는 않다. 운동하는 티를 내며 적극적으로 파트너를 찾거나 혼자 SNS에 기록을 남기며 운동해도 좋다. 자기에게 맞는 방법을 찾아보자.

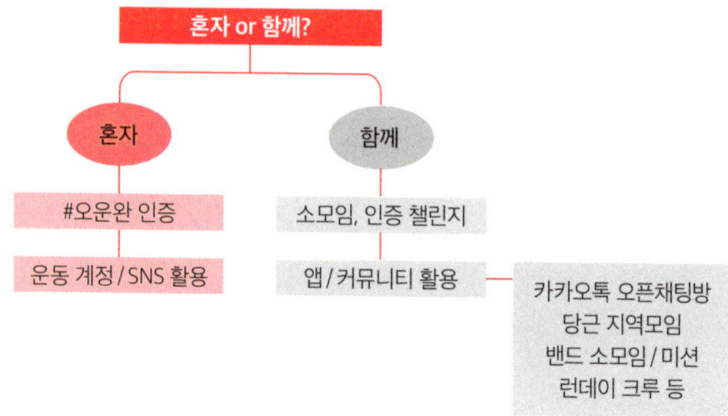

넷, 실패 플랜 짜기

운동을 못했을 때를 대비해 '실패 플랜'을 미리 만들어두는 것도 좋은 방법. 실패했을 때 아무 일도 없으면, 다음에도 또 쉽게 포기하게 될 테니 말이다. 단, 실패 플랜은 가볍게 웃고 넘길 수 있을 정도여야 한다. 너무 과하거나 부담스러운 조건은 아예 운동을 포기하게 할 수 있다. '이 정도는 감당할 수 있지. 하지만 자꾸 쌓이는 것은 곤란해' 싶은 수준이면 딱 좋다.

작심삼일 방지용 실패 플랜 (예시)

기프티콘 보내기	운동 인증 못하면 친구에게 커피 등 쏘기! 단, 금액은 소소하게 (카카오톡 채팅방의 경우 선물하기 - 두근두근 선물게임 - 랜덤선물게임 기능 추천)
기부하기	좋아하는 단체에 1,000원이라도 기부해보자. 나의 실패가 누군가에게 도움이 되는 경험! (그렇지만 계속된 실패는 안 돼~)

수친(수영 친구) 구합니다! 초보 가이드.zip

수영장 선택	국공립	시, 군, 구 등에서 운영하는 스포츠센터로 저렴한 가격이 장점이다. 하지만 가성비가 좋은 만큼 등록 경쟁이 치열하다. 온·오프라인으로 모집하는데, 일찍 줄을 서거나 홈페이지 온라인 선착순 접수, 추첨 등 접수 방법은 다양하다.
	사립	개인이 운영하는 스포츠센터. 국공립에 비해 가격이 비싸다. 센터에 따라 다르겠지만 공립만큼 등록이 어렵지 않아 접근하기 쉽다. 당장 국공립 수영장에 다닐 수 없다면, 사립 수영장에 다니다가 옮기는 것도 방법!

준비물 & 구입처

- 강습용 수영복, 수영모자, 수영안경, 오리발(상급반), 샤워용품이라 간단히 적지만, 알면 알수록 지갑이 가벼워지는 물옷 세계!
- 초보자는 검은색 수영복만 입는다고? 무슨 소리! 수영복은 기세다! 비록 내 수영은 무채색일지라도 수영복만은 알록달록하게!
- 가나스윔, SD몰 같은 수영용품 전문 쇼핑몰에서 필요한 물품을 한 번에 주문할 수 있다.
- 수영복 브랜드 자사몰(나이키, 후그, 아레나, 르망고, 펑키타, 센티, 제이커스 등) 자체 할인행사, 생일쿠폰, 블랙프라이데이 세일 등을 활용하면 저렴하게 구입할 수 있다.

수영 관련 커뮤니티

네이버 카페 〈수영코디카페: SHC〉
(https://cafe.naver.com/swimmingholicclub)

- 수영복에 대한 다양한 정보를 알 수 있다. (통장 털림 주의!)
- 수영 영법에 대한 고민을 나누고, 팁을 알 수 있다.
- 한 달에 한 번 열리는 장날(커뮤니티의 중고장터) 미사용 수영용품 등을 저렴한 가격으로 살 수 있다.

<table>
<tr><td>

</td><td>

네이버 웹툰 〈수영만화일기〉
수영을 배우기 전에 웹툰으로 간접 경험을 할 수 있다.

수영만화일기

해오 · 글/그림 | 184화 · 전체연령가

백수 겸 만화가지망생 해오, 저질체력에서 벗어나기 위해 수영에 도전!
작심삼일이리라는 예상과는 다르게 어느새 수영에 익숙해진다.
'이게 대체 어떻게 된 일이야? 나…… 수영을 사랑하게 된 걸까?'
그렇게 수영을 익혀가면서 점차 몸도 마음도 성장해나가는데…….
불확실한 미래를 안고 살아가지만, 해오는 오늘도 수영한다.

#일상   #무해한   #스포츠성장

</td></tr>
</table>

수영강습 전후로 이미지 트레이닝하기 좋은
유튜브 채널을 추천한다.
나와 맞는 온라인 수영 선생님을 찾아보자!

- 틈새수영 @crackswim
  친절하게 영상을 반복해서, 동작마다 쪼개서 보여줌.
  초보자에게 추천

- 굿나잇 진조 @Goodnightzinjo
  쉬운 설명, 재미있는 라이브 영상
  (강사님 목소리 큰 편)

- YS SWIM @YSSWIM
  실제 강습생을 대상으로 알려주는 영상

- 다이빙덕 @DiveInDuck
  호흡법 강의 추천

- 러블리 스위머 @LEESUMMER
  수영용품 리뷰, 세계 수영장 탐방기 영상 추천

- 더포스 수영 @ThePointofSwimming
  스타트, 턴, 스컬링 동작 영상 추천, 상급반 추천

나를 깨운 다정한 새벽

새벽 기상 인증 모임이 이번이 처음은 아니었다. 예전에도 오픈 채팅방에서 기상 시간을 인증하는 모임에 참여한 적이 있다. 하지만 번번이 실패했고, 그럴 때마다 나는 의지 부족이라며 스스로를 몰아세웠다. 그런데 이번에는 달랐다. 왜 다른 걸까 하고 곰곰이 생각해보니 다름 아닌 다정함 덕분이었다.

우리는 매일 아침 기상 인증 사진을 찍어 카페에 올린다. 그리고 내 인증 사진 앞에 올라온 글에 댓글을 단다. 어떤 이들은 그냥 혼자 일어나면 되지 않느냐고 말한다. 나도 처음에는 그렇게 생각했다. 하지만 반복되는 실패 끝에 깨달았다. 새벽 기상에는 의지보다 연대감이 더 큰 힘이 된다는 것을 말이다. 물론 매일 아침 인증 사진을 올리고 댓글을 남기는 일이 귀찮거나 부담스러울 수도 있다. 나 역시 처음에는 그랬고, 요즘도 종종 잊어버리기도 한다. 그러나 이 다정한 루틴은 점차 나 혼자가 아닌, 누군가와 함께 깨어 있다는 감각을 주었고, 그 감각이야말로 새벽을 지속하게 만든 핵심 동력이었다.

무거운 눈꺼풀을 간신히 들어 올리며 서로에게 응원 메시지를 남긴다. "오늘도 잘 일어나셨네요!", "따뜻한 물 한 잔 드세요!" 같은 짧은 한마디가 새벽의 온도를 높여준다. 그렇게 내가 건넨 다정함은 다시 나에게 돌아온다. 내 글에 달린 따뜻한 댓글을 보며 기지개를 켜고, 마음이 예열된 상태로 수영장으로 향한다.

장미를 건네는 사람의 손에는 장미향이 남는다는 말이 있다. 내가 건넨 응원의 말은 떠나갔지만, 내 손에 남은 장미향 덕분에 하루를 더욱 향기롭게 살아갈 수 있었다. 다정한 새벽이 나를 조금씩 그러나 분명히 살리고 있었다.

새벽 기상 프로젝트에 참여하면서 들쑥날쑥했던 기상 시간이 일정해졌다. 덕분에 수영도 결석 없이 잘 나갈 수 있었다. 그렇게 2주 정도 지나자 욕심이 나기 시작했다.

'어차피 수영장에 가려면 일찍 일어나는데, 조금 더 일찍 일어나서 뭘 해볼까?'

새벽에 운동이 아닌 다른 것을 할 수 있겠다는 생각이 번뜩 들었다. 그래서 평소보다 이른 시각인 5시로 알람을 맞췄다. 일어나 평소 루틴대로 한 뒤에 태블릿을 열어 글쓰기를 시작했다. 이런저런 생각을 쏟아내다보니 어느새 수영장에 갈 시간이 되었다. 하루 중 오롯이 나를 위한 시간은 새벽뿐이었기에 이 시간을 더욱 놓치고 싶지 않았다. 글쓰기 말고도 하고 싶은 것이 많았는데 이것을 모두 해내려면 기상 시간을 앞당길 수밖에 없었다. 시작은 순조로웠으나 결국 오래가지 못했다. 수면시간이 부족해 다시 몸은 피곤해지고 어느 순간부터는 알람을 듣지 못해 수영장조차 가지 못하는 날이 늘어났다.

고민이 깊어가던 어느 날, 수영장에서 한 어르신과 이야기를 나눌 기회가 있었다. 이런저런 이야기를 나누다 내가 "제 마음대로 활용할 수 있는 시간이 새벽뿐인데, 이것저것 다 해보고 싶어 욕심이 나요. 그런데 힘드네요"라고 했더니 어르신이 빙그레 웃으며 말씀하셨다.

"아이들을 키우며 직장에 다니는 것만으로도 충분히 대단해요. 그런데 이 시간에 수영하러 오다니, 그 자체로도 참 훌륭한 거죠. 조급하게 생각하지 말고 욕심을 조금 내려놓는 건 어때요?"

그 말을 들으며 생각이 많아졌다. 아니, 어쩌면 나도 이미 답을 알고 있었을지도 모른다. 지난날 몇 번이나 포기했던 과거의 새벽 기상과 그 안에서 좌절했던 내가 떠올랐다. 그저 그 마음을 욕심이라 인정하기 싫었을 뿐. 곰곰이 생각하다 그 욕심을 조금씩 내려놓기로 했다. 새벽에 일어나 무언가 하는 것도 의미가 있겠지만, 그러한 삶을 위해선 결국 충분한 수면도 뒷받침되어야 하니까. 푹 잘 자고 아프지 않아야 수영도 오래 다닐 수 있을 테니까 말이다. 그날 이후 알람 시간을 조정했다. 욕심부리지 말자는 원칙 아래서 그날그날의 컨디션에 따라 일어나는 시간은 조금씩 바뀐다.

새벽 시간 덕분에 무엇인가를 시작해볼 마음을 가질 수 있었고, 지속할 마음도 생겼다. 욕심을 내보기도 했고, 다시 한 걸음 뒤로 물러나기도 했다. 하루하루 버티기 바빴던 나를 새벽이라는 시간이 구해주었다. 어쩌면 내가 새벽을 선택한 게 아니라 비어가는 곳간을 안타깝게 여긴 새벽이 나를 선택한 것인지도 모르겠다. 살아갈 힘을 내보라고……

나를 채우는 시간

부모라면 누구나 자식이 안쓰러워 보이는 순간이 있다. 지방에 계셔서 자주 뵙지 못하는 부모님은 종종 블로그 글로 내 안부를 확인하신다. 어느 날 새벽 수영과 새벽 기상에 대한 글을 읽고 연락하셔서는 걱정어린 목소리로 말씀하셨다.

"애 키우며 출근까지 하는데 잠이나 더 자지, 왜 그렇게 일찍 일어나니?"

(잠시라도 혼자 있고 싶어요.)

또, 한파에도 꽁꽁 싸매고 수영장에 다녀온 나를 보며 남편은 말했다.

"여보, 참 대단하다!"

(새벽 수영의 제철은 뭐니 뭐니 해도 겨울이지!)

아무리 이유를 설명해도 그들의 귀에는 이야기가 잘 들어오지 않는 모양이다. 새벽 기상을 하지 않는 대부분의 사람들이 내 기상 시간을 들으면 깜짝 놀라며 묻는다.

"도대체 그 시간에 일어나서 뭘 해요?"

내 대답은 간단하다. 새벽이야말로 나를 채우는 시간이다.

나의 새벽 루틴 TOP 5
① **운동**: 수영, 계단 오르기, 홈트레이닝, 스트레칭, 헬스장 등
② **글쓰기**: 일기, 블로그 / 브런치 초안, 아들에게 남기는 포스트잇 편지
③ **필사**: 쓰면서 조용히 하루를 시작하기(읽던 책, 필사책, 성경)
④ **취향 즐기기**: 라디오 듣기, 웹툰 보기, 멍 때리기, 독서
⑤ **집안일**: 빨래 개기, 간단한 정리(조용히 할 수 있는 것만!)(아주 가끔)

새벽 기상 초기에는 주로 집안일을 했다. 건조기에서 빨래를 꺼내서 개는 것은 맞벌이 부부의 새벽 임무이다. 반쯤 감긴 눈으로 남편과 마주앉아 빨래를 개며 라디오를 듣고 이런저런 이야

기를 나누다보면 아이가 일어났다. 아이의 지난밤 흔적을 정리하는 것도 새벽 일과 중 하나였다. 바쁜 하루 동안 제대로 보지 못했던 아이의 마음이, 고요한 새벽이 되면 비로소 눈에 들어온다. 귀엽고 사랑스러운 흔적들을 사진으로 남기며 미소 짓는 순간도 새벽의 선물이다.

앞서 언급했듯이 나의 새벽 기상의 시작은 운동이었다. 홈트, 계단 걷기, 수영…… 나의 몸과 마음의 건강을 위해 꼭 필요한 것들인 운동을 새벽에 했다. 전날의 일기를 쓰는 것도 새벽 루틴 중 하나였다. 흥미로운 점은 같은 하루를 기록해도 저녁에 쓴 일기와 새벽에 쓴 것이 사뭇 다르다는 점이다. 밤엔 자책이 많고 새벽엔 다정한 언어가 많다. 그 차이가 내가 새벽을 포기할 수 없는 이유다. 이 외에도 책을 읽고, 필사를 하기도 하고, 아들에게 남기는 포스트잇 편지를 쓴다.

새벽 기상을 시작하고 한 달이 되었을 때는 블로그나 브런치에 글을 썼다. 블로그와 브런치를 운영하면서도 긴 글을 차분히 쓸 시간이 부족했는데, 새벽 시간 덕분에 머릿속에 가득찬 생각과 하루의 에피소드를 글로 풀어낼 수 있었다. 일어났지만 그 무엇도 하지 않고 창밖만 바라보는 날도 있다. 일어났다가도 도저히 안 되겠다 싶은 날은 그냥 더 잔다. 기상 실패가 아닌 '쉼'을 선택했기에 가벼운 마음으로.

프로젝트에 함께 참여하는 새벽 친구들의 새벽 풍경도 궁금해 그들의 기록을 엿보기도 했다. 참 신기하게도 새벽을 함께하는 이들의 루틴이 비슷하면서도 색깔이 제각각이었다. 누군가는 책을 읽고, 글을 쓰거나 집안일을 하며, 또다른 누군가는 미처 마치지 못한 업무를 하며 그 시간을 채운다. 각자 다른 일을 하지만 우리는 그 속에서 어쩌면 하나의 의미를 찾는지도 모르겠다. 그 의미란 온전히 나 자신에게 집중하는 시간, 하루를 단단히 시작하는 준비, 그리고 삶을 더 나아지게 만들고자 하는 작은 실천들일 것이다. 고요한 새벽에 우리는 각자의 방식으로 삶을 가꾸며 더 나은 오늘을 향해 걸어가고 있다.

새벽을 함께 건너는 사람들

나는 앞서 말했듯 혼자 있는 시간에서 에너지를 얻는 내향형 인간이다. 하지만 일과 육아를 병행하다보니 혼자만의 시간을 충분히 가질 여유가 없다. 그래서 이 새벽이 더 좋은 것일지도 모르겠다. 새벽 시간을 고요하게 보내며 나의 에너지를 채운다. 사람들을 만나며 에너지가 조금씩 떨어지는 나인데, 이런 내가 새벽에만 만나는 사람들이 있다. 나는 이들을 통해서도 에너지를 얻곤 한다.

새벽 기상 프로젝트에서 만난 든든한 새벽 친구들. 우리는 서로의 기상을 응원하는 댓글을 남기고, 필사 문구를 공유하며 함께 읽은 책에 대한 대화를 나눈다. 새벽 기상에 실패해서 자책하고 있을 때, 따뜻한 댓글 하나가 나를 다시 일으켜세운 적도 있다. 새벽을 깨우는 건 알람이 아니라, 새벽을 함께하는 이 친구들의 응원이 있었기 때문이었다.

우리는 한 달에 한 번씩 새벽북클럽을 줌으로 진행하고, 다른 다양한 소모임도 새벽에 줌으로 진행한다. 이 프로젝트의 운영진 모임도 새벽 5시에 시작된다. 새벽부터 무슨 할말이 그렇게 많을까 싶지만 아이들이 깰까 조심조심 이야기하다 보면 시간 가는 줄 모른다. 평소 사람들 앞에서 말하는 것이 부담스러운 나도 이 시간만큼은 신나게 말을 한다.

직접 얼굴을 마주하는 이들도 있다. 바로 수영장 친구들이다. 같은 시간대, 특히 새벽에 함께 운동한다는 것만으로도 우리는 자연스레 동질감을 느낀다. 내가 다니는 스포츠센터는 토요일에 자유 수영으로 운영된다. 우리 레인 사람들의 암묵적인 토요일 루틴은 바로 1시간 수영 후 함께 모닝 커피 마시기다. 평일에는 대부분 운동을 마치고 바로 출근하기 바쁘다보니 인사만 나눈 채 각자의 수영에 집중하지만 토요일만큼은 분위기가 다르다. 한 주를 치열하게 보낸 뒤 가벼운 마음으로 맞이한 주말, 새벽 수영 후 마시는 아메리카노는 분명 쓴맛이지만 이상하게 쓰지 않다. 나는 이 시간에 마시는 커피가 좋아서 늦잠이 간절한 토요일

서로에게 보내는 따뜻한 응원 댓글

2025년 5월 새담책살롱

운영진 모임

아침에도 수영장을 찾는다.

수영복에 수모를 쓴 채로만 마주보다가 가끔 수영장 밖에서 옷을 제대로 차려입고 만나면 서로를 못 알아보기도 한다. 수영하는 사람만 공감할 수 있는, 그런 소소한 이야기들로 우리는 웃고, 또 연결된다. 학교와 집, 아이들을 따라 놀이터만 다니는 나는 아무래도 대화의 범위가 한정적일 수밖에 없는데 이 시간에는 다양한 사람들의 사는 이야기를 듣고 나눌 수 있다. 새벽 기상의 고단함, 운동의 즐거움과 괴로움을 함께 나누는 수친, 수영 친구들 덕분에 나는 또하나의 에너지를 얻는다.

새벽은 내가 가장 생기 있는 시간이다. 그 어떤 때보다 분주하고 활기차며 에너지가 넘친다. 이 시간 덕분에 나는 하루를 살아갈 힘을 얻고, 직장과 가정에서 최선을 다할 준비도 한다. 그 기운이 오늘 나와 마주하는 모든 이에게 고스란히 전해지기를 바란다.

나를 저장하고, 연재하다

블로그에 나를 저장하다

네이버 블로그를 10년째 운영한다. 처음엔 그저 일기처럼 가벼운 글을 올렸지만 본격적으로 쓰기 시작한 건 결혼 이후부터였다. 시각장애인 남편과의 에피소드를, 아이를 낳은 뒤엔 반성과 후회가 담긴 육아일기를, 그리고 교사로서 학생들과 함께한 교실 이야기를 남겼다. 그 기록들이 곧 나의 전부였다. 남길 말이 있고, 남길 수 있는 공간이 있다는 사실은 감사했지만 어딘가 아쉬웠다. 남편도, 아이도, 교실도 내 삶의 일부이지만, 그것만으로는 온전히 나를 설명하기에 2% 부족한 느낌이었다.

그러다 새벽을 열기 시작하면서 마침내 나에 대한 이야기를 쓰기 시작했다. 내가 새벽을 선택한 이유, 새벽 수영 이야기, 늦잠을 잔 날의 에피소드, 새벽에 읽은 책, 새벽을 통해 알게 된 사람들…… 모두 내 이야기였다. 블로그 이웃의 글에서 '모닝 페이지'라는 단어를 처음 알게 된 것도 그즈음이었다. 줄리아 캐머런의 『아티스트 웨이』에서 소개된 모닝 페이지는, 아침에 일어나자마자 머릿속 생각을 자유롭게 3페이지 분량으로 쓰는 글쓰기 습관이다. 글에 혹한 나는 다음날부터 노트를 꺼내 무언가를 써보기 시작했다. 하지만 3페이지를 채우기는 생각보다 어려웠고 아무 생각이나 써도 된다지만 나에겐 오히려 그게 더 힘들었다. 글을 쓰다 말고 꾸벅꾸벅 졸 때도 있었다. '이렇게 하는 것이 맞나?' 하는 생각이 계속 들던 어느 날, 결국 노트를 덮었다. 그리고 나만의 방법으로 '새벽 페이지'를 쓰기 시작했다.

알람에 맞춰 일어나 따뜻한 물 한 잔을 마신 뒤 태블릿을 켜고 메모 앱에 글을 쓰기 시작한다. 주제는 그날그날 다르다. 블로그에 쓸 만한 글감이 떠오르면 생각나는 대로 쭉 써 내려간다. 생각이 너무 많아 제목(주제)만 써두고 임시저장한 글을 불러와 머릿속을 떠다니던 생각의 조각들을 쏟아붓는다. 줄리아 캐머런이 진짜 하고 싶은 말이나 아이디어를 떠올리기 위해 머릿속을 어지럽게 하는 것을 모닝 페이지에 쏟아낸 것처럼 나는 이렇게 머릿속을 가득 채웠던 생각들을 꺼내서 퍼즐을 맞추며 글을 쓴다.

수영에 집중하면서도 머릿속은 방금 쓰고 온 글로 가득하다. 물살을 가르는 내내 '이 표현은 빼볼까? 이 말도 써보면 좋겠는데?' 하며 생각한다. '이거다!' 싶은 문장이 떠오르면, 까먹지 않

　　　　　　　　　　　　　　　　　어쩌면 새벽

으려고 수영중에도 몇 번이고 머릿속에 붙잡아둔다. 이런 과정을 며칠 반복하다보면 하나의 글이 완성! 이렇게 새벽을 가득 채운 글쓰기 덕분에 내 블로그도 차곡차곡 채워지고 있다. 정보성 글은 하나도 없는, 방문자도 하트의 숫자도 많지 않은 무명의 블로그지만 꾸준히 찾아와주는 감사한 이웃들 덕분에 오늘도 힘을 내서 나를 쏟아내고 저장한다.

지금은 연재중

블로그에 꾸준히 쌓아둔 글로 브런치 스토리라는 플랫폼에 작가 신청을 했다. 신청 절차가 까다롭고, 요즘은 신청자도 많아 재수, 삼수를 각오해야 한다는 말을 들었는데 뜻밖에도 한 번에 승인되었다. 그렇게 글을 올릴 수 있는 공간이 하나 더 늘어났다. 블로그가 가볍게 감정을 털어놓거나 사진 등으로 일상을 나누는 곳이라면, 브런치 스토리는 조금 더 정제된 언어와 구조를 필요로 하는 공간이다. 작가라는 이름이 주는 무게감도 있다. 이곳에서 나는 '뻥덕이 사는 세상'이라는 제목으로 글을 썼다.

2024년 상반기에 어느 글쓰기 모임에 참여해 '장애와 돌봄'이라는 주제로 글을 썼고, 그 글은 다른 이들의 이야기와 함께 독립출판으로 나왔다. 참여자들은 장애 당사자, 가족(부모, 배우자,

형제), 특수교사 등 서로 다른 위치에서 마주한 장애와 돌봄을 각자의 언어로 풀어냈다. 그 책에 실린 내 글에서는 나 자신에게 '뺑덕'이라는 이름을 붙였다. 뺑덕을 넣고 빼고 다시 쓰고 고치는 과정 속에서, 나의 새벽은 어느새 온통 뺑덕으로 채워졌다. 그리고 책이 출간된 뒤, 브런치 스토리에서는 미처 다 하지 못한 뺑덕의 이야기를 이어갔다.

나는 왜 글을 쓰는 걸까? 하고 스스로에게 물은 적이 있다. 말은 하다보면 자꾸 덧붙게 되고, 하고 싶은 말은 생각만 하다가 끝내 하지 못하기도 한다. 또, 종종 '할 말 못 할 말 다 하는' 통제 불능의 상태가 될 때도 있다. 하지만 글은 다르다. 글을 쓰는 동안 여러 번 마음을 들여다보고, 고치고, 다시 쓸 수 있다. 그래서 나는 말보다 글이 편하다. 내 이야기들을 쓰고, 책으로 내고, 블로그와 브런치에 연재하며 알게 된 사실이 있다. 나는 거창한 글을 쓰고 싶었다기보다 단지 '내 이야기'를 하고 싶었던 것이다. 그것을 말로 하는 건 시공간의 제약도 크고 말을 하는 순간 누군가 나를 주목하는 것조차 견디기 힘든데, 글은 아니었다. 어디서든 언제든 쓸 수 있고, 꺼내기 직전까지 고쳐쓸 수도 있었다. 말과 달리 글로 주목받는 것은 이상하게도 부담스럽지 않았다.

말보다 글이 편한 이유는 또 있다. 글을 쓰다보면, 심각했던 사연이 의외로 단순하게 느껴질 때도 있고, 반대로 사소한 일상이 무겁게 다가올 때도 있다. 시각장애인 남편을 바라보는 내 시선은 어느 날, 심봉사와 함께했던 심술궂은 뺑덕어멈에 이입되기도 한다. 그렇게 고단하고 답답해 보이던 내 삶이 때로는 우습고 희극처럼 느껴지기도 한다. 글을 통해 내 안에 쌓인 감정들이 서서히 해소되고 한 줄 한 줄 써 내려가면서 조금씩 숨통이 트이는 기분을 느꼈다. 글로 복잡하게 얽힌 마음을 풀어내고 발행 버튼을 누르는 순간, 마음이 조금은 가벼워진다. 이렇게 쓴 글에 누군가 남긴 '좋아요' 하트 하나, 짧은 댓글 한 줄이 다시 태블릿을 열게 만든다. 그런 작고 조용한 응원이, 내가 다시 나를 꺼내 쓸 수 있는 힘이다. 그래서 나는 앞으로도 쓰고 싶다. 나를 지키고, 나를 잊지 않기 위해서. 나이가 들어서도 느리게라도 계속해서 쓰는 사람으로 남고 싶다.

좋아서 하는, 함께 글쓰기

올해 릿유에 작은 변화가 생겼다. 바로 소모임이 만들어진 것이다. 릿유라는 다정하고 안전한 울타리 안에서 다양한 시도를 해볼 수 있세 되었고, 누구나 리더로 지원할 수 있으며 릿유 멤버라면 누구든 참여할 수 있다. 나의 역량을 키우고 타인의 성장을 응원하는 구조라 할 수 있겠다. 나는 '릿로그(LitLog)'라는 글쓰기 모임에 참여하다가 3월부터는 공동리더로 활동하고 있다. 릿로

그는 블로그와 브런치에 글을 쓰는 모임이다. 블로그와 브런치에 연재를 꾸준히 이어가고 싶어 리더에 지원했다.

혼자서 일주일에 한 편씩 글을 쓰는 일은 생각보다 쉽지 않다. 그래서 리더로서 멤버들의 글쓰기를 독려하고 응원하는 동시에, 나 스스로에게도 동력을 불어넣고 있다. 우리는 이를 '셀프 멱살 잡기'라고 부른다. 좋아서 하는 글쓰기, 그리고 혼자가 아닌 함께 쓰는 글쓰기는 이제 내 삶에서 빼놓을 수 없는 중요한 일부가 되었다.

우리 모임에서는 공감 버튼과 댓글을 중요하게 여긴다. 꾸준히 글을 쓰는 데 독자들의 응원이 큰 힘을 주기 때문이다. 바빠서 댓글까지는 못 달더라도 공감 버튼만큼은 꼭 누르려 한다. 짧더라도 피드백을 받는 경험이 계속해서 글을 쓰게 해준다는 걸, 초보 저자인 나는 분명히 알고 있다. 그렇게 꾸준히 글을 남기다보면, 어느새 그것들이 나의 기록이 되고, 내가 걸어온 길을 또렷하게 돌아보게 해준다.

또, 릿로그에서는 리더가 매주 하나의 공동 주제를 제시해 함께 글을 쓴다. 주제는 같아도 글을 풀어내는 방식은 제각각이다. 그래서 글을 읽는 재미도 쏠쏠하다. 어떤 이는 그 주제 앞에서 오래 망설이다 결국 자기 이야기를 꺼내놓고, 또 다른 이는 뜻밖의 시선으로 글을 써서 문우(文友)들에게 웃음을 준다. 같은 질문을 받았는데, 전혀 다른 세계가 펼쳐지는 느낌이다. 그 주제를 가지고 새벽에 앉아 삶을 돌아보고, 잊고 있던 감정을 떠올리며, 아직 말로 꺼내지 못한 마음을 글로 적는다. 누군가 함께 쓰고 있다는 사실만으로도 외롭지 않고 함께 써 내려간 글들 속에서 나는 여전히 쓰는 사람으로 살아가고 있다는 것을 느낀다. 글은 때때로 나보다 먼저 나를 이해하고, 나보다 더 멀리 나를 데려가준다. 그 시작은 언제나 조용한 새벽이었다.

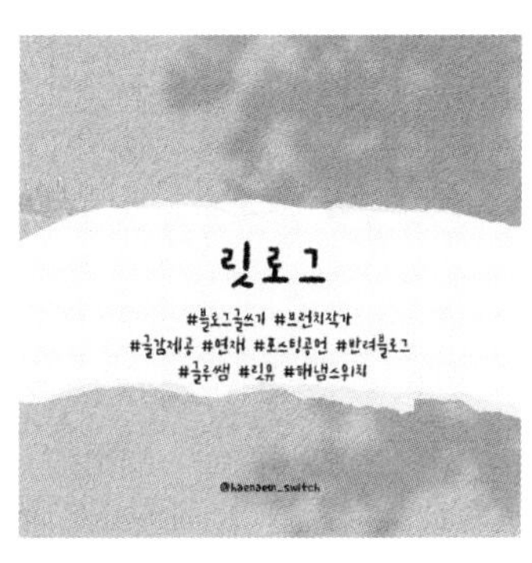

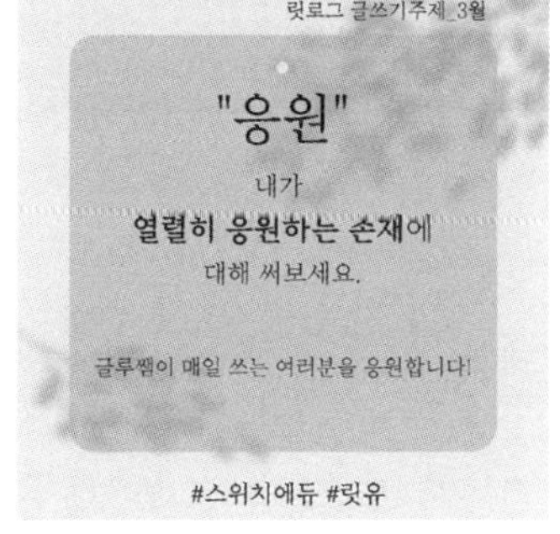

괜찮아, 나도 그랬어
_실패의 연대기

새벽 기상이 언제나 성공적이었던 것은 아니다. 사실 어제도 늦게 일어나 수영장에 못 갔다. 이처럼 실패는 반복되고 그 실패들로 하나의 연대기가 완성되었다.

대표적인 새벽 실패 유형 TOP 4

① 알람 끄고 다시 자기. 눈 감았다 뜨면 7시 반. 으악, 지각이다!

② 아이가 깨서 옆에 누웠다가 나도 기절

③ 오늘 하루는 그냥 쉬자고 합리화하며 포기

④ 전날 늦게 자놓고 억지로 일어났다가 멍한 하루 보내기

예고된 실패, 늦은 취침

우리집은 늦어도 밤 10시에는 모든 불을 끈다. 내가 새벽 기

상을 하기 시작한 후로부턴 우리 가족의 취침 시간도 일정해졌다. 9시 반쯤부터 잘 준비를 하는데, 아이들이 잘 기미가 보이지 않으면 내가 먼저 침실로 가서 눕는다.

"엄마, 내일 일찍 일어나야 해. 어서 자자."

그래, 일찍 자야 일찍 일어나지. 하지만 매일 그런 건 아니다. 밤 11시면 업로드되는 웹툰도 보고 싶고, 맥주 한 캔 따고 싶고, 읽던 소설의 끝이 궁금하고, 몰아보던 드라마는 아직 한 회 남았고…… 이런 마음과 눈꺼풀 사이의 싸움에서 눈꺼풀이 이기면 잠들고, 마음이 누구보다도 굳센 날에는 아이들이 잠들기를 기다린다. 아이들이 잠든 것을 확인하고 자리에서 일어나 자유를 즐기다 잠든다. 그러고는 다음날 새벽, 알람을 수차례 끄며 이불 안에서 뒹군다. 그리고 다짐한다.

"오늘은 진짜 일찍 자야지."

"아, 그냥 알람을 끄고 잘걸."

늦은 취침 정도는 뭐, 예고된 실패다. 하지만 진짜 복병은 따로 있다.

아이…… 사랑스러운 내 아이!

3년째 새벽 수영. 이제 수영은 내 하루의 동력이다. 6시 강습을 위해 5시 40분에는 집을 나선다. 하지만 매일 그럴 수 있는 것은 아니다. 늦잠, 생리, 한파, 태풍… 수영장에 안 가거나 못 가는 이유(라 쓰고 핑계라 읽는다)는 여러 가지지만, 그중에서 가장 강력한 변수는 바로 딸이다.

새벽을 상쾌하게 시작하고, 그 마지막 일정으로 수영 가방까지 들고 현관 앞에 섰는데, 덜커덩, 안방 문이 열리는 소리가 들린다.

아. 망:했.다.

딸이 부스스한 머리로 저벅저벅 다가오며 말한다.

"엄마, 수영 갈 거야?"

직감은 했지만 모른 척 답한다.

"응, 엄마 수영 가야지~"

그러자 아이는 "나는 엄마랑 있고 싶어"라며 입을 삐죽댄다.

아, 이 녀석. 내가 몇 번을 속았는데. 그날도 결국 다시 아이와 방에 들어가 누웠다.

"엄마 수영 갈 거야?"

"응, 오늘은 가기로 약속했어." (누구랑? 나랑……)

토닥거려주니 아이는 눈을 감는다. 아이가 잠든 것 같아 조선 시대 신하처럼 등을 보이지 않고 뒤로 기어 나왔다. 그런데 문을 닫으려는 순간!

"흑…… 흑흑……"

아니, 이 녀석 고단수인데? 이건 그냥 울음이 아니다. 이건 죄책감을 향한

  어쩌면 새벽

저격이다. 내가 저 소리를 들으면서까지 수영에 가야 하나? 하는 생각을 가지게 하는 죄책감 말이다. 결국 다시 돌아가 아이 옆에 눕는다. 아이의 얼굴엔 환한 미소가 번진다. 나는 괜히 아이에게 말을 걸어본다.

"엄마 수영 가고 싶은데."

"엄마 수영 가. 나는 거실에서 혼자 기다릴게."

아휴, 내가 무슨 부귀영화를 누리겠다고 그걸 가겠니. 그래, 오늘은 우리 둘 다 그냥 좀더 자자.

이런 날이 아이가 더 어렸을 때는 한 달에 한 번은 있었다. 나는 육아 때문에 새벽을 택했는데, 정작 그 새벽을 막는 것도 육아다. 새벽은 체력이나 의지 싸움이 아닌 육아와의 싸움이기도 한 것이다. 처음엔 실망하고, 못나게도 아이를 원망하기도 했다. 하지만 이제는 안다. 내가 이 새벽을 원하고 즐기려는 것이 바로 저 아이 덕분이라는 것을. 그러니 더 조용히, 조용히 이 시간을 지켜내고 싶다.

'딸아, 엄마는 내일 꼭 수영 갈 거야!'

깼다가 다시 잠들기

아예 늦잠을 자면 그냥 체념할 수 있다. 문제는 일어나놓고 다시 잠드는 것이다. 거실에 둔 휴대폰에서 알람이 울려 벌떡 일어나 거실로 나왔다. 휴대폰을 들고 알람을 껐다. 그러고서 다시 방으로 들어간다. 1시간 뒤에 다시 알람을 설정해두고서 말이다. 이정도 정성이면 그냥 일어나겠다!

잘 일어나고서도 긴장을 놓아선 안 된다. 새벽 기상 초기에는 무엇을 할까 하다가 책을 읽었는데, 새벽 독서는 아주 위험했다. 책을 넘긴 후 2장째에 항상 눈이 감긴다. 필사를 하다 잠든 적도 있다. 일어나보니 글씨는 날아가 있고 볼펜 똥이 이마에 묻어 있다. 요즘엔 묵주기도를 하는데 묵주를 손에 쥔 채로 잠들어버린다. 아, 성모님, 저와 함께 계셨던 거죠?

기상 인증 사진은 이미 올렸는데, 이건 뭐 한 것도 아니고 안한 것도 아니고. 이럴 거면 더 잘 걸 그랬다. 오늘 새벽, 나는 뭘한 걸까. 그저 '깨긴 깼다'는 기억만 남는다. 내일은 그냥 좀더 자고 일어나야겠다.

실패는 누구에게나 온다. 중요한 건 그럼에도 다시 일어나는 힘이다. 오늘은 그냥 쉰 날이라고 인정하고 다음날 다시 알람을 맞춘다면 이미 우리는 지지 않고 있는 셈이다. 새벽 기상은 완벽한 습관이 아니라 계속 다시 시도하는 태도다.

그럼에도 무너지지 않는 새벽을 위하여

연구실 옆자리에 선생님 한 분이 육아휴직 후 복직하셨다. 그동안 학교에서 유일한 워킹맘이었던 나에게 드디어 동지가 생겼다. 반가운 마음도 잠시, 놀랍게도 그녀는 나의 대학 후배였다. 20대 초반의 풋풋함은 온데간데없고 어느새 우리 둘 다 엄마가 되어 있었다. 고향을 떠나 낯선 곳에서 다시 만났기에 그 반가움은 더 깊었다. 우리는 육아, 수업, 살림 등 다양한 주제로 이야기하며 대학 시절보다 오히려 더 가까운 사이가 되었다. 그러다 그녀가 복직한 지 한 달쯤 되었을 무렵 나에게 물었다.

"선배는 복직하고 안 힘들었어요? 저는 퇴근하고 아이 데리러 갔다가 놀이터도 갔다가, 저녁 먹이고 씻기고…… 그리고 저녁쯤 되면 얼굴이 막 흘러내리는 기분이에요. 아침에도 너무 힘들고요. 그런데 아침마다 마주치는 선배는 늘 표정이 밝아서 신기했어요. 저는 애 하나인데도 이렇게 힘든데……"

나는 원래 아침에 에너지가 많은 편이고 시간이 지날수록 점점 기력이 쇠하는 스타일이다. 후배가 나를 마주친 그 시각이, 하루 중 내가 가장 생기 넘치는 순간이있을 테니 더 그렇게 느꼈을 것이다. 원래도 오전형 인간이긴 했지만 새벽에 일어나면서 활력이 더 붙은 것도 사실이다. 사실 나 자신은 그 변화를 크게 인식하지 못하고 있었다. 그런데 후배의 말을 듣고 나니, 그간의 새벽들이 그냥 흘러간 시간이 아니었구나 싶어 괜스레 뿌듯해졌다.

나는 그녀에게 새벽 기상과 수영 이야기를 해주었지만, 잠자기조차 버거운 일상에서 도전할 엄두가 나지 않는다며 손을 내저었다. 그 마음이 이해됐다. 나 역시 그런 시절을 거쳐 여기까지 왔으니까. 이런 내가 된 건 단지 나 혼자만의 힘이 아니었다. 매일 아침을 함께 깨어나는 사람들과의 연결, 그들과 주고받은 작고 단단한 응원, 그리고 무엇보다 계속 실패하면서도 다시 시도했던 나 자신의 의지가 나를 여기까지 이끌어줬다. 그래서 나처럼 새벽을 시작하고 싶은 이들에게 건네는 현실적인 팁을 남겨보고자 한다. 물론, 이것은 3년간 새벽 기상을 이어오며 느낀 것을 정리한 나만의 작은 매뉴얼일 뿐 정답은 아니다. 이중 한 가지라도 누군가에게 도움이 되기를 바란다.

새벽 기상, 어떻게 시작할까?

하나, 당신의 새벽은 몇 시인가?

『나의 하루는 4시 30분에 시작된다』라는 책은 새벽 기상의 바이블처럼 여겨진다(공교롭게도 이 책의 저자 이름이 나와 같다). 이 책을 읽고 많은 사람들이 알람을 4시 30분에 맞춰놓았다가 곧 포기하곤 했다. 하지만 새벽 기상에 정해진 시각이란 없다. 자

 어쩌면 새벽

신이 기준으로 삼는 시간이 새벽이라면 그게 바로 새벽이다. 릿미에서는 오전 6시까지 인증을 새벽 기상으로 본다. 그러나 결국 중요한 건 타인의 기준이 아니라 나의 기준이다. 예컨대 평소 7시에 일어나던 사람이 6시 30분에 일어났다면 그 또한 훌륭한 새벽 기상이다. 무리하게 알람 시간을 확 당기지 말고 평소보다 10분씩만 앞당겨보자. 몸이 적응하면 더 일찍 일어나기도 쉬워진다. 그렇게 조금씩 당기다보면 어느 날에는 5시 기상도 거뜬해질 것이다.

둘, 새벽의 루틴, 전날 밤에 시작된다.

새벽에 일어났다고 해서 바로 뭘 할 수 있는 건 아니다. 중요한 건 일어나서 무엇을 할지를 전날 밤에 준비해두는 것, 그것이야말로 새벽 기상의 핵심이다. 나의 하루는 따뜻한 물 한 잔으로 시작된다. 남편은 밤마다 보온이 되는 커피포트에 물을 미리 끓여둔다. 덕분에 나는 일어나자마자 물을 따라 마시며 하루를 따뜻하게 깨운다. 또, 잠자리에 들기 전에 나는 태블릿과 필사책, 일기장, 묵주, 수영 가방 등 그날 아침에 필요할 것들을 거실 테이블 위에 미리 챙겨둔다. 이렇게 준비해누면 아침에 일이나서 무엇을 할지 고민하는 시간을 줄이고 곧바로 몰입할 수 있다. 새벽 기상이라고 해서 모든 것을 새벽에 하지 않는다. 오히려 중요한 건 그 시간을 어떻게 맞이할지 미리 정해두는 일이다. 새벽의

시작은 알람이 아니라 전날 밤의 작은 준비에서부터 이미 시작
되고 있는 것이다.

셋, 욕심은 내려놓고, 할 수 있는 것 찾기

새벽에 일어나서 할 수 있는 일은 많다. 독서, 드라마 시청,
집안일, 운동, 필사, 글쓰기, 뜨개질, 드로잉 등. 하지만 시간은 한
정되어 있고, 기상 시간에 따라 할 수 있는 일이 정해지기 마련이
다. 그래서 초반에 목표를 너무 많이 잡지 않는 것이 좋다. 기상
시간처럼 새벽 기상 후 루틴도 현실적이어야 한다. 운동, 필사 등
고정적으로 할 것을 정해두고 하나씩 늘려가는 방식이 효과적이
다. 나한테는 수영이 기본이었고, 조금씩 일찍 일어나 일을 하나
씩 추가해갔다.

넷, 잊지 말고 기록하기

기록은 정말 중요하다. 내가 새벽에 일어난 기록을 한 달 뒤
에 확인했을 때 꽤 보람차고 뿌듯함을 느낀다. 나는 시간이 기록
되는 앱을 활용해 기상 인증 사진을 찍고 수영에 다녀온 뒤 해빗
트래커 용지에 아이의 스티커를 빌려 붙이는 등의 방법으로 기
록을 남겼다. 한 달이 끝난 뒤 확인하는 재미는 쏠쏠하다. 어른에
게도 '참 잘했어요' 도장과 칭찬이 필요하다.

새벽 기상 첫날

1박 2일 수련회 출장 갔던 날

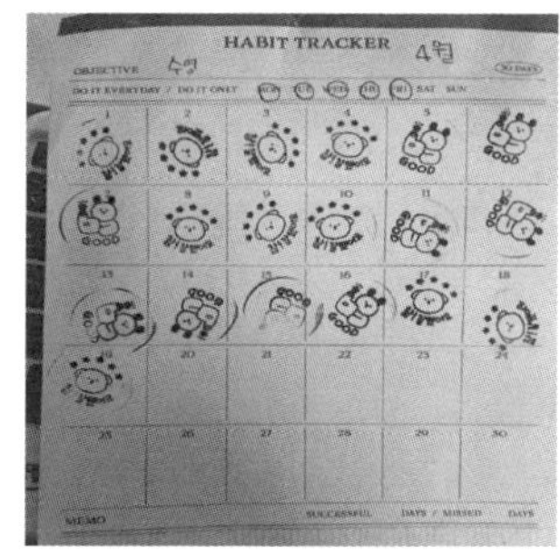

2025년 4월의 수영

다섯, 혼자 하지 말고 함께 하기

혼자 기록을 남기는 것도 한계가 오기 마련이다. 혼자 기록하지 말고 타인과 공유하는 것이 꾸준한 새벽 기상에 도움이 된다. 블로그나 인스타그램 등에 해시태그를 달아 기록하고 공유하는 재미가 새벽 기상을 더 힘차게 만들어준다. 나는 처음에는 혼자서 새벽 기상을 시도했지만 작심삼일로 포기했다. 그후 기상 인증 채팅방에 참여했는데 그것도 3개월 만에 그만두었다. 특별한 피드백 없이 인증 사진만 올리던 채팅방이었다. 사람에 따라 다르겠지만 나는 연대감이 있어야 끝까지 해내는 성향이라는 것을 릿미 프로젝트에 참여하면서 깨달았다. 서로에게 다정한 응원을 건네는 새벽 기상 파티원을 모집하여 함께 하면 더욱 힘이 될 것이다.

꼭 새벽이 아니어도 괜찮아

새벽 기상이 좋다고 실컷 이야기해놓고 이제와서 꼭 새벽이 아니어도 괜찮다니, 다소 모순처럼 들릴지도 모르겠다. 하지만 내가 전하고 싶은 건 '새벽'이라는 특정한 시간이 아니다. 그 안에 담긴 의지와 균형, 그리고 삶을 다시 내 쪽으로 되돌리는 태도다.

새벽 기상의 본질은 단지 일찍 일어나는 데 있는 것이 아니라, 삶의 주도권을 다시 나에게 쥐여주는 시간이라는 것이다. 그러니 그 시간이 꼭 새벽일 필요는 없을 것이다. 길든 짧든, 바쁘든 한가하든, 일도, 아이도, 남편도 아닌 '나 자신'을 위한 시간 하나쯤은 누구에게나 필요하다.

나에게는 새벽 수영과 글쓰기가 그런 시간이었다. 덕분에 내 앞에 무겁게 서 있던 책임감과 의무감도 조금은 즐겁게 감당할 수 있게 되었고, 내 안의 억울함도 조금씩 지워나가는 연습을 하고 있다. 나는 평범했고, 여전히 평범하다. 하지만 새벽 덕분에 스스로 조금씩 변했고 앞으로 나아가며 이 터널을 벗어나는 중이라고 믿는다. 하루 중 작은 빈틈, 아주 사소한 틈이라도 자신만의 시간으로 만들어보면 좋겠다. 그 시간이 '새벽'이라면 이 글이 당신의 첫걸음을 함께하기를 바란다. 어둠 속에서 터널 끝에 보이는 작은 빛을 따라 한 발 내디딜 때 그 순간 문득 떠오르는 책이기를, 조용히 곁을 내주는 이야기이기를 바란다.

(김유진)

제 5 장

다시
빛나고 싶어서

퇴사 대신 새벽

(신유란)

복직하자마자 퇴사하고 싶은 마음

매콤한 현실을 맛본 워킹맘

"유아교육 전공자잖아. 엄마가 유치원 교사니까 잘하겠지."
아이를 낳고 기르며 가장 많이 들은 말 중 하나다. 하지만 유치원 교사 경력은 있어도 엄마 경력은 제로. 아이를 먼저 키운 친구들에게 육아 이야기를 들을 때만 해도 꽤 자신 있었는데 막상 내 아이를 길러보니 그동안의 지식과 경험은 무용지물처럼 느껴졌다. 육아는 직접 해보지 않으면 절대 알 수 없는 세계라는 걸, 아이를 키우며 온몸으로 깨달았다.

전공 시간에 배운 육아 이론, 육아서에 적힌 전문가의 조언들은 모두 현실 앞에서 멀게만 느껴졌다. 모유의 중요성을 알지만 내 몸이 따라주지 않았고, 눕혀서 재우고 싶었지만 내 아이는 품에 안겨야만 잤으며, 우유를 먹으면 자주 게워냈다. 엄마로서의 경력을 치열하게 쌓는 사이, 어느새 복직일이 성큼 다가왔다. 아이는 기관에 천천히 적응해갔지만 정작 나는 몸도 마음도 준비할 새 없이 허겁지겁 일터로 돌아가야 했다. 육아의 세계에서 빠져나오기도 전에 숨 고를 틈 없이 워킹맘 생활이 시작된 것이다.

복직 후 첫 달, 나는 마음속으로 수없이 되뇌었다. '집에 돌아가고 싶다.' 2년 만에 돌아간 직장은 참 낯설었다. 아이들은 여전히 귀엽고 사랑스러웠지만, 바뀐 시스템과 새 업무 속에서 실수가 잦아지면서 자신감이 점점 떨어졌다. 짧다고 생각했던 휴직의 공백이 이렇게 크게 다가올 줄은 몰랐다. 엄마라는 역할이 이제 막 익숙해졌을 무렵, 일하는 엄마라는 새로운 정체성이 생겼고, 나는 또다시 바닥에서 시작하는 기분이었다. 일을 쉬는 동안 엄마로 몰입한 시간 안에서 정작 나 자신은 점점 사라지고 있었던 것을 몰랐다. 그렇게 나를 전혀 돌보지 못한 채 정신없이 복직하니, 몸과 마음이 버티지 못하고 점점 흔들리기 시작했다. 사소한 말에도 쉽게 상처받고, 작은 일에도 힘이 빠지며 내 안의 부정적인 감정이 고개를 들기 시작했다.

그만두고 싶다는 말을 달고 산 이유

알람 소리에 억지로 몸을 일으켜 출근하고, 집에 돌아오면

녹초가 되어 말할 힘조차 없었다. 유치원 교사는 에너지를 많이 쓰는 일이라는 걸 이미 알고 있었지만, 아이도 직접 키워보고 경력도 쌓였는데 왜 더 힘들어졌을까? 그 이유를 알 수 없어 답답하고 혼란스러웠다. 주변에선 시간이 지나면 이 생활이 익숙해질 거라고 위로했지만, 나는 그 시간이 버겁고 힘겹게 느껴지기만 할 뿐 전혀 나아지는 것이 없었다.

이 일을 하고 싶어서 삼수 끝에 합격했고, 누구보다 간절하게 교사가 되길 바랐던 시절이 있었다. 그땐 꿈을 이루기만 하면 어떤 고통도 견딜 수 있고, 무엇이든 할 수 있다고 생각했다. 그리고 아이를 직접 키워보면 더 유능한 교사가 될 줄 알았다. 그런데 현실은 달랐다. 복직 후 나는 너무 힘들어서 그만두고 싶다는 말을 입에 달고 살았다. 그럴 때마다 가장 가까운 사람인 남편에게 마음을 털어놓곤 했다.

현실적인 남편은 평소 절대 농담으로라도 그만두라는 말을 하지 않는 사람이었지만, 내가 극도로 스트레스를 받자 조심스럽게 말해주었다. "너무 힘들면 그만둬도 괜찮아." 그 말이 얼마나 반가웠던지 핸드폰에 녹음까지 해둘 정도였다. 지금 돌이켜보니 남편 역시 많이 힘들었을 거라는 생각이 들었다. 매일같이 내 감정을 쏟아내며 남편에게 부담을 준 건 아닐까 미안하다. 하지만 그때는 내가 벼랑 끝에 서 있어서 다른 이들의 어려움은 전혀 보이지도, 생각하고 싶지도 않았다. 남편도 큰 스트레스였을 텐데,

알면서도 멈추지 못했던 나 자신이 답답하고 괴로웠다.

그러다 문득, 내가 정말 그만두고 싶었던 이유가 무엇인지 차츰 알게 되었다. 단순히 일과 육아를 병행하는 게 힘들어서가 아니었다. 온종일 아이들을 돌보며 온 신경과 에너지를 쏟아붓고, 정작 내 아이를 만났을 때는 사랑을 표현할 힘조차 남아 있지 않다는 사실이 너무 마음 아팠던 거다. 직장에선 친절하고 다정한 선생님이었는데, 내 아이 앞에서는 피곤하다는 이유로 지쳐서 놀아주지도, 이야기를 충분히 들어주지도 못하는 엄마였다. 사랑하는 남편에게도 짜증을 내는 아내였고, 그것이 가장 괴로웠다. 일을 그만두고 싶었던 이유는 결국 사랑하는 아이와 남편, 우리 가족에게 줄 에너지가 없다는 절망감 때문이었다.

엄마가 유치원 교사라 미안해

유치원 교사인 나는 점점 더 깊은 고민에 빠졌다. 내 아이도 아직 어린데, 다른 아이들을 먼저 돌보고 가르쳐야 한다는 사실이 무거운 죄책감으로 다가왔기 때문이다. 직입이 교시이니 아이들을 만나고 가르치는 건 당연한 일인데도, 내 아이에게 미안한 감정이 들 때마다 혼란스러웠다. 집에서는 한없이 따뜻한 엄마이고 싶었지만, 그 사랑을 충분히 표현할 여유가 없었다. "일하러 가서 에너지를 다 쓰지 마. 적당히 남겨두고 와야지.” 지쳐가는 나를 보며 남편이 종종 했던 말이다. 하지만 유치원 교사인 내게 그건 말도 안 되는 이야기였다. 내가 가르치는 아이들은 아직 어리기 때문에 잠시 한눈을 팔면 큰 사고로 이어질 수 있다는 걸 누구보다 잘 알고 있었으니까. 그래서 온종일 신경을 곤두세운 채 아이들과 지내는 생활이 내 일상이 되었고, 어느새 ‘안전 강박’이라는 말이 낯설지 않을 정도로 예민해져 있었다. 에너지를 적당히 쓴다는 건, 애초에 불가능했다.

그러던 중 이미 지쳐 있던 마음을 더욱 무겁게 만드는 일들이 생기기 시작했다. 사람들이 무심코 던지는 유치원과 교사에 관한 이야기들. 그 말들이 나를 향한 것은 아님에도 불구하고 귓가에 계속 맴돌며 마음 깊숙이 파고들었다. 에너지가 바닥날 만큼 정성을 다해 하루를 보내는데, 누군가에겐 그 노력이 불만과 비난의 대상이 된다는 사실이 참 힘들었다. 내가 잘못한 게 아니라는 걸 알면서도 괜히 위축되었고, 이 직업이 불신의 대상이 된다는 사실이 정말 마음 아팠다. 정작 내가 만난 학부모들은 늘 감사하다고 말해주시는 따뜻한 분들이었는데 말이다.

게다가 학교와 교육계 안에서 유치원 교사로 느끼는 외로움도 적지 않았다. 그건 단순히 개인의 문제가 아니라, 법적·제도적인 현실에서 비롯된 것이기에 혼자 힘으로 바꿀 수 없다는 사실이 더욱 안타까웠다. 그렇게 이리저리 흔들리고 있던 그 시절, 아무 준비 없이 덜컥 다시 일을 시작했던 내가 감당하기에는 모든 것이 버겁고 벅찼다. 다른 사람의 시선, 직장 내 제도적 문제…… 혼자 힘으로 바꿀 수 없는 현실 앞에서 나는 더욱 답답했고, 가끔은 모든 것을 내려놓고 그냥 도망치고 싶었다.

그렇다면 어떻게 해야 할까? 일에 쏟는 에너지를 적당히 조절할 수 없고, 내 아이에게도 여유를 내어줄 수 없는 지금의 삶. 이대로 괜찮은 걸까? 마음 한편에 꾹꾹 담아두었던 감정들이 결국 터져 나오며 "나는 지금, 일하면서 행복하지 않다"라는 결론에 이르렀다. 벅찬 하루하루를 버티고 있는 상황에서, 사회에 큰 충격을 주었던 동료 교사들의 가슴 아프고 안타까운 사건까지 연달아 발생했다. 교사로서 자긍심이 가장 무너졌을 때 교직 전체를 덮친 집단 우울감은 나에게도 깊은 불안과 두려움을 안겨주었다. 내가 만나는 아이들과 내 아이에게 온 에너지와 마음을 쏟고 나니 정작 내 안에는 아무것도 남지 않은 듯했다. 매일 내가 꿈꾸던 일을 하면서 사랑하는 가족과 함께하고 있는데도, 복직 이후 분명히 무엇인가 잘못되었음을 느꼈다. 차마 그만둘 용기는 없었지만 이대로 계속하다보면, 일을 싫어하게 될지도 모른다는 생각에 힘들었다. 그런 마음으로 하루하루를 보낸다면 분명 나도 더 우울해질 것만 같았다.

'정말 나는 에너지가 없는 걸까? 이 일이 나를 지치게 하는 걸까? 아니면 내 생활에 문제가 있는 걸까?'

일을 계속하려면 원인을 찾아야만 했다. 그 답을 찾기 위해 나는 근무 시간 동안의 '일하는 나' 말고, 출근 전과 퇴근 후의 '진짜 나'의 시간을 들여다보기 시작했다. 내부에서 먼저 원인을 살펴봐야 했다. 내 하루 속에 답이 있다고 생각했다.

피로의 진짜 원인 찾기

일하는 동안 모든 에너지를 다 소진해버려서 집에서는 내 아이와 남편에게 쓸 힘조차 남아 있지 않다고 느꼈다. 그런 좌절감과 미안함은 결국 '이 일을 계속할 수 있을까? 아니, 나는 지금도 내 일을 사랑하고 있을까?'라는 생각으로 이어졌다. 시부모님의 도움을 받을 수 있는 감사한 환경이었음에도 여전히 힘들었던 이유는, 나 자신을 배제한 채 오직 아이에게만 초점을 맞춘 생활을 했기 때문이었다.

늘 시간에 쫓겼다. 일을 끝까지 마무리 짓지 못하고 헐레벌떡 아이를 데려와야 했고, 미처 끝내지 못한 일은 집으로 가져와 밤늦게까지 처리해야 했다. 어떤 워킹맘들은 내 상황을 보면 배부른 소리라고 생각할 수도 있다. 육아를 위한 지원을 받을 수 있는 환경이었기 때문이다. 하지만 그런 혜택이 있는 나조차도 일을 그만두는 것을 고민할 만큼, 일과 육아를 병행하는 엄마로 사는 삶은 여전히 고단했다. 내 아이도, 내 일도 온전히 책임지지 못하고 있다는 무력감에서 오는 정신적인 피로는 워킹맘이 느끼는 가장 큰 어려움 중 하나였다.

그렇다면, 육체적 피로는 오로지 일과 육아를 병행해서 오는 체력의 한계 때문이었을까? 밤에 쉬면 된다. 하지만 밤의 길이는 아이가 얼마나 일찍 자느냐에 따라 달라졌다. 아이와 함께 일찍 잠들어 충분히 자면 몸은 어느 정도 회복될 수 있었다. 대신 그 대가로 내 자유 시간은 사라졌다. 그래서 늘 아이를 재운 뒤 다시 거실로 나왔다. 그러다가 쏟아지는 잠을 이기지 못해 아이와 함께 잠들어버린 다음날에는, 잃어버린 듯한 밤이 아쉬워 괜히 억울하고 짜증 섞인 마음으로 출근하곤 했다. 밤의 휴식을 즐긴 날도 피곤함이 줄어들기는커녕 더 힘들었다. 새벽 1시, 2시까지 하고 싶은 것을 실컷 누리고 충분히 시간을 보냈지만 다음날 더 피곤했던 것이다.

복직 후 2년 반 동안, 밤 휴식의 즐거움에 기대다보니 나의 심신이 점점 피폐해지는 걸 느끼기 시작했다. 육퇴(육아 퇴근) 후 가진 힐링타임이 더는 힐링이 아니라는 생각이 자꾸 들었다. 결국 피로의 진짜 이유는 쉴 시간이 없어서가 아니라, 나를 돌보고 진짜 좋아하는 것에 온전히 집중할 시간이 없었기 때문이었다.

돌이켜보면, 그때는 무엇을 좋아하고 원하는지조차 제대로 몰랐다. 그저 하루를 흘러가는 대로, 버텨내듯 살아가고 있었다.

힐링타임 vs 킬링타임

'육퇴 후 힐링타임'이라고 하면 어떤 장면이 떠오를까? 아이를 재운 뒤, 거실에 앉아 TV를 보며 야식을 먹는 장면. 그 장면 속에는 바로 내가 있다. 늦은 밤 넷플릭스를 보면서 맛있는 음식을 먹고, 한 손엔 휴대전화를 들고 SNS를 하며 쇼핑을 했다. 특히 넷플릭스 자동 재생 덕분에 다음 화를 멈출 수가 없었고, 밤마다 궁금증을 참지 못해 새벽까지 드라마를 보곤 했다. 휴대전화 속 쇼핑 세상도 마찬가지였다. 왜 그렇게 밤만 되면 갖고 싶은 물건들이 많아지는지, 결제 버튼을 누르며 묘한 쾌감마저 느끼며 낮 동안 고생한 나에게 보상하는 마음으로 물건을 샀다.

당시 우리집에 온 지인 중 한 명은 인스타그램에서 본 핫한 아이템들이 거의 다 있다고 말할 정도였다. 그런데 문제는 그것만이 아니었다. 밤늦게까지 깨어 있다 보니 배가 고파졌고, 어느새 내 곁에는 늘 과자와 아이스크림 같은 고칼로리 간식이 자리하고 있었다. 그렇게 나는 나만의 힐링타임을 즐기고 있다고 생각했다.

하지만 시간이 지날수록 점점 불편한 마음이 들기 시작했다. 늘어나는 쇼핑 리스트, 쌓여가는 물건들, 몸에 붙는 살들…… 그리고 무엇보다, 다음날 아침 더 피곤해진 내 모습. 이 시간이 정말 힐링타임이었을까? 쉬는 시간이라고 여겼던 그 순간에도 여전히 마음이 편하지 않고 바빴다. 쇼핑할 시간이 없어 미처 사지 못한 생필품을 모바일로 주문하고, 확인하지 못한 메시지를 보며 SNS를 봤다. 그 와중에도 내일 직장에서 해야 할 일과 아이 준비물 등을 빠짐없이 잘 챙겼는지에 대한 걱정들이 머릿속을 떠나지 않았다. 아이는 이미 잠들었는데, 겨우 찾아온 내 시간마저도 여전히 일과 육아 걱정에 휩싸여 있었다. 나는 제대로 쉬고 있는 게 아니었다.

나에게 밤은 더이상 재충전하는 시간이 아니었다. 오히려 나를 점점 갉아먹고 있었다. 밤에 깨어 있는 동안 또다시 나를 소모했고, 동시에 불필요한 지출까지 부추기는 소비의 시간으로 흘러갔다. 건강과 자존감까지 함께 깎여나갔다. 아무것도 한 것 없이 맞이하는 다음날의 허무함과, 쓸데없는 소비를 했다는 뒤늦은 후회가 자꾸만 나를 부족한 사람으로 몰아갔다. 무엇보다 가장 두려웠던 건, 매일 밤 이런 루틴이 끊임없이 반복될 것 같다는 막연한 불안감이었다.

밤이 무서운 이유는 끝없이 펼쳐진 자유로운 시간 때문이었다. 마음만 먹으면 동이 틀 때까지 시간을 보낼 수 있다는 무한한 유혹, 하지만 그 유혹 때문에 결국 나는 점점 더 지쳐갔다. 멈추고 싶어도 방법을 몰랐다. 결심은 쉽게 서지 않았다. 그렇게 밤은 나를 위한 시간이 아니라 나를 소모하는 시간이 되어버렸다. 내게 남은 것은 진정한 힐링타임이 아닌 나를 지치게 하는 킬링타임이었다.

주어진 밤을 지나, 내가 만든 새벽으로

여느 때처럼 별다른 생각 없이 흘려보내던 어느 여름밤이었다. TV를 틀어놓고, 한 손으로는 핸드폰을 쥔 채 무심코 SNS 화면을 넘기고 있었다. 그러다 우연히 새벽 기상 프로젝트 모집 공지를 보았다. 밤의 반대편에 있는 단어가 새벽이라서였을까? '새벽? 새벽이라면 나를 살려주지 않을까?'라는 생각이 문득 들었다. 밤의 악순환을 끊어내고 완전히 새로운 시작을 할 수 있는 시간은 새벽이라는 확신을 가지고 신청서를 보냈다. 그 순간부터 마음이 두근거렸다. 새로운 도전이 두렵기도 하고 호기심이 생기기도 했다. 출근 전에 일찍 일어나면 분명히 뭔가 달라질 것 같았다. 왠지 더 나은 하루가, 더 괜찮은 내가 될 수 있을 것 같았다. 그렇게 나는 새벽을 선택하기로 했다.

새벽에 일어나서는 TV를 보거나 쇼핑하지 않았고 몸에 안 좋은 간식도 먹지 않았다. 왜 그랬을까? 새벽은 킬링타임으로 낭비할 수 없는, 너무나 소중한 시간이었기 때문이다. 밤은 하루가 끝나갈 때 누구에게나 주어지는 시간이지만, 새벽은 내가 노력해서 만들어낸 특별한 시간이다. 누구나 쉽게 가질 수 있는 시간이 아니기에 더 함부로 쓸 수 없었다. 힘들게 일어났는데, 그 노력이 아까워서라도 내 몸과 마음에 좋은 일을 하고 싶었다. 게다가 새벽은 무한히 주어지는 시간이 아니라 출근이라는 명확한 끝이 정해져 있는, 유한한 자유 시간이다. 오히려 그 제한이 새벽을 더 값지고 빛나는 순간으로 만들어주었다.

새벽이라는 특별한 시간이 쌓이면서 조금씩 깨달았다. 내가 워킹맘이고 유치원 교사라서 에너지가 부족한 것이 아니라, 다른 누구도 아닌 나를 바라보고 사랑하는 시간을 충분히 만들지 않았다는 사실을. 나를 위한 시간은 저절로 주어지는 것이 아니었다. 스스로 만들어야 했고, 그 힘도 새벽에 일어나는 나에게 있다는 것을 알게 되었다. 내가 만들어가는 시간 덕분에 내 삶을 주도할 수 있다는 사실을 깨닫자, 퇴사를 외치던 내 인생도 조금씩 달라지기 시작했다.

  어쩌면 새벽

쓰기 시작한 시간

새벽 기상과 함께 시작한 일이 있다. 바로 이 모든 과정을 담을 블로그를 만든 것이다. 다양한 SNS 중에서도 예전부터 해보고 싶었던 네이버 블로그를 주저 없이 선택했다. 새벽 기상 모임의 멤버들이 월별 자기 리뷰를 남기고, 일상을 기록하는 모습을 보며 자극받기도 했다. 나 역시 새벽에 만난 이들의 영향으로 나의 현재, 지금을 기록하기 시작했다. 처음 새벽 기상과 블로그를 시작할 때는 교사라는 정체성을 애써 숨겼다. 내 일이 너무 힘들고 싫다는 마음으로 새벽을 찾았으니, 당연한 일인지도 모른다. 블로그라는 익명의 공간에서도 교사라는 타이틀을 앞세우면, 또 하나의 틀에 갇히는 기분이었다.

매일 정해진 시간에 출근과 퇴근을 하고, 담임인 내가 없으면 큰일날 것 같은 불안감에 휩싸인 루틴에서 벗어나고 싶었다. 그 무렵, 블로그 수익화나 디지털 노마드 같은 단어들이 유행처럼 번지고 있었다. 시간과 공간의 제약 없이 일하는 사람들의 삶은 자유로워 보였다. 내 직업 외에는 다 괜찮아 보였고, 내가 모르는 그들이 감당하는 현실이나 어려움은 눈에 들어오지도 마음에 와닿지도 않았다. 세상에서 내가 제일 힘들다고 느껴졌던 순간, 나도 블로그를 통해 새로운 가능성을 열어보고 싶었다.

그렇게 직장에서 보내는 8시간을 제외한 나머지 이야기를 쓰기 시작했다. 하지만 글을 쓸수록 무언가 빠진 듯한 허전함이 느껴졌고, 정작 나조차 공감하기 어려운 겉도는 이야기라는 생각이 들었다. 마음 한구석이 늘 찜찜했다. 결국 애써 숨기려 했던 교사라는 정체성을 꺼내 들었다. 나의 직업을 포함한 진짜 이야기를 쓰기 시작했고, 그 과정에서 자연스럽게 나를 드러낼 수 있었다. 그렇게 시작된 새벽의 블로그에 엄마, 교사, 그리고 나 사이에서 중심을 잃고 흔들리던 삶을 하나씩 담기 시작했다. 다양한 역할을 묵묵히 감당해내는 내가 거기에 있다. 그 시작은 새벽 기상 기록이었지만, 그때의 솔직한 기록 덕분에 새벽을 계속 만나게 되었고, 지금 이 글도 쓸 수 있었다. 새벽이라는 시간 속에서 나는 내가 누구인지, 어떻게 살아가고 싶은지 다시 써 내려가기 시작했다.

시도에서 습관으로, 기록의 힘

새벽은 다양한 시도를 해볼 수 있는 시간이다. 하지만 그 시도를 단순한 시도로 끝내지 않고, 나의 습관으로 만들기 위해서는 강력한 내적 동기와 꾸준함이 필요하다. 어른이 된 지금은 업무 외에 누군가 과제를 내주거나, 평가해주는 일이 거의 없다. 그래서 더더욱 누군가의 강요가 아닌, 스스로 해내고자 하는 마음이 있어야 뭐든 새로운 것을 시작할 수 있고, 멈추지 않고 이어갈 수 있는 힘도 생긴다.

나에게 그 힘은 기록에서 나왔다. 블로그에 꾸준히 글을 남기며 스스로 약속을 지키고 있다는 자부심이 들었고, 글을 쓰면서 생각을 정리하고, 갈팡질팡하는 마음도 다잡을 수 있었다. 블로그의 글이 신문 기사 같은 공신력을 가진 글은 아니지만 기록으로 남는 만큼 적당한 긴장감과 책임감도 느낄 수 있었다. 그렇게 글을 남기는 사이 나도 할 수 있다는 믿음이 차곡차곡 쌓여갔다.

새벽 기상 첫 한 달 동안은 매주 새벽을 돌아보며 마음을 다잡았다. 매월 말 남기는 자기 리뷰는 훌륭한 동기부여였다. 리뷰를 쓰면서 다음날에도 새벽 기상을 이어나갈 힘을 얻었다. 이렇게 기록하며 돌아보는 힘은 새벽 기상에만 그치지 않았다. 아침 스트레칭으로 가볍게 몸을 풀던 어느 날, 더 강한 움직임이 필요하다는 생각이 들었다. 그때부터 홈트레이닝 과정을 기록했다.

운동 인증 사진, 영상에 대한 소감 등을 남기며 두 달을 보내자 자연스럽게 주 2회 이상 운동하는 습관이 만들어졌다. 이후 기록은 주간 기록, 월간 기록으로 확장되었다. 러닝을 시작할 때도 마찬가지였다. 처음 달리기에 도전할 때의 설렘, 달리며 마주한 풍경과 떠오르는 생각들을 기록했다. 달리기 입문자로 궁금한 점은 따로 남기고 러너들의 조언이 더해지며 달리기에 대한 동기와 의욕이 더 커졌다. 이런 기록 덕분에 지금도 주 3회 운동을 목표로 꾸준히 노력하고 있다. 이처럼 작은 시도가 점점 습관으로 바뀔 수 있었던 것은 순전히 기록의 힘이다. 새벽 기상에서 운동까지 모든 변화의 시작엔 늘 기록이 있었다.

물론, 지금 당장 필요하지 않지만 하고 싶은 마음에 도전했다가 멈춘 것도 있다. 바로 영어 회화다. 공언도 하고 녹음한 영상도 올리며 열정을 불태웠지만, 더 중요한 일들에 밀려 멈춰 있는 상태다. 언젠가 나에게 필요한 타이밍이 오면 다시 시작할 수도 있으니 기록들은 그대로 남겨두었다. 반면, 멈추지 않고 계속하는 기록도 있다. 내가 진짜 좋아하고 매일 함께하는 가족과 일, 그리고 그림책 이야기이다. 새벽에 사랑하는 사람들의 어록을 정리하고, 유치원 에피소드나 그림책에 관한 생각을 남기는 시간이 행복하다. 만약 새벽의 가장 소중한 순간을 하나 꼽으라면, 나는 주저 없이 말할 것이다. '좋아하는 것을 기록하는 시간'이라고.

이렇게 다양한 기록을 남기다보니 알게 되었다. 무엇이 내게

  어쩌면 새벽

더 소중하고, 어떤 것이 그리 중요하지 않은지를. 덜 중요한 것은 자연스레 덜어내고 정말 중요한 것은 더 자주, 많이 기록으로 남겼다. 결국 가장 많이 남기는 건 내 곁에 있는 사람들, 나의 일, 내가 좋아하는 작은 순간들이었다. 언젠가 잊힐지도 모를 지금의 이야기들을 남겨두면, 더 오래 간직하며 더 많이 사랑할 수 있을 것이다. 나는 내가 사랑하는 것들 그리고 더 사랑하고 싶은 것들을 계속 기록하기로 했다.

기록이 새벽을 살렸다

새벽에 일어나 일을 해도 괜찮을까? 새벽 기상을 처음 시작했을 땐, 마음이 확고했다. 출근 전의 시간만큼은 직장인도, 엄마도 아닌, 그냥 나로 지내고 싶었다. 겨우 찾아낸 소중한 시간에 또다시 일을 끼워 넣는다는 건 너무 가혹하게 느껴졌다. 누구보다 일찍 일어나 또 일을 한다고? 하지만 시간이 흐르며 이런 생각이 조금씩 달라지기 시작했다.

한동안 직징에시 니무 많은 일들이 한꺼번에 몰려와 정신없이 바쁜 시기가 있었다. 고요한 새벽에 읽고 싶은 책이 있으나 펼치지 못했고, 저녁 늦게까지 일하느라 새벽을 놓친 날이면 스스로를 탓하곤 했다. 새벽을 만나고 나서야 팍팍한 내 하루에 숨통이 트이는 듯했는데, 밤에 밀린 일을 처리하다 늦게 잠들면서 새벽 시간이 위태로워졌다. 새벽에 일어나지 못한다는 사실 때문에 더 괴로웠다. 그렇게 마음속에 쌓여가던 답답함과 아쉬움, 복잡한 감정들을 고스란히 글로 풀어내며 조금씩 깨달았다. '아무리 바쁘고 힘들어도 새벽만큼은 포기하지 말자. 힘들수록 새벽이 더 필요하다.' 그리고 결국 나는 다시 새벽으로 돌아갔다.

바쁜 업무를 새벽에 처리해도 괜찮았다. 해야 할 일을 조용한 시간에 하나씩 정리해나가니 쫓기던 마음도 조금씩 안정되었다. 어차피 해야 할 일이라면, 평온한 시간에 여유 있게 시작하는 것도 괜찮은 선택이었다. 출근 전에 무조건 일 외에 다른 걸 해야 한다는 고정관념이 깨지는 순간이었다. 새벽에 좋아하는 일을 해도 좋고, 급하고 중요한 일을 처리해도 큰일은 나지 않았다. 중요한 건 무엇을 하느냐보다 내가 새벽에 무엇을 할지를 스스로 결정했다는, 삶을 주도한다는 그 기분이었다. 새벽 기상 자체가 목적이 아니라, 나에게 더해진 특별한 시간을 내 방식대로 현명하게 사용할 때 진짜 새벽의 주인이 된다는 것을 깨달았다.

그 이후로도 바쁜 시기에는 종종 이른아침을 업무 시간으로 활용하곤 했다. 그렇게 해서라도 하루를 일찍 시작하면 몸과 마음이 모두 바쁜 시기에 오히려 안정적인 생활 리듬을 찾을 수 있었다. 이제는 나만의 새벽을 주도하며 활용할 수 있는 여유가 생긴 것이다.

물론, 매일 일찍 일어나는 것은 여전히 쉽지 않다. 오랜 시간 함께한 릿미 운영진들 사이에서 나만 유독 게으르고 더 못 일어나는 건 아닐까 의심할 때도 많다. 실제로 그럴지도 모른다. 일 때문에, 나와 아이의 컨디션이 좋지 않아서, 여전히 밤의 소비를 좋아하는 내가 나타나 늦게 잠드는 날도 많다. 하지만 새벽을 지키고 싶은 마음을 글로 계속 남기니까 그 기록이 새벽을 살리는 원동력이 되었다. 흔들리고 애쓰는 과정까지 기록으로 남기면서, 나만의 삶의 리듬을 만들어가고 있다. 새벽을 지키고 싶다는 마음, 이 시간이 소중하다는 다짐을 계속 써 내려가면서 앞으로도 나의 새벽을 맞이하고 싶다.

시도하고 취향도 찾는 새벽의 힘

취향 발견의 시간, 새벽

"아무거나 괜찮아요. 뭘 골라야 할지 모르겠어요."

살면서 내가 자주 하던 말이다. 무던한 성격, 뚜렷한 취향이 없는 사람. 그게 바로 나였다. 사실은 부러웠다. 좋아하는 것을 똑 부러지게 말할 수 있는 사람들, 고유의 취향을 가진 사람들, 오랜 취미를 꾸준히 즐기는 사람들. 그들은 나의 선망의 대상이자 동시에 질투의 대상이었다. 돌이켜보면 블로그를 시작했던 것도 부수입 창출이나 디지털 노마드에 대한 욕심 때문이 아니었다. 자신만의 취향을 담아 묵묵히 기록을 쌓아가는 사람들이 부러웠던 거다.

그 부러움이 내 안에 쌓이다가 새벽이라는 틈으로 흘러나왔다. 그렇게 새벽에 일어나 독서, 운동, 다양한 프로젝트 참여 기록 등을 비롯하여 가족과 일 이야기까지 평범한 나의 일상을 블로그에 담기 시작했다. 매일 아침 일어날 때마다 나는 조금씩 더 나를 발견하고, 새롭게 알아갔다. '아, 이게 내가 좋아했던 거였구나. 왜 이걸 잊고 살았을까?' 일과 육아가 전부였던 삶 속에서 나는 점점 흐려지고 지워지고 있었음을 그제야 알았다. 이토록 즐거운 것들이 많은데 그동안 무엇을 하며 살아온 걸까.

처음에는 나만 그런 줄 알았다. 그런데 아니었다. "저도 제가 뭘 좋아하는지 몰라요." 릿미에서 이런 고백을 자주 듣는다. 우리는 왜 좋아하는 것을 잊고 살아갈까? 그저 개인의 성향 때문이라고 할 수는 없다. 학창 시절, 우리는 내가 좋아하는 것보다는 남들이 좋아할 만한 것을 선택하라고 배웠다. 하고 싶은 것보다는 해야 하는 것을 우선하라는 말을 들어왔다. 그러는 사이, 우리는 점점 자기를 잃어버렸다.

요즘 들어 '나다움'이라는 말이 자주 들리는 것도 그동안 잊고 지내던 나에 대한 갈망이 만들어낸 시대의 흐름이 아닐까. 나다움을 찾으려는 노력은 잠깐의 유행이 아니라 바쁘게 살아가는 우리를 잠시 불러 세우는, 이 시대의 키워드 같다. 새벽에 무언가를 하다보면 잊고 있던 나의 취향이 하나둘 모습을 드리내고 진짜 하고 싶은 것을 원하게 된다. 나는 취향이 없는 사람이 아니라, 단지 오랫동안 나의 취향을 잊고 살았던 사람이었다. 나를 가장 잘 알아야 할 사람은 나인데, 정작 나는 나에게 관심을 두지 않고 살았다. 그동안 참 무심했던 과거의 나에게 미안한 마음이 들었다.

그렇다면, 새벽에 무엇을 하며 나를 알아가면 좋을까? 가장 쉽게 시도할 수 있는 것은 독서다. 읽고 싶은 책을 고르는 일. 그 자체가 이미 내 취향을 들여다보는 일이다. 책을 읽다보면 글을 쓰고 싶어지고, 글을 쓰다보면, 내 안의 숨겨진 취향이 글에서 드러나기 마련이다(물론 글을 쓰지 않고 계속 읽기만 해도 충분하다). 새벽이 좋은 이유 중 하나는 누구에게도 방해받지 않고 끊임없이 '내가 좋아하는 것'을 찾아볼 수 있다는 점이다. 내가 무엇을 좋아하는지 알고 싶다면, 잊고 있던 자기의 취향을 다시 만나고 싶다면, 하루라도 새벽에 일어나보면 좋겠다. 그곳엔, 당신이 잊고 지낸 자신이 조용히 당신을 기다리고 있을지 모른다.

더 넓은 세상을 만나는 시간

"아이들은 정말 귀여운데, 유치원은 왜 이렇게 힘들까." 새벽 기상을 하기 전, 동료들과 자주 나누던 대화였다. 설레는 마음으로 함께 일을 시작했던 동기들도 몇 년이 지나자, 하나둘 누가 더 힘든지 경쟁하듯 고충을 털어놓기 시작했다. 각자가 겪는 현실적인 어려움도 분명 있었지만, 부정적인 이야기를 들으면 들을 수록 마음은 더 답답해지고 지쳐갔다.

그런 시기에 새벽 기상 덕분에 나는 일에 대한 새로운 관점을 가질 수 있었다. 출근 전에 일어나, 딴짓을 하고 나면 마음에 여유가 생겼다. 일 외에도 내가 할 수 있는 것, 나만의 행복을 느낄 수 있는 시간이 있다는 것을 떠올리는 것만으로도 자존감이 높아졌다. 내가 숨쉴 틈을 만들자, 직장에서의 스트레스를 훨씬 더 잘 감당할 수 있는 회복력이 생겼다. 그렇게 조금씩, 일을 내려놓고 시도한 다른 활동들에서 즐거움을 느꼈지만, 마음 깊은 곳에는 '일도 이렇게 즐거울 수 있다면 얼마나 좋을까?' 하는 바람이 자리했다. 사실 나는 일을 멀리하고 싶었던 게 아니라, 일을 더 좋아하고 싶었던 것이었다. 같은 일을 10년 넘게 해오면서, 나는 내 일의 가치와 의미를 다시금 정립해야 할 시기를 맞이하고 있었다.

새벽 기상이 어느 정도 습관으로 자리잡았을 무렵, 문득 이제 무엇을 해야 할지 고민이 밀려왔다. 책을 보고, 운동을 하고, 글을 쓰는 것만으로는 어딘가 부족했다. 일을 대하는 나의 마음은 여전히 흔들리고 있었다. 그 무렵, 직장인 커뮤니티를 알게 되있고, 새벽에 열리는 온라인 모임에 참여하며 전혀 다른 세상을 만날 수 있었다. 이 커뮤니티를 선택한 큰 이유 중 하나는 모임이 새벽에 열린다는 것이었다. 그렇게 나는 내가 속한 좁은 세상에서 잠시 벗어나, 전혀 다른 직업군의 사람들과 대화를 나누기 시작했다.

　　교직을 떠나 새로운 길을 걷는 사람, 자영업자, 퇴사 후 진짜 좋아하는 일을 찾고 있는 사람, 본업과 부업을 병행하는 사람들…… 평소에는 좀처럼 마주치기 어려운 이들과의 대화로 매번 신선한 자극과 따뜻한 위로를 받았다. 익숙한 생각과 일상에서 벗어나 새벽마다 이야기를 나누면서 내 적성과 직업의 장점들을 객관적으로 바라볼 수 있었다. 그러자 나의 일이 감사하게 느껴지기 시작했다. 일에 대한 애정이 식어가던 시기였는데 완전히 다른 세계로부터 건네받은 다정한 말들 덕분에 마음이 따뜻해지고, 일에 대한 열정이 조금씩 생겨났다. 새벽에 일어나지 않았으면, 결코 알 수 없었을 세상이었다.

　　이후, 직장을 벗어나 사이드 프로젝트를 운영해보는 기회도 생겼다. 릿미에서는 운영진을 자처해서 활동하고, 독서 모임인 〈새담책살롱〉의 리더도 맡아보았다. 그 외에도 직장인 커뮤니티에서 새벽 기상 인증, 영화 감상 모임, 오프라인 모임 기획 등 다양한 시도를 해봤다. 혼자였다면 아마 시작조차 못했을 일들이지만, 함께하는 사람들의 응원 덕분에 새로운 재미를 발견할 수 있었다. 일과 육아 두 가지에만 몰입해서 숨가쁘게 살아가던 내가, 딴짓의 즐거움을 제대로 맛본 순간이었다.

　　그렇게 여러 가지 시도를 이어가던 중 결국 만난 것은 '그림책'이었다. 그림책 교사 동아리에서 2년간 모임 기록을 맡기도

　　　　　　　　　　　　　　　　　　　　　　　　　　어쩌면 새벽

했고, 아이를 낳은 뒤에는 더 깊이 관심을 가진 분야였다. 이처럼 좋아하면서도 밖으로 드러내지 못했던 나의 취향을, 여러 시도 끝에 비로소 마주할 수 있었다. 직업과도 맞닿아 있는 그림책이라는 키워드를 찾은 순간부터 가슴이 일렁이기 시작했다. 커뮤니티 사람들 앞에서 그림책을 주제로 강의도 해보고, 지금은 릿유의 그림책 모임 〈깊이북×너덜북〉을 공동으로 이끌어가고 있다.

그렇게 내 일의 여러 분야 중에서 내가 진심으로 좋아하는 뾰족한 분야를 하나라도 찾자 직장과 집 모두에서 활력이 생겼다. 퇴근 후에도 유치원 일들을 떠올리며 기록을 남기고, 그림책 내용을 기록했다. 잠시 눈을 돌려 바깥세상과 연결된 새벽을 지난 후, 나는 내 일과 내 세상을 더 사랑하는 사람으로 변해 있었다. 좁고 고단하게만 느껴졌던 내 세계는, 새벽이라는 작은 문을 열고 나서 더 넓고, 더 다정한 세상과 닿아 있었다.

"그렇게 재밌어? 참 재밌게 사네."

아이를 낳기 선에는 나툼이 서의 없었던 우리 부부. 하지민 아이가 태어난 후, 우리는 자주 싸웠다. 특히 남편은 계획에 없던 일이나 돌발적인 상황에 극도로 스트레스를 받는 편이라, 예측할 수 없는 일의 연속인 육아가 그에겐 큰 부담이었을 거다. 양육자의 성향에 따라 육아가 힘들게 느껴지는 정도는 달라진다. 아이의 기질도 마찬가지다. 우리집은 이 두 가지 모두에 해당했기에 육아가 정말 쉽지 않았다.

아이가 다섯 살 무렵, 양육에 대한 부담감이 조금은 줄어든 시점에 새벽 기상을 시작했다. 그전까지는 아이 돌보기에 온 에너지를 쓰느라 무언가를 시작한다는 생각조차 할 수 없었다. 그래서 새벽 기상 모임에 아이가 어린데도 참여하는 엄마들을 보면 대단하다는 생각이 들었다. 하지만 만약 누군가 어린아이를 키우며 새벽 기상을 시도하겠다면 너무 무리하지 말고, 아이가 최소한 다섯 살이 넘은 후에 도전해도 전혀 늦지 않다고 말해주고 싶다. 무엇이든 때가 있는 법이니까.

새벽에 혼자만의 시간을 확보하여 내 마음의 안정을 점차 찾아갔다. 긍정적인 마음이 쌓이기 시작했고, 그 변화는 나의 일뿐 아니라 남편과 아이를 대하는 태도에도 영향을 미쳤다. 그만두고 싶다며 매일 징징대던 아내였다. 그랬던 내가 직장에서의 에피소드를 기록하며 즐거워하고, 그림책 모임 운영 등에 대해 남편에게 조언을 구하며 아이디어를 얻기도 했다. 새벽 기상 도전을 미덥지 않아 하던 남편도 내가 꾸준히 일어나는 모습을 보더니 변하기 시작했다. 조금씩 나의 생활 리듬에 맞춰주더니, 이젠 아이를 재우는 시간에 온 가족이 같이 잠들거나, 아이가 잠든 후 1시간 정도만 자유 시간을 보내다 자는 게 우리의 일상이 되

　어쩌면 새벽

었다. 남편은 6시에 일어나 여유롭게 출근해 회사에서 시간을 보내고, 나는 서재에서 하루를 시작한다. 가족 모두의 생활 리듬이 조화를 이루기 시작하자, 각자의 삶도 훨씬 충실하게 채울 수 있었다.

"그렇게 재밌어? 참 재밌게 사네." 어느 날, 남편이 말했다. 나는 다양한 일을 도모하며 새벽 시간을 보내지만, 당장 월급 외의 다른 수입으로 이어지진 않는다. 극도로 현실적인 남편의 눈에는 그저 돈이 되지 않는 일로 보였을지 모른다. 그래서 자격증을 따거나 돈이 되는 공부를 하라고 가끔 압박하기도 한다. 실제로 그의 조언에 따라 새벽 시간을 쪼개어 원격대학원에서 석사과정을 마쳤다. 이처럼 새벽은, 학위를 취득하거나 자격증 준비처럼 시간을 내기 어려운 일들을 해낼 가능성의 시간이다. 하지만 새벽이 준 가장 큰 선물은 학위보다도 진짜 좋아하는 것을 발견하고, 내 일의 가치를 다시 세운 점이었다. 남편의 눈에 아내가 재밌게 사는 것처럼 보이면 내가 지금 행복하다는 뜻이 아닐까? 내 일도 가족도 사랑하고 싶어서, 그리고 무엇보다 나 자신이 행복해지기 위해 시작한 새벽 기상이기에 지금의 내가 참 좋다.

남편과의 관계가 좋아지고, 서로의 성장을 응원하다보니 아이를 대할 때도 한결 여유가 생겼다. 새벽 시간에 내가 하고 싶은 것들을 충분히 해냈기에, 퇴근 후 아이를 만날 때는 마음의 에너지가 남아 있었다. 좋아하는 일을 하며 채운 긍정의 기운은 단지 정신적인 만족감에서 그치지 않았다. 몸도 활력을 되찾았고, 좀 더 건강한 엄마로서 아이를 돌볼 힘이 생겼다. 나중에 아이가 자라, 아침 일찍 일어나 각자의 시간을 보내는 엄마와 아빠의 모습을 보며 긍정적인 영향을 받을 수 있지 않을까. 언젠가 아이와 함께 새벽을 맞이할 날도 조심스럽게 꿈꿔본다.

꿈이 현실이 되는 새벽

누구든 할 수 있는 새벽 기상

"대단하다. 새벽에 일어난다고? 난 못해."

새벽 기상을 시작한 내게 친구들이 종종 건네는 말이다. 그런데 이 말은, 내가 『나의 하루는 4시 30분에 시작된다』를 읽고 속으로 했던 말이기도 하다. 책을 반쯤 읽고는 나와는 너무 다른 이야기라며 덮어버렸던 기억이 있다. '그 책의 저자는 똑똑한 변호사에다 자기 관리도 잘하고 결정적으로 미혼이니까 가능하겠지.' 당시 나는 저자와 다른 환경을 핑계삼아 새벽 기상을 나와는 상관없는 일이라 여겼다.

그랬던 내가 어느 날부터 새벽에 눈을 뜨기 시작했다. 다시 같은 책을 펼쳤고, 이전과는 달리 문장 하나하나가 깊이 와닿았다. 새벽 시간을 직접 겪어보니 공감 가는 구절이 많았다. 그제야 알았다. 새벽 기상은 특별하고 대단한 사람들이 하는 게 아니었다. 나처럼 평범한 사람도, 아니 어쩌면 평범한 사람일수록 더 간절히 필요한 시간이었다. 각자의 능력이나 환경에 따라 할 수 있고, 할 수 없는 것이 아니라 어떤 동기를 가지고 시도하느냐 시도하지 않느냐의 문제다. 그리고 더 결정적인 차이는 시도한 후에도 계속하느냐 중간에 멈추느냐, 바로 여기서 갈린다.

하루가 고단하고 뭔가 바꾸고 싶지만 막막한 사람, 새로운 시도를 하고 싶지만 시간이 없다고 느끼는 사람, 오늘도 잘 살아내고 있지만 마음 어딘가가 허전한 사람, 지금 이대로는 안 되겠다는 마음을 품은 사람, 그런 사람들이 새벽을 만나면 좋겠다. 나의 시작이 그랬듯이.

"새벽 기상 정말 좋아! 한번 해볼래?" 주변에 권해봤지만, 실제로 함께하게 된 사람은 드물다. 나를 가장 가까이에서 지켜본 남편이 자발적으로 함께 일찍 일어났고, 블로그 글을 보고 찾아온 온라인 이웃 몇 명도 있었다. 하지만 내가 좋아하는 가까운 친구, 동생, 동료 중에는 아직 새벽 기상을 시작한 사람이 없다.

지금 내 또래의 기혼자 대부분은 영유아를 키우고 있다. 그런 이들에게 지금 당장 일찍 일어나보라고 권할 수는 없다. 잠도 부족하고, 종일 아이를 돌보며 지내는 부모들에게 새벽 기상은 자발적이라기보다는 강제 기상인 경우가 많기 때문이다. 지금이 아니더라도 괜찮다. 언젠가 아이가 조금 더 자라고 자신을 돌아볼 여유가 생기는 시기가 올 때, 일을 다시 시작해보고 싶거나 조금 더 나다운 삶을 살아보고 싶은 마음이 든다면, 막막한 순간에 새벽 시간을 한 번이라도 꼭 활용해보길.

처음에 내가 새벽 기상에 대한 다른 책을 펼쳤다가 금세 덮어버렸던 것처럼, 누군가도 이 글을 읽으며 현재 상황에 맞지 않는다고, 본인과는 상관없다고 생각할 수도 있다. 나도 그랬으니까. 하지만 변화를 위한 시도조차 하지 않았다면 여전히 답답한 일상을 살고 있었을 것이다. 이 글을 읽는 누군가도 지금은 시작할 수 없는 상황일지 모른다. 그래도 언젠가, 인생의 전환점이 필요한 순간에 이 책이 문득 떠오르길 바란다. 그리고 '이렇게 평범한 사람도 해냈는데, 나도 한번 해볼까?' 하는 마음으로 도전해보면 좋겠다. 새벽 기상은 한 번쯤 시도해볼 만한 '변화'의 방법이다. 일단 일어나기만 하면 된다. 그 순간, 익숙한 시간에서 벗어나고 매일 반복되던 일상에서 한 걸음 물러나 자기의 생활을 바라볼 수 있다. 잊고 있던 취향을 찾고 새로운 것을 시도할 수 있는 시간, 그게 바로 새벽이다.

처음엔 그저 '일단 해보자'라는 마음으로 시작했다. 짧은 글이라도 써보고, 사진 한 장 남겨보고, 다른 세상을 알고 싶어서 새로운 사람들을 만나는 커뮤니티에 한번 참여해봤다. 그런 작은 시도들이 꾸준히 쌓이면서 시야는 조금씩 넓어졌고, 낯설고 새로운 경험들 덕분에 내가 조금 더 단단해진 것 같다. 새벽에 시작한 이 모든 시도가 결국엔 나를 더 잘 이해하게 된 조용한 전환점이었다. 새벽 기상은 완벽한 사람들의 습관이 아니다. 오히려, 불완전하기에 하루를 조금이라도 내 마음에 맞게 살고 싶은 사람들의 선택이다.

간헐적 새벽 기상도 괜찮아

나이가 들면 아침잠이 줄어들고 자연스럽게 새벽형 인간이 된다고 한다. 우리 부모님도, 시부모님도 그렇다. 알람을 맞추지 않아도 그냥 눈이 떠진다고 하신다. 그런데 나는 여전히 알람 없이는 절대 일어나지 못한다. 울리는 알람을 듣고도 피곤함을 이기지 못해 끄고 다시 잠드는 날도 많다. 새벽 기상을 시작한 지 2년이 넘었는데, 심지어 새벽 기상 모임의 운영진인 나조차도 그렇다. 그만큼 새벽 기상은 누구나 시작할 수 있지만, 지속하기는 어렵다. 컨디션이 좋지 않은 주에는 일주일에 한두 번 겨우 일어나기도 했고, 모임의 자율 인증 기간에는 일주일 내내 푹 자기도 했다.

그런데도 왜 멈추지 않고 다시 새벽을 맞이하는 걸까? 새벽에 일어나기만 하면 늘 좋은 일이 생기기 때문이다. 일어나서 후

회한 적은 단 한 번도 없었다. 그래서 못 일어난 나를 탓하지 않고, 다시 일어날 나를 기대하며 간헐적 새벽 기상을 하고 있다. 왜 매일 자신을 몰아붙이며, 힘겹게 한계에 도전하듯 일어나는 것만을 미라클 모닝이라고 생각했었을까? 릿미의 시스템을 경험하고 나서야 깨달았다. 중요한 건, 단 하루도 빠짐없이 일어나려다 지쳐 포기하는 것이 아니라, '가늘고 길게' 가겠다는 마음으로 나만의 새벽 기상 리듬을 찾는 일이다. 처음에는 이른 기상에 성공했다는 성취감만으로도 자존감이 채워지기도 했다. 하지만 오랜 시간 새벽을 맞이하며, 매일 일찍 일어나는 것보다 중요한 것이 있다는 걸 알게 되었다.

마치 건강을 위해 간헐적 단식을 하듯, 새벽 기상도 매일 하지 않아도 괜찮다. 가끔 일어나는 새벽이라도 충분하다. 일주일에 몇 번, 단 몇 시간이라도 꾸준히 그 시간을 찾아가면 분명 삶의 변화가 일어난다. 취향을 찾거나 나와 결이 비슷한 사람들을 만나기도 한다. 매일 일어나지 못했다고 자책하지 말고, 내일은 잘 일어날 수 있다는 믿음으로 도전하면 그만이다.

조금씩 모은 새벽의 조각들이 생각보다 많은 가능성을 열어주었고, 내 삶에 작지만 분명한 변화를 가져다주었다. 삶이 더 건강하고 행복하게 변하는 것을 직접 경험했다. 간헐적 새벽 기상이 내 마음을 가장 단단하게 지켜주고 일상을 잘 살아가는 방법이라는 확신이 들었다. 그렇게 내 상황에 맞게 새벽 컨디션을 조절하다보면, 6시까지 기상이라는 우리 모임의 기준을 맞추지 못해도 출근 전 30분이라도 나만의 시간을 보낸 후 감사한 마음으로 하루를 시작한다. 그리고 일주일에 단 하루만 인증글을 올렸더라도 "다음주엔 잘 일어나볼게요" 하고 당당하게 말하는 나 자신을 발견한다(새벽 기상은 기세니까!).

또, 이러한 간헐적 새벽 기상을 이어가는 큰 힘이 되는 건 '사람'이기도 하다. 나는 누군가와 함께할 때 더 열심히 하는 사람이라는 걸 깨달았고, 그래서 지금도 새벽을 함께 맞이하고 있다. 물론 혼자서도 잘 해내는 사람도 있다. 내 남편이 그런 사람이다. "뭐하러 같이 해? 혼자 일어나면 되지, 귀찮게." 혼자 하는 것이 익숙하고, 오히려 편한 사람도 있겠지만 모두가 그런 건 아니다. 나처럼 혼자서는 자주 흐트러지고, 쉽게 포기하고 싶어지는 사람에게는 함께하는 힘이 꼭 필요하다.

특히, 새벽 기상을 처음 시작하는 사람이라면 단지 누군가와 같이 일어난다는 사실만으로 큰 위로와 자극이 된다. 새벽이라는 고요한 시간 속에서 자신을 마주해야 하기에, 때로는 외롭고 지치는 순간이 찾아오기도 한다. 그럴 때, 나처럼 눈을 비비며 일어났을 누군가를 떠올려보면 꽤 든든하다. 서로의 존재를 확인하며 일어나고, 작은 연대감을 느끼는 것이 다음날도 포기하지 않고 다시 일어날 힘을 준다. 만약 지금 처음 새벽 기상을 도전하고 싶은 사람, 또는 이미 일어나고 있지만 슬슬 외로움이 느껴지는 사

　　　　어쩌면 새벽

람들이 있다면 꼭 함께하고 싶다. 혼자보다 함께하는 힘이 훨씬 크다는 걸 나는 새벽마다 실감하고 있으니까.

미래의 내가 되기

"미래의 나를 실현하는 유일한 방법은 지금 미래의 내가 '되는' 것이다. 먼저 미래의 내가 돼라. 그다음 미래의 나로 행동하라. 그러고 나서 원하는 것을 얻어라."

『퓨처 셀프』에서 본 이 문장이 내 마음에 오래 머물렀다. 그래서 미래의 내가 되기 위한 첫걸음으로, 온라인에서 사용하는 닉네임을 바꿔보기로 했다. 첫 닉네임은 '데일리'였다. 매일, 나날이 성장하고 싶다는 마음을 담기도 했고, 평소 예쁘다고 느꼈던 영어 단어였다. 하지만 데일리 룩, 데일리 뉴스 등 너무 흔하게 쓰는 말이라 나의 정체성을 드러내기엔 부족했다. 마침 블로그 코칭 프로그램에 참여중이었기에 닉네임부터 다시 고민했다. '~쌤'처럼 교사임을 드러내는 표현도 떠올렸지만, 그보다 더 포괄적이면서 '찬란한 불빛'이라는 좋은 뜻을 가진 내 이름도 함께 담고 싶었다. 닉네임은 언제든 바꿀 수 있지만, 미래의 내가 되라고 한 책의 문장 탓일까? 계속 마음이 쓰여 거짓말 조금 보태면

딸아이 이름 지을 때보다 더 고심한 것 같다. 블로그에 글을 남기고 단체 채팅방에 유난스럽게 알리면서 조언도 많이 구했다. 내가 어떤 사람이 되고 싶은지를 끄적이며 자신을 들여다본 끝에, 마침내 남은 단어가 있었다. 그렇게 나는 '유란작가'가 되었다.

그 이름을 정하고도 마음이 편하진 않았다. 작가라는 단어는 너무 이르고, 과한 표현 같았다. 책을 낸 적도 없는데 작가라니? 솔직히 아주 민망했다. 그래서 빠져나갈 구멍을 만들기 위해 또 1%의 부담감이라도 덜어내고자 성은 빼고 닉네임을 만든 이유도 있었다. 그래도 닉네임이 불릴 때면 어쩐지 쑥스러웠고, 종종 후회하기도 했다.

하지만 그 이름에는 어느 때보다 솔직한 나의 바람이 담겨 있었다. 글을 쓰는 게 즐거웠고, 아이들과 그림책 보는 시간이 행복했다. 언젠가 내가 쓴 책을 갖고 싶다는 마음을 당당하게 받아들이고 싶었다. 기록을 남기기 시작하고 얼마 지나지 않아 나는 어떤 책을 쓸 수 있을까 고민하기 시작했다. 작가라는 닉네임은 마음속 저 깊은 곳에서 꺼낸 나의 진짜 욕망이었다. 에두르지 않고 대놓고 되고 싶어서, 하고 싶어서 지은 이름이었다. 이제는 누가 닉네임으로 불러도 부끄럽지 않다. 심지어 남편은 유란작가라고 자주 부르는데, 이제는 그렇게 안 불러주면 더 허전할 정도로 익숙해져버렸다.

그렇게 정한 닉네임으로 다양한 글을 남기고 있을 때도 사실 마음 한편은 늘 초조했다. 과연 나는 어떤 이야기를 쓸 수 있는 사람일까? 스스로에게 수없이 묻곤 했다. 가끔은 책을 낸 사람들이 마냥 부러웠고, 아직 내 이름이 적힌 책 한 권 없는 내가 초라하게 느껴지기도 했다. 새벽 기상과 블로그를 시작하고 나니, 세상에 작가들이 이렇게 많았던가 싶을 정도였다. 마치 당장이라도 책을 내야 할 것 같은 압박감에 휩싸이기도 했다.

하지만 널뛰던 감정은 새벽 시간 속에서 조금씩 가라앉았다. 새벽에 차분히 시간을 보내다보니, 불안이 잦아들었다. '나는 지금 무엇을 하고 싶은 사람일까?' 이 질문에 솔직히 답해보려 하다가 아직 나를 찾는 과정에 있다고 생각하니 불안하던 마음이 스르르 사라졌다. 나는 주어진 일상을 충실히 살아가고, 좋아하는 것을 하며, 그것을 더 잘하고 싶어 매일 조금씩 시간을 들이고 있었다. 그렇게 공들인 시간이 언젠가는 넘쳐흘러, 책의 형태로 나올 거라고 믿었다. 그러자 마음이 한결 편안해졌다.

꿈꾸는 나의 모습을 닉네임에 담아 글을 쓰고, 기록을 남기며 살아가던 어느 날, 뜻밖의 기회가 찾아왔다. 평소처럼 재밌는 일들을 함께 나누던 릿미 운영진 회의중이었다. "새벽 기상 공저, 써보고 싶어요!" 오래도독 품고 있던 잭에 대힌 갈망이었다. 그 순간을 놓치지 않은 리더 은릿쌤은 며칠 후 우리 이야기를 함께 써보자며 손을 내밀었다. 그렇게 우리는 교사들의 1년 중 가장 혹독하다는 3월에 출간 기획서와 원고를 썼다. 그리고 지금 이렇게 글을 쓰고 있다. 이 책이 세상에 나온다면, 나는 정말로 책을 낸 작가가 된다. 새벽을 통해 찾았던 미래의 내가 현실로 이어지고 있다. 그래서 나는 또 믿는다. 내가 되고 싶은 나의 모습으로 오늘을 살아가고 멈추지 않으면, 결국 진짜 내가 된다는 것을.

"이 책에서 다 보여주려고 애쓰지 않아도 돼. 다음 책, 그다음 책에서 또 보여주면 되잖아." 글쓰기의 고통에 휘청이던 어느 날, 남편이 해준 말이다. 그의 말대로 과연 나는 다음 책, 또 그다음 책도 쓰게 될까? 그건 아직 알 수 없지만, 단 한 가지는 확실하다. 앞으로 내가 꿈꾸게 될 모든 일들, 그 모든 씨앗은 새벽이라는 귀한 시간 속에서 자라날 것이란 믿음. 비록 매일 새벽을 지키지 못하더라도 내일의 내가, 그다음날의 내가 다시 일어나 또다른 새벽을 열 것이다. 그리고 나는 그 시간을 기록하며, 조금씩 더 행복해질 것이다.

새벽 기상 인증, 어떤 장면을 어떻게 담을까?

일력

- 매일 날짜가 바뀌어 하루하루 넘기는 재미가 있다.
- 좋은 글귀와 그림을 보며 하루를 기분 좋게 시작할 수 있다.

감사일기

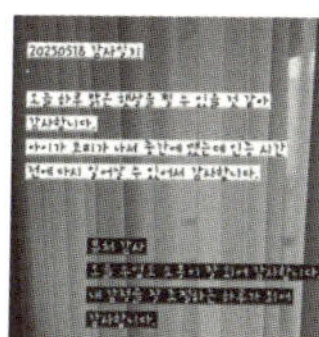 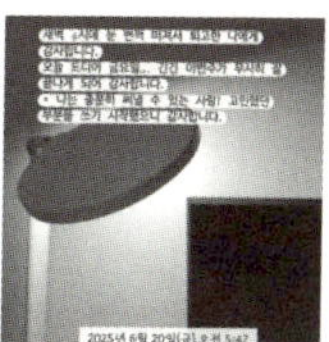

- 오늘 하루가 기대되고, 작은 것에도 만족하는 마음이 자란다.
- 내 마음을 돌이켜볼 수 있는 마음의 역사가 된다.

나만의 시그니처 사진

- 매일 같은 장소에서 같은 장면을 찍으면, 사진만 봐도 누구인지를 알 수 있다.
- 나의 태도를 보여주는 이미지가 된다.

풍경

- 계절과 날씨 변화를 느낄 수 있으며 시간의 흐름도 함께 기록할 수 있다.
- 여행지에서의 색다른 풍경을 찍으면 새로운 장소에서의 새벽을 만끽할 수 있다.

책

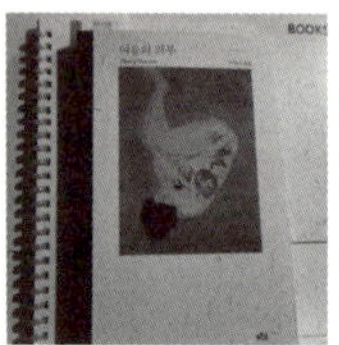

- 어떤 책을 읽고 있는지 자연스럽게 기록할 수 있다.
- "오늘도 책을 읽자"라는 마음가짐이 새벽 루틴의 동기부여가 된다.

필사

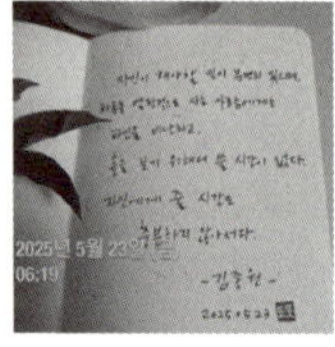

- 마음에 남는 문장을 필사하며 고요하게, 집중하며 새벽을 열 수 있다.
- 손을 움직이는 필사는 뇌를 깨우는 데도 효과적이다.

※ 운동하기, 공부하기, 물 마시기, 다이어리 쓰기, 악기 연주, 그림 그리기, 정리하기 등 내가 새벽을 여는 다양한 활동들을 기록으로 남길 수 있다.

새벽에 시작한 이 모든 시도가

결국엔 나를 더 잘 이해하게 된 조용한 전환점이었다.

새벽 기상은 완벽한 사람들의 습관이 아니다.

오히려, 불완전하기에 하루를 조금이라도

내 마음에 맞게 살고 싶은 사람들의 선택이다.

제 6 장

굿모닝,
나를 사랑할 시간
입니다

새벽, 회복과 성장

(정은혜)

새벽 기상, 인생 역전의 열쇠?

10여 년 전, 새벽 기상에 관한 한 책이 세계적으로 주목받으면서 많은 이들이 새벽 기상에 도전했다. 그래서 '일찍 일어나는 새가 먹이를 먼저 먹는다'라는 속담까지 같이 유행할 정도였다. 게다가 우리는 책과 방송에서 유명한 사람들이 새벽에 일찍 일어나 운동하고 독서, 공부하며 성공의 기반을 닦았다는 사례를 수없이 봤다. 그래서 오랜 시간 동안 새벽 기상은 성공하는 사람의 필수조건처럼 여겨졌다. 또한 예전부터 우리나라는 학생들에게 '사당오락(四當五落)'이라며 잠을 줄여야 시험에 합격할 수 있다고 말하기도 했다.

심지어 최근 몇 년 사이에는 책 제목에 새벽 4시 30분, 새벽 5시 등 이른 시각이 적힌 책이 주목받았다. 제목에서 보듯 누가 먼저 일찍 일어났는지, 몇시에 일어났는지 경쟁하는 듯이 새벽 기상 관련 책들이 여럿 나왔다. 그런데 그 덕분에 평범한 이들에게는 새벽 기상이 더 어려운 도전으로 느껴졌을 것이다. 책 제목에 적힌 시각을 보면 도저히 새벽에 일어날 엄두가 나지 않았다. 새벽 기상은 누구나 쉽게 도전할 수 있는 일이 아니었고, 이런 기적 같은 시각에 일어나야만 진정한 미라클한 모닝인 것 같은 인식을 심어주었다.

하지만 또 세상은 어떤 면에서 급격하게 변하고 있다. '워라밸(work life balance, 일과 삶의 균형), 소확행(소소하게 얻을 수 있는 행복)'과 같은 단어에서 알 수 있듯이 이젠 나의 소소한 행복과 만족이 중요한 시대가 왔다. 성실한 사람을 뜻하는 일찍 일어난 벌레는 일찍 일어났기에 새에게 잡아먹혔고, 학생들에게도 4시간 자라고 강요하기보다 7시간 이상 충분히 자야만 머리 회전에 도움이 된다고 말하기도 한다. 어떤 말은 우스개로 들렸지만, 이 말들 모두가 잠의 중요성을 가리킨다.

『우리는 왜 잠을 자야 할까』의 저자이자 신경 과학자인 매슈 워커는 '성인 기준으로 16시간 깨어 있고, 8시간은 수면 상태에 있어야 균형 상태'라고 했다. 최근에는 영국의 한 침내 회사가 광고에서 수면의 중요성을 강조하며 수면 전도사로 불리는 소피 보스톡 박사와 협력해 '하루 6시간밖에 못 잔 사람의 25년 뒤 모습'을 예측한 여성 사진을 보여주기도 했다. 오랫동안 적은 시간 수면을 취한 가상의 여성 한나는 어깨는 굽고 얼굴은 나이에 비해 심하게 노화되었으며 머리카락도 많이 빠져 드문드문 남은 상태로 마치 반지의 제왕 영화 속 악당 캐릭터인 골룸을 닮은 모습이었다. 이 모습은 마치 출산 직후 잠을 제대로 못 자 나를 돌보기 힘들었던 그 시절의 내 모습 같아 웃기면서도 서글프기도 했다.

새벽 기상 3년 차가 왜 새벽 기상에 도움이 되지 않는 이야기를 하는 걸까? 그건 바로 우리가 가지고 있는 새벽 기상의 선입견에 관해 이야기하기 위해서다. 새벽 기상을 한다고 하면 많은 사람들이 내게 말한다. "뭐? 새벽 기상? 무슨 영화를 누리려고 그렇게 무리해? 자고로 사람이 잠을 잘 자야지." 나의 건강을 염려하는 말들이지만, 많은 이들이 새벽 기상을 생각하면 억지로 잠을 줄여가며 일찍 일어나는 것으로 생각하기 때문일 것이다.

새벽 기상, 당연히 평소보다 아침잠을 줄여야 한다. 어쩌면 누군가는 평소보다 수면 시간을 줄여야 할 수도 있다. 하지만 내가 생각하는 새벽 기상은 수면 시간을 무조건 줄이라는 게 아니다. 새벽 기상은 내 몸과 상황에 맞는 수면 시간을 찾는 과정부터 시작해야 한다. 이것이 나만의 새벽 기상을 위한 첫걸음이다.

나 역시 새벽 기상하는 몇 달간은 나를 시험 대상으로 삼아 계속 실험했다. 전날 밤 몇시에 자야 하는지, 다음날 새벽 몇시에 일어날 수 있는지, 총 몇 시간은 자야 내 몸이 충분히 회복되는

지 여러 상황을 기록하고 확인했다. 어떤 날은 아이를 재우며 밤 9시에 잠들었더니 새벽 4시쯤 깼는데 수면 시간은 7시간이었지만, 너무 일찍 일어나니 오랫동안 깨어 있어 낮에도 힘들었다. 여러 번 시도 끝에 찾은 내 몸에 맞는 잠자는 시각은 밤 10시 전후, 그리고 새벽 5시 30분 이후 기상이 내겐 최적의 시간이었다. 그렇게 몇 년간 습관화된 내 몸은 늦어도 11시면 잠이 들었고, 6시에는 자연스레 눈이 떠졌으며, 밤 10시부터 새벽 6시까지 8시간가량 잘 때 제일 컨디션이 좋았다.

하지만, 이 시간도 나한테 맞는 시간이지, 다른 사람들은 또 다를 것이다. 분명한 건 우리가 이미 알고 있듯 일찍 자야, 아침에 일어나기 수월하다는 것이다. 그리고 각자 자기 몸에 맞는 최소한의 수면 시간이 있다. 너무 이른 기상으로 오후에 피곤할 땐 의자에 잠깐 기대어 눈을 붙여도 좋다. 이렇듯 충분한 수면 시간과 스스로 일어날 수 있는 적정 기상 시각, 그리고 필요하다면 짧은 낮잠까지 자기에게 맞는 수면 루틴을 찾아야 한다.

밤이 아닌 새벽이어야 하는 이유

누군가는 이렇게 물을 것이다. "나를 찾는 시간, 책 읽고 사색하는 시간, 그리고 내가 좋아하는 것을 하는 시간 너무 좋죠!

근데 그 시간이 꼭 새벽이어야 하나요?” 나는 그 질문에 이렇게 대답하고 싶다. “아니요, 꼭 새벽이 아니어도 됩니다.” 하지만, 그래도 나는 다른 시간보다 새벽을 강하게 추천한다고 말할 것이다.

나 역시 아이를 재운 후 즐기는 고요한 밤이 좋았다. 늦은 시간에 하는 드라마 시청도, 밤 11시에 올라오는 웹툰 보는 재미도 쏠쏠했다. 그런 재미로 힘든 하루를 보상받는 기분이었다. 그렇게 육아에 대한 스트레스는 잠시 풀렸지만, 늦은 밤 육아 퇴근 후의 활동들은 오히려 건강에 좋지 않았다. 그 이유는 밤늦게 미디어를 보다 보면 자정을 넘기기 일쑤였기 때문인데, 더 큰 문제는 늦은 밤 입이 심심하여 가벼운 간식 먹는 것을 시작으로 치킨처럼 식사에 가까운 야식을 시켜 먹은 것이다. 이렇게 늦은 시각에 먹은 음식이 채 소화되기도 전에 피곤함에 절어 그대로 잠이 들었고, 다음날이면 얼굴은 붓고, 속은 더부룩했다. 게다가 출산 후 늘어진 뱃살까지. 아이 낳은 지 2년이 되어가는데, 둘째 생겼냐며 오해받기 딱 좋은 비주얼이었다.

밤늦게 잠들었지만, 언제나 아침은 부지런하게도 제시간에 찾아왔고, 육아든 출근이든 해야 하니 얼마 자지 못하고 아침에 겨우 눈뜨니 점점 피곤했다. 거기에 잠 깨기 위해 커피를 마시니 카페인 때문에 밤에 또 늦게 자며 매일 뱃살과 피곤함이 내 몸 곳곳 쌓여갔다. 늦은 시간에 음식을 먹고 살찌는 것도 몸에 안 좋았지만, 지속적으로 위장병에 시달렸고, 수면 부족까지 겹쳐 밤은 내게 더는 휴식하는 시간이 아니었다. 늦은 밤 육아로 지친 몸과 마음을 힐링(healing)하는 줄 알았는데, 되레 건강이 안 좋아지는 킬링(killing)의 시간이 될 뻔했다. 그래서 몇 번의 시행착오를 거쳐 결국 자연의 순리대로 해가 지면 잘 준비를, 해가 뜨면 일어날 준비를 하는 방법을 택하게 된 것이다. 무엇보다 일찍 일어나면 피곤해서 빨리 잠들었고, 육아를 하니 더욱 일찍 잠드는 날이 많아져 자연스레 다시 일찍 일어나는 새가 되었다.

무엇보다 내가 밤이 아닌 새벽을 추천하는 이유는 이미 우리도 익히 알고 있고 의학계에서도 추천하는 최적의 수면 시각이 밤 10시 전후로 잠드는 게 좋다는 것이다. 왜냐하면 밤 10시부터 새벽 2시까지 멜라토닌이라는 호르몬이 가장 활발하게 분비되는데, 비단 어린이뿐만 아니라 성인도 이 시간에 깊은 숙면 상태일 때 피부, 머리카락 등의 세포 재생도 활발히 일어난다고 한다. 이렇듯 우리는 건강관리를 위해서도 일찍 자고 일찍 일어나는 습관이 필요하다. 무엇보다 우리가 새벽에 일어나고 싶은 이유가 고요한 나만의 시간을 갖고 더 나은 내가 되고 싶어서가 아닌가? 늦은 밤 건강하지 못한 습관으로 나의 기분만 힐링하기보다, 건강한 나로 만나는 새벽 시간으로 힐링하기를 추천하는 이유가 여기에 있다.

한때는 워커홀릭, 현재는 독점육아[*]

워커홀릭에서 독점육아의 세계로

신규 교사 시절, 퇴근길에 만난 선배 교사가 퇴근하면 보통 뭐하냐고 물어, 저녁에는 학원, 문화센터, 국악원 등으로 수업 받으러 다닌다고 대답하자, 선배가 놀라면서 말했다.

"와! 넌 대체 언제 쉬니? 쉬고 있긴 한 거야?"

20대 초반까지 꿈을 찾아 고민했다. 첫 대학에서 교육 봉사 활동을 하면서 형편이 어려워 학업을 멈춘 청소년과 어르신들을 가르치며 교직에 관심을 가졌다. 교사의 꿈을 안고 다시 대학에 들어가 스물아홉에 교사가 됐다. 그래서일까? 어렵게 얻은 내 직업에 대해 애착과 자부심이 컸다.

★ —— **독점육아**: 배우자 등 다른 사람의 도움 없이 주로 혼자서 어린 자녀를 돌보는 경우를 말하며, 한때는 '독박육아'라고 했으나, 최근 독점육아 또는 나 홀로 육아라고도 한다.

누가 시키지 않아도 학교에 일찍 나갔다. 오전 8시면 교실 창문을 열어 환기하고 아이들 자리 정돈을 한 후 교탁에 앉아 그 날 수업 진도와 업무 스케줄을 확인했다. 항상 누구보다 일등으로 학교에 와서 아이들 하나하나 다 반갑게 인사를 나누며 활기찬 하루를 시작했다. 오전 9시부터 오후 3시까지 수업으로 분주하게 보냈고, 방과 후에는 다음 수업에 아이들과 함께 해보고 싶은 활동들을 연구하고 준비했다.

어떤 날은 사제동행 프로그램으로 방과 후에 학생들과 외부로 나가 목공예 체험, 도서관 탐방, 영화 관람을 했다. 거기에 다음날 수업 준비에 업무까지 하면 저녁까지 일하는 게 일상이었다. 퇴근 후에는 교사의 전문성에 도움이 될까 해서 사물놀이, 우쿨렐레 연주, 캘리그래피(Calligraphy), 공예 작품 만들기 등을 배우고, 미술 심리치료 공부도 하며 다양한 자격증도 땄다. 방학 때는 대학원 석사 과정을 밟으며 학생들에게 도움이 될 만한 상담 교육 공부를 하고, 학교 현장에서 학급 아이들 대상으로 집단 및 개별상담을 했다. 이렇게 몇 년간 쉼없이 달리며 교사로 더 큰 성장을 위해 많은 시간과 에너지를 쏟았다.

그만큼 나는 내 직업을 정말 좋아했다. 때론 교사로서 힘든 일들을 겪고 지칠 때도 있었지만, 퇴사는 꿈에서도 생각해본 적이 없을 만큼 내 직업과 직장이 좋았다. 하지만 사랑하는 이를 만나 가정을 꾸리고 더 사랑하는 아이가 태어나며 엄마라는 또하나의 역할이 생기자, 날이 갈수록 육아도, 직장 일도 버거워졌다. 무엇보다 장거리 주말부부인 상황에서 엄마인 내가 주양육자가 된 게 큰 변화였다. 육아휴직 기간에는 든든한 육아 동지인 남편과 함께 아이를 키우니 그래도 할 만했다. 하지만 복직하며 나는 아이를 데리고 멀리 이사를 해야 했다. 주말부부 생활을 다시 시작하며 혼자 육아까지 해야 하는 상황이 되니 그 책임감은 막중했다. 게다가 복직하며 새로 부임하는 학교에 적응해야 했고, 아이도 아빠와 떨어져 새로운 곳에 적응해야 했던 시간이었다.

복직 당시 나의 하루는 출근 전쟁 아니, 등원 전쟁에 가까웠다. 아침에 일어나자마자 서둘러 내 출근 준비를 한 후, 잠에서 깨지 못한 31개월 아기를 겨우 입히고 먹이며 안아서 차에 태워 어린이집에 보냈다. 이 루틴은 마치 어느 군대의 빡센 훈련처럼 제한된 시간 안에 도착하지 못하면 낙오될 것처럼 숨쉴 틈 없이 벅찼다. 출근하자마자 학생, 학부모 상담에 오후 늦게까지 있는 수업들로 정신없는 하루를 보내면 어느새 퇴근 시간.

발걸음이 가벼워야 할 시간이지만 나는 퇴근 후엔 또 하원 전쟁처럼 아이에게 달려갔다. 다음은 다시 육아 출근…… 왜 그리 하루가 긴지 절로 한숨이 나왔다. 게다가 아이 때문에 직장 회식에 빠지거나 친목 행사에 참여할 수 없을 땐 괜히 동료들에게 미안했다. "전 오늘도 못 갈 것 같아요. 저녁에 아이 맡아줄 사람이 없어서요"라고 점점 작아지는 목소리로 대답할 때면 씁쓸했

어쩌면 새벽

다. '나도 싱글일 땐, 아이가 아직 생기기 전엔 학교에서 참 괜찮게 일하는 사람이었는데……' 나도 선생님들과 저녁식사 하고 여유롭게 이야기 나누고 싶었다. 아니, 혼자 몇 시간이라도 자유롭게 외출해보고 싶다는 생각들로 가득했다.

가끔은 엄마도, 교사도 내려놓고 싶어

나를 필요로 하는 곳은 많은데, 정작 나라는 사람이 누구인지를 나는 잊어버린 것 같았다. 매일 내게 주어진 하루짜리 단시간 고강도 미션 완수를 해야 하는 빡빡한 일정 속에서 나는 마치 하루살이처럼 하루하루를 아슬아슬하게 버티고 있었다.

한때 매일 눈물 흘리며 버티던 적도 있었다. 출근길엔 내 옷을 붙잡고 우는 아이를 억지로 떼어 등원시키고 돌아서면서도, 행여나 출근이 늦을까 우는 아이 얼굴을 돌아보지 못하고, 서둘러 차에 뛰어가 운전대를 잡아야 했다. 직장으로 가는 길, 아이의 우는 얼굴이 생각나 내 눈에도 눈물이 그렁그렁했다. 그렇게 힘들게 출근한 직후엔 학교 안팎에서 아이들이 다투고, 그 일로 학부모들 사이에 껴 양쪽에서 항의가 들어올 때면 정말 멘탈 붕괴 상태가 되었다. 학급 경영, 상담, 수업 어느 것 하나 열심히 하지 않는 게 없는데, 사춘기 아이들은 계속해서 싸웠다. 아무리 열심히 해도 나아지지 않는 상황에서 모두가 내 탓만 하는 것 같고, 내가 무엇을 더 할 수 있을까 마음이 답답해져 어떤 날은 아무도 없는 교실에서 눈물을 쏟았다. 복직 후의 첫 일 년이 참 많이 힘들었다.

'나는 집에서도 학교에서도 잘하는 게 없는 것 같아. 다들 일도 육아도 똑 부러지게 잘하는 것 같은데 왜 나만 이렇게 힘든 것 같지?'라는 생각이 계속 들었다. 많은 책임감과 부담감에 억눌릴 때면 엄마도, 교사라는 이름표도 잠시 내려놓고 혼자 동굴 속으로 숨고 싶었다.

한참 이런 생각들로 지쳐 있을 때 한번은 위험했던 순간도 있었다. 그날 아침은, 전날 학교 밖에서 우리 반 학생이 어떤 일에 연루되었다는 연락을 받고 걱정스러운 마음으로 출근하던 중이었다. 항상 출근하던 길에서 반대편 차선의 대형차 한 대가 중앙선을 넘으며 순간적으로 내 차를 향해 돌진했다. 그 순간 영화 속 한 장면처럼 내 머릿속에서 여러 생각들이 펼쳐졌다.

'어? 어? 이러다 부딪히겠어. 어떡해, 사고 날 것 같아. 사고 나면 안 되는데…… 근데 이렇게 사고 나면 나 잠깐이라도 쉴 수 있을까? 아니야, 사고 나면 절대 안 돼! 내가 다치면 내 아이는? 그리고 나 없는 동안 우리 반 아이들은 어떡해?'

사고 날 것 같은 그 상황 속에서도 내가 돌봐야 하는 내 아이와 학급 아이들이 생각났고, 그 순간 나는 급하게 핸들을 반대 방

　　　　　　　어쩌면 새벽

향으로 틀어 다행히 사고는 나지 않았다. 하지만 그 이후에도 가끔 학교 일이 힘들어 지칠 때면 차라리 그때 작은 사고가 났으면 나 좀 쉴 수 있었을까? 라는 못난 생각도 들었다. 그만큼 나는 직장에서도 가정에서도 힘들어 때론 도망치고 싶던 시간 속에서 겨우 버텨내고 있었다.

뾰족한 가시를 드러내는 고슴도치처럼

나는 점점 예민해졌다. 열심히 앞만 보며 달려가고 있는데 쉬지 못하니 몸과 마음의 체력이 바닥을 치고 있었다. 그런 나는 나에게 실망하며 왜 그것밖에 못하느냐며 더 잘하라고 채근했다. 내 잘못이 아닌데 학교와 교사 탓을 하는 것 같은 세상이 원망스러웠고, 그 원망의 화살은 외부로 표현하며 채 나가지 못하고 방향을 틀어 매일 내 가슴을 찔러댔다. 내 마음속의 나는 매일 아프다고 울었지만, 겉으로는 아무렇지 않은 척 곧 괜찮아질 거라고 스스로를 달랬다.

이렇게 몸과 마음이 약해지니 집에 오면 별일 아닌 일로도 화가 났다. 퇴근 후 아이가 놀아달라는 말에 피곤하다고 했고, 아이가 장난을 치거나 작은 실수라도 할 때면 버럭 화를 냈다. 우리 집과 먼 지역에서 근무하는 남편이 나와 아이를 위해 주 2회 이

상 집에 오려고 노력했으나, 그 가상한 노력조차 성에 차지 않았
고, 장거리 운전으로 집에 오자마자 뻗어 아무것도 하지 않는 남
편에게 짜증이 났다. 그날도 퇴근 후 집에 와 정신없이 요리하고
설거지하는데 아이가 놀아달라고 매달렸다.

　"엄마, 놀아줘."

　"엄마 설거지해야 해."

　"누가 나랑 좀 놀아줘!"

　"알았어. (남편을 쳐다보며) 오빠가 설거지 좀 해."

　"응, 이따 할게."

　"설거지할 게 많단 말이야. 그럼 내가 설거지할 테니깐 아이
랑 좀 놀아줘."

　"나도 늦게까지 일하고, 장거리 운전까지 했더니 너무 피곤
해. 조금만 쉬자. 아들, 혼자 놀 수 있지?"

　"아니, 애가 놀아달라잖아."

　"나도 피곤하니깐 그렇지."

　"그럼 내가 놀아줄 테니, 오빠가 이것만 마무리 좀 해."

　"이따가 한다고! 나도 좀 쉬자."

　아이 앞이었지만, 우린 점점 목소리가 올라갔고 이제 세 돌
이 된 아이가 그런 우릴 쳐다보며 말했다.

　"엄마, 아빠! 싸우는 거야?"

　"아, 아니야. 엄마가 아빠에게 설거지 부탁하는 거야."

　　　　　　　　　　　　　　　　　　　어쩌면 새벽

당황한 나는 그제야 말을 끊고 눈으로 한껏 남편을 째려보며 속으로 부글부글 끓어오르는 화를 삭였다..

매일 일 끝나고 이미 에너지가 바닥난 상태로 집에 돌아와 쌓여 있는 집안일을 보면 한숨부터 나왔다. 게다가 하원 후 루틴으로 놀이터로 달려가는 아들과 한참 놀고 돌아와 저녁 준비도 해야 해서 늘 마음이 종종거렸다. 그런 나와 달리 장거리 운전하고 집에 와 피곤해 누워 있는 남편이 짠하면서도 왠지 얄밉게 보였다. 어린 아들은 집에 와서도 엄마, 아빠와 놀고 싶었을 테고, 회사일 끝나고 편도 100km가 넘는 거리를 운전해서 오느라 지쳤을 남편은 조금 더 쉬고 싶을 텐데라고 머리로는 이해하지만, 내 몸이 힘들다보니 이해심의 그릇은 간장 종지처럼 너무나 작았고 별 일 아닌 것에도 쉽게 화가 났다.

아이는 아이대로 부모에게 화가 났고, 나는 나대로 아이와 남편에게, 남편은 나와 아이에게 그렇게 우린 별일 아닌 걸로 서로에게 짜증을 부렸다. 남들은 내 아이, 내 남편이 최고라며 고슴도치 맘(mom)을 자처하지만, 난 그저 '난 이미 지쳤으니깐 나한테 다가오지 말라'고 내 가족에게조차 까칠한 고슴도치였다. 가장 사랑하는 내 아이와 남편에게 날 선 말들을 하며 툭하면 뾰족한 가시를 드러냈고, 모두가 잠든 밤이 되면 그제야 사랑하는 가족에게 그런 말을 내뱉었던 자신이 한심해서 자책하며 후회했다. '아까 왜 그랬을까? 왜 아이한테, 남편한테 그렇게 말했을까? 나

정말 못났다.' 밤새 눈물을 삼키며 후회했지만, 안타깝게도 다음
날 가시는 계속 자랐다.

다시 나를 찾고 싶어

복직한 첫해 나는 가정에서도, 직장에서도 도망가고 싶어 나
의 역할들을 내려놓고 싶은 마음이 가득했다. 육아휴직 전과 후
나의 상황은 많이 달라졌기 때문이었다. 게다가 복직했던 그해
나만큼 아이도 새로운 환경에 적응하기 힘들었던지 자주 아팠다.
동네 소아청소년과 의원부터 규모가 큰 아동병원까지 제집 방문
하듯 수시로 가야 했고, 아침 일찍 병원 문 앞에서 대기하며 오픈
런을 해야 했다. 한번은 급성 폐렴이 와서 종합병원 응급실에 실
려 가 일주일간 입원까지 했다. 밤새 기침으로 고통스러워하는
아이를 보며, 내가 일하고 싶은 욕심에 복직하느라 아이를 일찍
기관에 보내서 자주 아픈 것 같다는 죄책감이 들었다.

게다가 직장에서도 업무와 학급 경영으로 정신없이 보내다
보니 복직 이후 한순간도 긴장의 끈을 놓지 못했다. 나는 슈퍼우
먼도 아니고 그냥 저질 체력인 평범한 사람인데 직장과 가정에
서 동시에 여러 가지 역할을 감당하고 있으니, 때론 모든 걸 내려
놓고 싶은 마음에 우울함까지 몰려왔다. 한번은 늦은 밤에 지친

상태로, 역시나 지친 남편에게 너무 힘들다고 하소연했다.

"나 정말 열심히 하는데, 학교에서도, 집에서도 잘하는 게 없는 것 같아. 나 정말 힘든데, 아무도 이런 내 노력을 몰라줘." 묵묵히 듣고 있던 남편은 내게 말했다. "그렇게 힘들면 육아휴직 할래?" "육아휴직?" 하소연하던 내 말에 MBTI에서 대문자 T 성향의 현실적인 남편답게 해결책을 제시해준 것인데, 나는 생각지 못한 답변이라 놀랐다. 그런데 그 말에 나는 오히려 정신이 번뜩 들었다.

"그러게…… 잠시 휴직하는 것도 괜찮은데, 근데 내가 정말 원하는 건 일을 쉬고 싶은 게 아니야." 그제야 그동안 너무 힘들어서 잊고 있었던, 처음 교직에 들어왔을 때 내 꿈과 열정이 생각났다. 학교를 오래 다니고도 교사가 되어, 또 학교를 가니 좋냐고 친구들이 물은 적이 있다. 내 대답은 당연히 Yes! 나는 어른이 되어서도 계속 무언가 배우고 싶은 열망을 느끼고 학생들과 같이 꿈을 꾸게 해주는 학교가 정말 좋았다. 때론 나를 힘들게 하는 아이들도, 오히려 내게 힘을 주는 아이들도 모두 자식처럼 사랑했던 내 모습이 떠올랐다. 무엇보다 나는 정말 일하는 걸 좋아했기에 휴직이 내게 모범답안이 아니란 걸 깨달았다.

휴직이나 퇴사 말고 다른 처방이 필요했다. 지금은 복직 후 나도 직장에 적응하며 고학년 학생 지도와 육아가 겹쳐 고되지만 난 여전히 일을 좋아했다. 예전의 나처럼 다시 즐겁게 일하고 싶었다. 외부의 환경이 나를 힘들게 하더라도 내가 좋아하는 일을 지속하며, 내 안의 내가 자신을 칭찬하고 다독여주고 싶어졌다. 스스로를 아끼고 사랑하기 위해 잠시 잊었던 진짜 나를 찾아야 했다.

그렇다면 나를 찾는 방법이 뭐가 있을까? 그때부터 나는 가정과 직장에서 내가 먼저 행복하게 지내려면 어떻게 해야 할지를 고민하기 시작했다. 그리고 무엇보다 꿈 많은 '나'라는 사람을 찾기 위해선 내가 좋아했던 일들을 다시 시작하고 싶었다. 미혼 때는 소소한 일상이었지만 임신, 출산 후엔 꿈꿀 수 없던 일들인 '독서, 그림 그리기, 등산' 등 내가 좋아하는 것들을 떠올려보았다. 좋아하는 일을 머릿속으로 떠올려보기만 해도 얼굴에 미소가 지어졌다. 그런데 한편으론 지금 내 상황에선 누릴 수 없는 사치처럼 느껴졌다. 내 시간이지만 내 시간이 아니었고, 내 몸이지만 내 마음대로 움직일 수 없는 나는 반(半)주말부부에 독점육아하는 워킹맘으로 총체적 난국의 쓰리콤보 상황이었고, 내가 좋아하는 것들을 한다는 건 그야말로 그림의 떡이었다.

'할 수 있는 것부터 하면 돼! 지금 당장 내가 나를 위해 할 수 있는 일을 찾자.' 하루 동안 내게 주어지는 시간은 이미 부족했고, 그 부족한 시간 속에서 나를 찾고 싶었던 열망을 포기하기는 싫었다. 나를 위한 시간을 보낼 방법을 찾던 어느 날, 가끔 육아

일기를 쓰던 블로그에서 블로그 이웃인 임가은 선생님(은릿쌤)의

글을 보았다.

(정은혜)

투쟁의 첫걸음, 새벽 기상

계속 이렇게 살고 싶지 않아서, 정말 숨막히게 바쁜 와중에 선택한 나의 돌파구는 의외로 '새.벽.기.상'이었다. 언젠가 일과 육아에 지쳐 일찍 쓰러져 잠든 다음날 새벽, 혼자 눈을 떴을 때 집안은 조용했다. 나는 오랜만에 만난 고독이 낯설면서도 참 반가웠다. 혼자 따뜻한 차를 마시며 식탁에 앉아 책을 읽고, 감미로운 음악도 작게나마 들었다. 그 시간이 정말 좋았는데, 앞으로 꾸준히 새벽에 일어나면 나에게 집중하며 그동안 하고 싶었던 독서나 글쓰기도 할 수 있겠다는 생각이 들었기 때문이다.

새벽에 일어나면 좋겠다는 생각은 했지만 막상 계속 해볼 생각까지는 못하다가, 은릿쌤의 블로그 글을 보고 결심하게 됐다. 육아 선배이자 성실한 프로 자기계발러인 은릿쌤의 글을 늘 관심 있게 읽다가 2023년 6월, 〈새벽 기상 프로젝트〉 참가자를 모집한다는 글을 보게 된 것이다. 은릿쌤은 두 아이를 키우며 자신의 시간이 절대적으로 부족하다는 걸 깨닫고 새벽 기상을 시작했고, 2년 넘게 유지해온 새벽 기상의 매력을 다른 사람들과 함께 느끼고 싶어 프로젝트를 시작한다고 했다. 그녀의 공지글에 이런 문장이 있었다.

"새벽 기상은 내가 가진 시간의 권리를 지키기 위한 생존투쟁이었다."

- 반드시 일어나는 미라클 모닝(現 릿미) 1기 모집 공지 중에서

그 문장을 보는 순간, 갑자기 머리를 한 대 맞은 것처럼 멍했다. 내가 가진 시간은 모두 교사, 엄마, 아내로서 보내고 있을 뿐이었는데, 나를 위한 시간의 권리를 지키기 위해 투쟁하라니. 항상 내 시간은 사랑하는 이들을 위해 쓰고 있는 나도 새벽에 일어나면 단 몇십 분이라도 온전히 내 시간으로 보낼 수 있을 것 같았다.

하지만 늘 시작 전에 생각이 많은 나는 당장 시작하고 싶은 마음이 컸으면서도 '이미 정신없이 바쁜 내가 할 수 있을까? 새벽 기상 그냥 내가 스스로 하면 되는 거 아니야?'라며 망설였다. 며칠간 여러 가지 생각으로 모집 공지글 아래 신청 댓글을 썼다 지웠다 하며 우물쭈물했고, 그만 새벽 기상 프로젝트 신청이 조

기 마감되고 말았다. 막상 신청을 못하자 아쉬움에 반드시 해야 겠다는 강한 동기가 생겼다.

'나 정말 잘 일어날 수 있는데, 왜 고민하다 놓친 거야. 다음 번엔 미리 걱정만 하지 말고, 무조건 신청하자!'라고 다짐했다. 사실 의욕만 앞서 새벽 기상을 신청하려는 게 아니었다. 나는 원래 '새 나라의 어른이'였다. 내 몸은 일출 시간에 민감한 편이어서, 해가 일찍 뜨면 일찍 깨고, 해가 늦게 뜨면 또 늦게 일어났다. 여름엔 밤에 늦게 자도 다음날 새벽 5시면 눈을 떴다. 때마침 첫 모집 기간이 초여름이었기에 나는 은릿쌤의 새벽 기상 프로젝트에 누구보다도 자신 있었다. 그리고 미혼일 때는 거의 매일 밤 10시에 잠들고, 다음날 6시면 눈을 떴다. 프로젝트에 참여하기만 하면 그때처럼 잘할 수 있을 거라고 믿었다.

드디어 7월이 왔고, 이번에도 혹여 놓칠세라 새벽 기상 프로젝트 모집 안내 글이 올라오자마자 바로 신청했다. 신청서에 새벽 기상을 하고 싶은 이유를 이렇게 적었던 것으로 기억한다. "일과 육아로 지친 나에게 '나만의 틈'을 선물하고 싶습니다." 나는 이미 6월에 혼자 새벽 기상에 도전했을 때 알람 없이도 오전 6시면 잘 일어났기에 내가 못 일어날 거라는 의심은 아예 하지 않았다.

도전 첫날, 완벽하지 않아도 괜찮아

두근두근! 드디어 새벽 기상 모임도 제대로 신청했고, 드디어 나 혼자 보내는 시간이 생긴다니 설렜다. 그런데 첫날부터 변수가 생겼다. 전날 밤부터 아이가 자면서 갑자기 끙끙 앓기 시작했다. 설마 하고 아이 체온을 재보니 39도. 아이의 이마가 뜨끈뜨끈했다. 아이가 걱정되면서도 또 마음 한쪽에선 속상함이 몰려왔다. '왜 하필 오늘일까. 새벽 기상하기로 마음먹은 첫날부터 아이가 아프다니.' 새벽 내내 열은 쉽게 떨어지지 않았고, 아픈 아이를 보며 잠시라도 그런 생각을 했던 것을 자책하기도 했다. 다행히 나보다 연차를 쓰기 좀더 수월한 남편이 아침 일찍 아이를 병원에 데리고 갔으나, 나는 아픈 아이를 두고 학교에 출근하려니 발걸음이 쉽게 떨어지지 않았다. 새벽 기상조차 쉽지 않은 엄마라는 상황이, 아이가 아파도 학교 수업부터 걱정해야 하는 교사라는 상황이 속상했던 날이었다.

아이가 아팠던 그날, 왜 그리 조바심이 났을까 생각해보았다. 오랜만에 나를 위해 뭔가를 도전하는데, 첫날부터 여러 가지 상황들이 날 도와주지 않는다는 생각이 들었기 때문이었다. 내게 주어진 여러 역할에 대한 무거운 책임감 속에서, 나는 아이가 아픈 상황에도 새벽 기상을 욕심내는 내가 못나게 느껴졌다. 하지만 결국 엄마로서, 나로서 모두 잘하고 싶은 마음이었기에 모든 걸 완벽히 잘하려는 마음을 내려놓기로 했다. 새벽은 내일도, 모레도 나에게 찾아온다. 그날 하루는 원래 계획대로 보내지 못했지만, 아이가 아플 때 내가 돌볼 수 있음에 감사한 시간이었다.

"시작이 늦어도, 완벽하지 않아도 괜찮아. 새벽은 매일 우리에게 찾아오니까."

함께여서 가능한 새벽

새벽에 일어나면 각자 일어났다는 인증 사진을 다양한 방식으로 찍어서 올린다. 해가 떠오르는 창밖 풍경, 컵, 요가 매트, 시계, 휴대전화 화면, 책상이나 서재, 좋은 글귀가 적힌 일력, 책이나 노트 표지, 글쓰기 준비 전 노트북 바탕화면 등 커뮤니티에 올라오는 다양한 인증 사진으로 우리가 새벽을 어떻게 시작하고, 무엇을 하며 보내는지 대략 알 수 있다. 보드랍고 포근한 이불 속에서 더 자고 싶은 유혹을 물리칠 수 있는 것은, 이 순간에도 어디선가 나와 함께 새벽을 보내고 있는 새벽 지기*들이 있기 때문이었다. 새벽 지기들의 사진을 보는 재미도 쏠쏠했고, 낯익은 장난감이 나오는 사진은 반가웠으며, 예쁜 창밖 풍경 사진을 보며 같이 기분 좋아지는 새벽을 맞이했다. 또 새벽 기상 커뮤니티가 좋은 이유는 서로를 향한 따뜻한 응원 때문이다. 새벽 인증 사진을 올리면 다른 누군가가 '좋은 아침입니다', '오늘도 힘내세요!'라는 댓글로 인사를 건넸고, 나 역시 다른 누군가에게 '굿모닝!'이라고 댓글을 달고, 내 댓글엔 '감사합니다! **님도 좋은 하루 보내세요'라고 대댓글을 남겼다. 내 글에 달리는 따뜻한 댓글도 좋았지만, 내가 쓴 댓글에 대한 감사 인사를 들었을 때는 더욱 행복했다. '빨리 가려면 혼자 가고, 멀리 가려면 함께 가라'는 말도 있듯이 혼자서는 지속하기 어려운 새벽 기상을 함께하는 새벽 친구들 덕분에 어느새 새벽 기상은 어려운 '도전'에서 매일의 즐거운 '습관'으로 자리잡았다.

새벽 설계도 그리기

새벽에 일어나는 우리는 모두 '100인 100색' 다양한 스타일로 새벽을 보낸다. 새벽 시간 나만의 루틴을 만들기 전, 우선 나의 성향을 먼저 확인해보는 게 좋다.

★ —— 나는 새벽 기상 커뮤니티인 릿미, 릿유 멤버들을 '새벽 지기'라고도 부른다. 새벽이라는 글자에 자기의 가치나 속마음을 잘 알아주는 참다운 친구를 뜻하는 '지기(知己)'를 합쳐 '새벽 지기'라는 단어를 만들어보았다. 새벽 시간을 함께 보내고, 나조차 잊고 있던 진짜 나를 알아봐주는 친구 또는 새벽을 함께 지고 가는 사람들이란 뜻으로도 풀이할 수 있다.

하나, 나에게 맞는 새벽 활동 체크하기

평소 자신의 생활 스타일을 확인해보자. 나는 일상이 주로 정적이다. 그렇다고 오랫동안 한곳에 머물러 있는 것을 선호하지는 않는다. 늘 부지런히 돌아다니며 사부작사부작 무언가 하길 좋아한다. 그리고 집중력이 짧아 자주 활동이 바뀌는데, 새벽 시간에도 이러하다. 나의 새벽 루틴은 보통 '스트레칭 – 독서 – 필사 – 글쓰기 활동'이다. 이렇듯 먼저 나에게 맞는 새벽 활동을 체크해보자. 내가 평소 어떤 생활 스타일을 하는지 아래 표를 보고 확인한다.

【체크 1】 나는 평소 정적인 활동 vs 동적인 활동을 추구한다

평소 좋아하는 활동에 표시해보자! (√)	
정적인 활동(static activity) 평소 활동 반경이 좁고 에너지 소비가 비교적 적은 것을 선호	**동적인 활동(dynamic activity)** 활동 반경이 넓고 평소 에너지 소비가 큰 편
독서, (외국어)공부, 필사, 글쓰기, 음악 감상, 요가, 스트레칭, 걷기, 산책하기, 기타(　　　)	인터벌 걷기, 달리기, 자전거 타기, 수영, 아쿠아로빅, 댄싱, 등산, 기타(　　　)

【체크 2】 나는 한 가지 활동에 집중력이 길다 vs 짧다

나의 집중력은?	
한 가지 일에 집중력이 짧아 쉽게 흥미를 잃는 편이다.	한 가지 일에 오래 집중하는 편이고, 흥미를 오래 유지하는 편이다.

먼저 정적인 활동을 추구하는 사람이 새벽에 자기가 좋아하는 1가지 활동을 오래하는 방법도 있지만, 나처럼 집중력이 짧고 쉽게 흥미를 잃는다면 여러 가지 활동을 짧게 여러 개 하는 것을 추천한다. 그러면 새벽 시간을 지루하지 않고, 더 재밌게 보낼 수 있다. 그러나 동적인 활동을 추구한다면 여러 가지를 하는 것보다 한 가지 활동에 집중하길 권한다.

둘, 나를 넘어선 새벽 실험하기

새벽 시간만큼은 평소와 다르게 보내고 싶다면 어떻게 보낼 것인지 다른 방법을 생각해보자. 오랫동안 특정 스타일의 활동을 하던 사람이 갑자기 정반대의 다른 스타일의 활동을 하며 새벽 시간을 보내긴 쉽지 않을 것이다. 하지만 기존의 나를 넘어서서 새로운 것을 해보는 것도 멋진 도전이다. 평소의 나라면 하지 않았겠지만, 새벽이기에 새롭게 시작해보고 싶은 활동을 하고 싶다면 아래 두 가지 방법을 제안한다.

첫번째 실험은 내가 평소 하는 활동 사이사이에 하고 싶었던 나른 스타일의 활동을 넣는 것이다. 예를 들어 새벽에 일어나 늘 하던 스트레칭 대신 집에서 음악을 들으며 춤을 추거나 집밖으로 나가 새벽 러닝을 하는 것이다. 대신 새벽 기상이 몸에 익은 후에 하는 게 좋다. 그리고 새로 하는 활동에 적응하기 위해 초반에는 시간은 짧게 정했다가 점점 늘려가고, 1가지 활동에 에너지가 한 번에 많이 소진되어 종일 피곤하지 않도록 활동량을 조절해야 한다.

나는 평소 아침엔 간단한 스트레칭을 하지만, 가끔 조금 더 활기차게 새벽을 보내고 싶을 때는 집에서 이어폰을 끼고 매트 위에서 유튜브에 나오는 신나는 댄스 영상을 보고 따라 한다. 또, 집 주변을 걷기도 하고, 컨디션이 좋을 땐 짧은 시간 동안 달리기도 한다. 그리고 집으로 와서 씻고 잠시 앉아 있거나 책을 읽으며 쉰다. 이렇게 정적, 동적인 활동을 같이하며 적절히 컨디션을 조절한다.

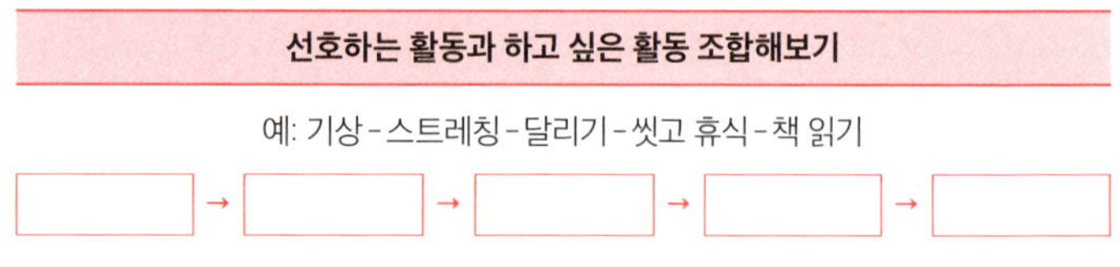

두번째 실험은 평소 하지 않았던 새로운 스타일의 활동으로 오롯이 새벽을 채우는 방법이다. 이 방법은 평소 독서나 스트레칭을 하던 사람이 새벽 수영, 달리기 등 에너지가 큰 활동을 하는 것인데, 이런 경우 전날 일찍 자거나, 새벽 운동을 다녀와서 쪽잠을 자는 등 체력을 보충하는 게 좋다. 반대로 평소 동적인 활동을 좋아하는 사람이라면 새벽 시간을 활용하여 혼자만의 고요한 시간을 즐겨볼 수 있다. 그 시간만큼은 정신적인 활동에 집중하여 생각하고, 책을 읽거나 글을 쓰는 사유의 시간을 가질 수 있다.

내가 해보고 싶었던 새로운 활동 생각해보기

예: 매일 새벽 러닝 30분 도전 / 매주 1권씩 새벽 독서 타임 /
매일 새벽 블로그 글쓰기 / 매일 새벽 홈트 100일 미션!

흔들리고 주저앉아도 다시 일어나기

비교 때문에 무너진 나의 새벽

릿미의 기상 인증 시각 기준은 매일 6시로, 그 시각까지 인터넷 카페에 인증 사진을 올리면 된다. 나는 보통 새벽 5시 30분에서 50분 사이에 일어났다. 초반에는 일단 일어나면 책을 읽었다. 주 3~4회 정도 책을 읽고 인증하는 독서 소모임에도 참여했다. 낮이나 저녁엔 시간을 내기 어려웠는데 가족들 모두 자는 새벽에 혼자만 깨어 책을 보니 집중이 잘됐다. 초반엔 그동안 읽고 싶었던 육아서를 보다가 점점 다양한 책도 읽었다. 나는 오늘 읽은 책 페이지를 타임스탬프 앱으로 사진 찍어 새벽 기상을 인증했다. 나 혼자 조용히 집중해서 책 읽는 시간이 정말 좋았다. 스스로 기특하게 느껴지자 '오! 이 정도면 나 새벽 기상 꽤 잘하고

어쩌면 새벽

있는데?'라며 자신감도 올라갔다.

그러던 차에 다른 사람들의 인증 사진과 글들이 눈에 자세히 들어오기 시작했다. 이전에는 새벽에 일어난 그들의 집 안팎 풍경이 눈에 들어왔다면, 이젠 함께하는 이들의 새벽 기상 시각과 그들이 하는 일들이 보이기 시작했다. 많은 새벽 지기들이 새벽 4시에서 5시 사이에 일어났다. 솔직히 나는 생각해본 적이 없는 이른 기상 시각이었고, 게다가 그들의 새벽 활동은 더 대단했다. 예를 들면 꽤 수준 높고 두꺼운 책 읽기, 새벽 러닝, 수영, 책 쓰기 등 활동이 다양했다. 정말 멋져 보였다. 그런데 새벽 기상 초반의 나는 새벽 기상 챌린지 마감 시각인 6시 전에야 겨우 눈을 떴고, 육아서나 소설같이 평범한 책을 읽고 있는 것 같다는 생각이 들었다. 그렇게 내 마음 한구석에 비교하는 못난 감정들이 슬그머니 고개를 들기 시작했다.

게다가 나는 새벽에 집안일도 해야 했다. 전날 아이를 재우며 일찍 같이 잠들면, 다음 새벽에 일어나 빨래를 개거나 설거지하고, 아이 어린이집 숙제와 준비물을 챙겼다. 어떤 날은 새벽에 일어나자마자 아이의 어린이집 친구 생일 선물 포장을 신중하게 꼼꼼히 하는 내 모습이 그저 웃기고 슬프기까지 했다. '하하. 네 생일은 어떻게 지나가는지도 모르는데. 심지어 내 친구도 아니고, 아이 친구 생일 선물 포장이라니……'

새벽마다 박차고 일어나 세수만 겨우 하고 바로 책상에 앉아 책을 폈지만, 책을 읽는 순간에도 거실 앞에 수북이 쌓인 옷가지들과 거실에 널브러져 있는 많은 장난감이 눈에 보여 마음이 불편했다. 애써 못 본 척하고 싶지만, 빨랫감과 장난감들이 어서 이리 와서 정리 좀 해달라고 나를 부르는 것 같았다. 더 나은 나를 만나기 위해 새벽 시간을 선택했는데, 나는 이 귀한 새벽 시간조차 집안일을 해야 하는구나 싶었다. 그런 생각들은 꼬리에 꼬리를 물어 결국 괜히 새벽 기상을 시작한 건 아닐까 하는 마음까지 들었다. '에휴! 그냥 평소대로 밤에 집안일하고 나 자고 싶을 때 자고, 일어나고 싶을 때 일어날걸. 이 새벽에 집안일 하려고 일찍 일어나다니!' 괜히 일찍 일어나서 더 피곤한 것 같고, 타인들의 화려한 새벽과 비교까지 하니 속상했다. 새벽 기상을 포기하고 싶어질 만큼. 그후에도 아이를 재운 뒤 밤의 자유를 누리느라 새벽에 일어나지 못하는 날이 늘어났다.

나만의 속도로 걷는 새벽

남과 비교하는 마음이 한번 올라오기 시작하자 좋지 않은 채찍질이 되었다. 응원의 채찍질이 아니라, 내 마음에 상처를 주는 매서운 채찍질이었기 때문이다. 급기야 새벽 기상에 대한 신념도 흔들렸다. 분명 나를 위한 시간으로, 나를 만나고 싶은 시간으로 선택한 새벽 기상이 초반부터 포기하고 싶게 나를 세차게 흔들었다.

그러던 어느 날, 전 하버드대 심리학과 교수 조던 피터슨이 쓴, 고된 삶에 무너지지 않고 의미 있는 삶을 사는 지혜를 밝힌 『12가지 인생의 법칙』이란 책에서 '비교'에 관한 문장을 읽었다.

"Compare yourself to who you were yesterday, not to who someone else is today."
당신을 다른 사람과 비교하지 말고, 오직 어제의 당신하고만 비교하라.

그래! 내가 비교할 대상은 남이 아니었다. 내 인생의 주인공은 나이고, 새벽 기상을 시작한 건 누가 시켜서도 아니고 오직 나를 위해 스스로 한 선택이었다. 그리고 이미 나만의 새벽을 잘 만들어가고 있지 않은가? 그러므로 내가 나를 누군가와 비교한다면 그건 남이 아닌, 어제의 나다. 내가 나를 남과 비교하는 건 나의 본질과 가능성을 무시하는 것이라는 생각이 들었다. 그렇게 나는 다시 나에게 집중하기로 했다. 주로 나 홀로 육아하고, 일도 하면서 남들보다 힘들게 칼을 뽑았으니, 무라도 썰어보자고 나심했다. 그러려면 먼저, 새벽 기상의 발목을 잡는 부정적인 감정부터 없애야 했다. 더는 남과 비교하지 않기로 마음먹었다.

그런 다음 새벽 기상을 점검해보기로 했다. 최소 6시간 이상,

평균 7~8시간은 자야 컨디션이 좋으니 늦어도 밤 11시 전에는 잠들고, 다음날 새벽 5시 50분에는 일어나기로 정했다. 만약 전날 늦게 잤다면, 가끔은 새벽 기상을 내려놓기도 했다. 기상 시각에 대한 강박을 버리고, 내 몸이 할 수 있을 만큼 하려고 했다. 다행인 건, 릿미 시스템은 월 8회 쉴 수 있는 레스트(rest) 제도와 쉬는 날 기상하는 리필(refill) 제도 덕분에 평일에 하지 못한 새벽 기상을 주말에 보충할 수 있었다. 그렇게 매일 일찍 일어나야 한다는 강박을 내려놓을 수 있었다. 새벽 기상을 지속할 수 있게 하는 릿미 시스템의 안전장치는 우리보다 앞서 새벽 기상의 시행착오를 겪어본 은릿쌤이 새벽 기상 초보자들을 위해 준비해둔 든든한 보험이 아니었을까?

지금은 새벽에 일어나면 미리 계획한 루틴대로 잘하지만, 나도 초반엔 새벽에 일어나서 뭘 해야 할지 감을 못 잡을 때가 있었다. 다른 새벽 지기처럼 아침 일찍 달리기할 자신도, 두껍고 어려운 책을 척척 읽을 자신이 없었다. 새벽 시간을 기대하게 만들기 위해서는 내가 좋아하고, 잘하는 일을 해야겠다고 생각했다.

실제로 그뒤로는 내가 좋아하거나, 해야 하는 일을 무리하지 않을 만큼 했다. 일어나면 먼저 물 한 잔을 마시고, 간단한 맨손 스트레칭으로 몸을 깨운 후, 바로 테이블에 앉아 책을 읽었다. 보통 매일 몇 쪽씩, 한 달에 2권 정도를 읽었고 소설, 자기계발, 시집, 육아서 등 다양한 종류의 책을 가리지 않고 봤다. 내가 좋아하는 일들로 마음을 충전한 후엔 전날 다하지 못한 집안일을 했다. 이렇게 나는 해야 하는 일보다 좋아하는 일을 먼저 하며 내 마음속 행복통장 잔고를 채우며 새벽 기상을 지속할 힘을 얻었다. 6시부터 7시까지 한 시간 정도를 소소하고 즐거운 시간으로 채웠다. 나의 새벽은 소소(小小)했지만,★ 내겐 더할 나위 없이 소소(炤炤)했다.★★ 일찍 일어나니 출근 준비도 여유롭게 할 수 있었고, 내 마음이 채워지니 아이를 대할 때도 더 다정해졌다. 아이의 몸을 마사지하고 간지럽히며 기분좋게 깨웠다. 나의 새벽은 평범했지만, 나만의 행복한 시간으로 쌓였고, 그렇게 점점 아침을 사랑하게 됐다.

모든 새벽이 내 계획대로 꾸려지고 매번 아름다울 순 없다. 아이가 갑자기 아프거나, 아이가 평소보다 일찍 깨어나 나를 찾을 수도, 또는 밀린 집안일 때문에 내가 좋아하는 일은 하나도 하지 못한 채 새벽 시간을 흘려보낼 수도 있다. 하지만 내 새벽 시간을 멈추게 하는 건 아이도, 밀린 집안일도 아니다. 바로 남과 비교하는 마음, 자책하는 마음이었다. 나는 더이상 평범한 나의 새벽과 타인의 빛나는 새벽을 비교하지 않았다. 엄마, 아내의 이름으로 보낸 나의 새벽도 틀리지 않다는 걸 깨달았기 때문이다.

★ ── 작고 대수롭지 아니하다.
★★ ─ 밝고 환하다.

각자가 만들어가는 새벽 시간에 정답이 있을까? 밤새 하늘을 채웠던 어둠이 밀려나고 서서히 밝은 빛이 하늘을 물들이는 그 황홀한 순간을 나만을 위한 시간으로 보낸다면 행복하겠지만, 사랑하는 아이를 돌보며, 소중한 내 가정의 하루를 준비하는 시간으로 보내는 것도 멋진 일이다. 나는 나만의 속도로 내 몸과 주변 상황에 맞게 나아갔다. 내가 만들어갈 새벽 목표에 대한 방향만 잃지 않고 앞으로 꾸준히 걸어간다면 「토끼와 거북이」 이야기 속 성실한 거북이처럼 느리더라도 내가 계획한 결승점까지 갈 수 있다고 나 자신을 다독거렸다. 새벽 시간, 무엇을 하는지도 중요하지만, 남과 비교하지 않고 나의 이야기를 만드는 것으로도 충분히 빛난다. 지금도 가끔 새벽 기상이 힘들고 지칠 때면 스스로 다독이며 이 말을 건넨다.

"괜찮아, 나 지금도 충분히 잘하고 있어. 조금 느려도 괜찮아, 중요한 건 내가 행복하다는 거야."

흔들리지 않는 새벽 루틴 만들기

부지런해지고 싶어서, 어제의 나보다 더 나은 나를 만들고 싶어서 일찍 일어나도 막상 할일이 없다고 느낄 수 있다. 나 역시 예전엔 일어나서 물 한 잔 마시고 책상에 바로 앉아 한동안 멍하니 앉아 있기도 했다. 책 좀 읽고 스트레칭을 해도 시간이 남으면 결국 스마트폰을 붙잡고 간밤에 못 읽은 기사를 읽다가, 어느새 미디어 세계의 알고리즘을 따라 인터넷 세상에서 허우적거렸다. 그러다보면 어느새 출근 준비하기도 빠듯한 시간이 됐다. 그렇게 새벽 시간을 보내고 나면 괜히 허무했다. 그럴 거면 굳이 힘들게 새벽에 일어나지 않아도 될 것 같았다. 그래서 나는 새벽 기상에 어느 정도 적응한 후 나만의 루틴을 만들어보려고 노력했다.

하나, 꾸준함의 비밀, '인증 루틴'의 힘

새벽 기상 커뮤니티에 참여하기 전, 육아휴직 기간에 매일 새벽 EBS 외국어 라디오 〈입이 트이는 영어〉를 1년간 들은 적이 있다. 그 프로그램은 월~토요일 아침 6시 40분에 시작하는데, 6시에 일어나 그날 방송 내용을 교재로 예습했다. 그리고 방송을 들으며 중요한 내용을 체크하고, 방송이 끝나면 복습했다. 처음 몇 달은 열심히 공부했지만, 혼자 하다 보니 어쩌다 한 번 늦잠을 자 방송을 놓치고 일정이 생겨 영어 공부도 하루이틀 미루게 되면서 점점 흐지부지됐다. 그래서 더는 나의 의지만 믿을 수 없어, 매일 같은 영어 강의를 듣고 공부한 걸 인증하는 온라인 소모임에 가입했다. 당일 본문 내용을 낭독하고, 필사하고 단체 채팅방에 인증해야 하는데, 당일 미션을 수행하지 못하면 이미 낸 보증금에서 벌금을 내야 했다. 금액이 많지 않았지만, 벌금이란 이름 때문인지 내기 싫은 마음에 매일 새벽에 일어나 열심히 공부했다. 이때 '인증' 소모임이 의지박약인 사람에게 도움이 된다는 것을 깨달았는데, 미션 인증의 힘도 좋았지만, 영어 공부라는 같은 목표를 가지고 서로 응원하고 격려해주는 게 큰 도움이 됐기 때문이다.

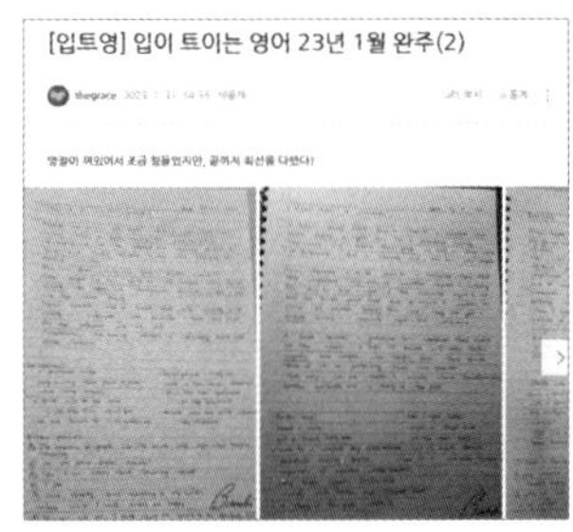

매일 영어 낭독, 필사 인증 모임

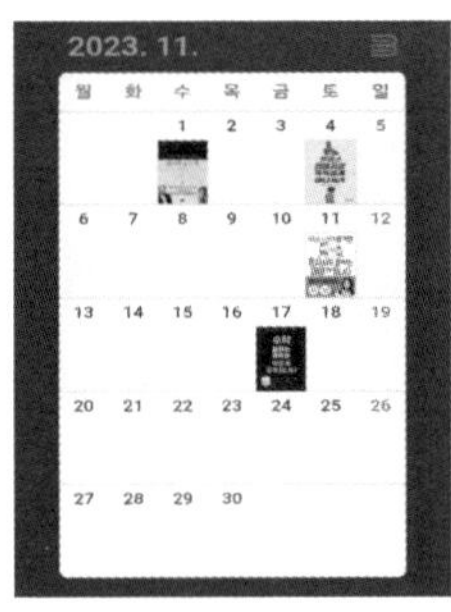

주 3회 독서 인증 모임

주 4회 걷기 인증 모임

이런 방법이 아닌, 이른 아침에 하는 외국어 학원이나 수영장, 필라테스 수업을 등록해서 다니는 것도 추천한다. 아무래도 수강료를 내면 돈이 아깝다는 생각과 출석에 대한 책임감을 느낀다. 하지만 자유롭게 헬스장 가서 운동하는 건 내 의지에 달렸기에 꾸준히 하기 힘들 수 있으니, 코치나 강사가 출석 체크를 하는 프로그램에 먼저 참여하길 추천한다. 아니면 나처럼 다른 사람들과 함께하는 온·오프라인 소모임도 강제성 부여와 더불어 같은 목표에 대한 동기부여와 자극을 받을 수 있다.

둘, 새벽을 미소 짓게, '애정 루틴'의 힘

매일 밤 11시가 되면 네이버와 카카오에 내가 좋아하는 웹툰이 올라온다. 문제는 이 웹툰을 기다려서 웹툰을 다 보면 빠르면 밤 11시 반, 때론 자정이 지난다. 그렇게 자꾸 잠드는 시각이 늦어지니 웹툰 본 날은 다음날에도 피곤했다. 그래서 웹툰 보는 시각을 바꿔보았다. 밤 11시 전에 자고 다음 날 일찍 일어나 아침에 웹툰을 본 것이다. 그랬더니 일찍 자고 일어나 아침에 좋아하는 웹툰을 보며 기분좋게 하루를 시작할 수 있었다.

하지만 여기서 주의할 점은, 미디어는 중독성이 강해 처음엔 한두 편 본다는 게 여러 편의 웹툰을 보고 그다음은 뉴스로, SNS로 확장되며 시청 시간이 계획보다 늘어난다는 것이다. 이렇게 시간을 보내면 새벽 시간을 원래 계획대로 보내지 못해 자기효능감이 떨어지고 다시금 새벽 기상에 대한 회의감을 느낄 수 있으니, 사전에 자신과 약속한 미디어 시청 시간을 지킬 수 있도록 노력해야 한다.

그래서 나는 우릴 혹하게 만드는 온라인 미디어 방식보단 아날로그 방식을 추구하는데, 그중에서 독서, 손 글씨 쓰기, 긍정 확언 말하기를 추천한다. 평소 읽고 싶었던 책을 읽고, 좋은 문장을 휴대전화 메모장에 남기거나 공책에 필사하기, 오늘의 감정 일기 쓰기, 오늘 해야 할 일 적기, 오늘 하루를 열심히 살아갈 자신에게 따뜻하고 긍정적인 말 걸기 등 다양하다. 나는 일어나면 몸을 깨우기 위해 간단히 맨손 체조를 한 후 간단히 다이어리를 쓰고 책을 읽는 걸로 새벽 루틴을 시작한다. 그리고 책에서 기억하고 싶은 문장을 휴대전화 메모장에 키보드로 디지털 필사하거나, 직접 필사 노트에 적기도 한다. 이렇게 몸을 움직이고, 책을 읽고, 글씨를 쓰며 몸과 마음에 긍정적인 에너지를 담으려고 한다.

요즘 나의 새벽 루틴

오전 5시 30분: 기상 후 이부자리 정리, 물 한 잔 마시고 간단한 스트레칭으로 몸 깨우기
오전 5시 50분: 다이어리 적거나, 나와 가족에게 포스트잇 편지 쓰며 마음 어루만지기
오전 6시 00분: 유튜브 영상 보며 홈트로 체력 다지기
오전 6시 20분: 하루 두 쪽 또는 10분 독서 후 마음에 새기고 싶은 글귀 필사하기
오전 6시 50분: 건강한 아침식사 준비하며 가족 건강 챙기기

셋, 말하는 순간 현실이 되는 '공개 루틴'의 힘

아무리 새벽 루틴 계획을 잘 세워도 결심은 오래가지 못할 수 있다. 그래서 나의 새벽 기상 목표를 타인에게 공개하고, 꾸준히 점검받아야 한다. 세상에 '공언'할수록 효과가 크다고 생각한다. 사전을 찾아보면 공언(公言)이란, 여러 사람 앞에 명백(明白)하게 즉 '밝고 희게' 공개하여 말한다는 뜻이다. 나와의 약속을 분명하고 자신 있게 말해보자.

먼저 매달 나와의 약속 몇 가지를 정한다. 무리하게 많이 정하지 않고, 내가 꼭 지키고 싶은 것, 지켜야 할 것 몇 가지를 적어본다. 릿미 멤버들도 '한 달 목표'를 매월 초 커뮤니티에 공언하는데, 이 과정을 통해 나의 목표를 세상에 명명백백 밝히면서, 이달 새벽 시간을 어떻게 보낼지 준비할 수 있다. 그리고 새벽 활동 인증 사진을 SNS(블로그, 단체 채팅방, 인스타그램 등)에 올리며 내가 몇시에 일어났는지, 무엇을 하는지 알리면서 자신의 생활을 점검하고, 나의 인증을 보는 타인으로부터 공감과 지지를 얻을 수 있다. 실제로 우리가 온라인에서 보는 새벽 기상하는 많은 이들이 자신의 SNS에 챌린지 인증 사진을 올리는데, 이런 기록으로 자신을 알리고 루틴을 점검하며 응원을 주고받는다.

SNS에 공언하기 힘들다면, 다이어리, 스케쥴러, 투두리스트 보드(to-do list board)를 이용하는 걸 추천한다. 매일 몇시에 일어나고, 무엇을 했는지 계획을 쓰고 내가 매일 해야 할 일을 시행

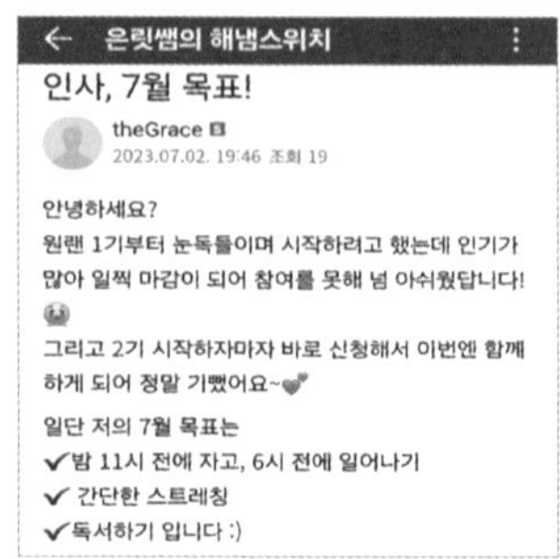

2023.7. 목표(네이버 카페)

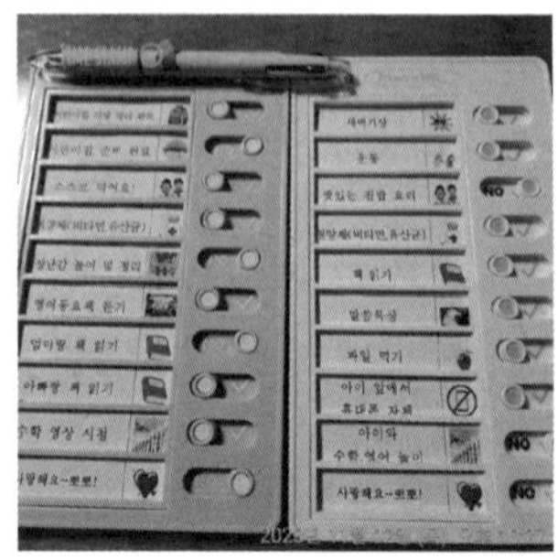

2023.11. 우리 가족 매일 목표
(투두리스트 보드)

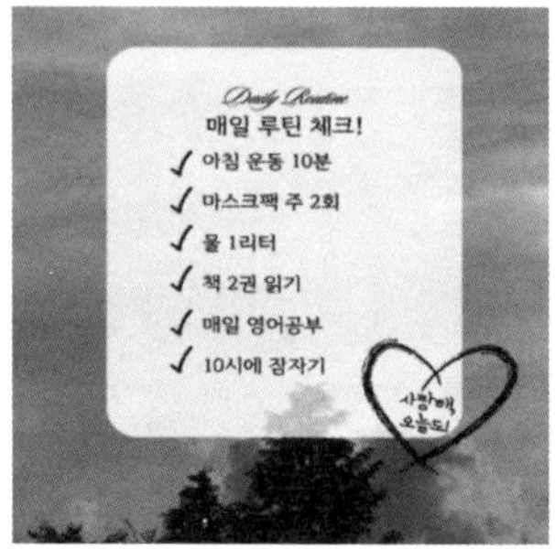

2024.7. 목표(캔바, 블로그)

2025.6. 목표(캔바, 블로그)

후 스스로 점검하며 약한 의지를 보완할 수 있다. 그리고 가족이나 지인들에게 내 계획과 의지를 알리는 것도 도움된다. "나 요새 새벽 기상해"라고 말하면서 나는 이제 매일 일찍 자고 일찍 일어나야 해서 앞으로 저녁 약속에 잘 참여하지 못할 수 있다고 말한다. 처음엔 주변 사람들로부터 무슨 새벽 기상이냐며 핀잔을 들을 수도 있지만, 결국 내 건강과 삶을 위한 선택이니 남의 시선을

어쩌면 새벽

신경 쓰지 말고 당당하게 말하자. 그들도 처음엔 나를 유난 떠는 사람으로 보더라도, 꾸준히 실천하는 모습을 보고 나면 나를 '결국 해내는 사람, 성실하고 닮아가고 싶은 친구'로 인정할 것이다.

그리고 새벽 기상을 한 달 실천한 후에는 '자기 리뷰'를 작성해보기를 권한다. 스스로의 새벽 시간을 돌아보며 만들어온 루틴을 점검하고, 다음달 목표를 조정해 나에게 더 잘 맞는 새벽 시간을 만들어갈 수 있기 때문이다.

새벽의 기적, 함께여서 가능했던 시간

일 더하기 일은 하나, 바로 우리!

고요한 새벽은 나에게 집중할 수 있고, 잊고 있던 '진짜 나'를 만날 수 있는 시간이다. 그 시간을 알게 되면 즐겁게 새벽 기상을 이어가지만, 한 번씩 몸이 안 좋거나 바쁜 일이 생기면서 새벽 기상은 점차 흐지부지되고, 어느새 우린 밤을 좋아하던 예전의 나로 돌아가기 쉽다. 결코 내 의지가 약해서, 부지런하지 못해 새벽에 일어나지 못하는 게 아니다. 우린 강하지만 또 나약하기도 한 사람들이라 꾸준히 실천하기가 어려운 것뿐이다. 그래서 새벽 기상을 지속하지 못할 때, 나에게서 이유를 찾을 게 아니라, 인간은 원래 의지가 약함을 인정하고 그런 나를 보완할 방법을 찾아보자.

그래서 나는 혼자 하는 새벽 기상 말고, 함께하는 새벽 기상

을 권한다. 한자 '사람 인(人)' 자만 봐도 왼쪽 획(/)과 오른쪽 획
(＼)이 만나서 두 사람이 서로 기대는 모양이듯 사람은 혼자일 때
보다 여러 사람이 함께할 때 더 큰 힘을 낼 수 있다. 새벽 기상을
홀로 할 수도 있지만, 누군가 함께한다면 서로 의지가 되어 오래
할 수 있을 것이다.

나 역시 의지가 매우 약한 사람이다. 게다가 타고난 성향은
계획대로 해야 불안하지 않고 완벽을 추구하는지라, 왠지 성공
하기 어려울 것 같으면 시작조차 안 하고, 초반에 한두 번 실패라
도 겪으면 한없이 위축된다. 그런 내가 릿미라는 새벽 기상 커뮤
니티를 만나 새벽에 일어난 지 어느덧 2년이 넘었다. 혼자였다면
언제든 도망갈 궁리를 했을 텐데, 든든한 시스템과 새벽 기상 친
구들의 따뜻한 지지 덕에 오랫동안 꾸준히 할 수 있었다. 꼭 새벽
기상 커뮤니티에 참여하지 않더라도 가까이에 있는 가족, 배우
자, 친구에게 권하며 함께 해보거나, 다른 온, 오프라인 소모임을
통해서라도 함께 해보길 강력히 추천한다. 그리고 내가 새벽 기
상을 강력히 추천하는 다른 이유도 있다.

내향인, 리더가 되다

새벽은 어른들의 성장판이 열리는 시간 같다. 일찍이 닫힌

몸의 성장판 말고 한 사람의 마음과 정신적인 성장판이 열리는 시간 말이다. 나는 평소 남 앞에 나서기를 주저하는 편이다. 대중 앞에 나서는 지도자보다, 그를 적극적으로 돕는 참모(staff, adviser)가 되는 게 마음 편한 성향이다. 그런 내가 새벽 기상 커뮤니티의 북클럽 〈새담책살롱〉을 만나며 변하기 시작했다.

〈새담책살롱〉 북클럽에서 총 두 번 리더를 맡았는데, 첫 리더 은릿쌤 이후로 세번째 진행자를 맡았다. 당시 자발적으로 신청했는데, 남 앞에 나서는 걸 좋아하지 않는 성향인 내가 그렇게 일찍 지원할 줄 몰랐기에 스스로도 많이 놀랐다. 한 달간 같이 읽을 책을 선정하고 멤버들과 함께 나누고 싶은 이야깃거리를 만들고, 서로 얼굴을 보며 하는 줌 미팅을 진행할 생각을 하다니! 지금 생각해도 놀랍다.

내성적인 내가 쉽게 용기를 낼 수 있었던 건, 새벽 기상 커뮤니티 안에서 줄곧 느껴온 편안함과 안전함 때문이었다. 다정하면서도 확실하게 이끌어주는 은릿쌤의 리더십에, 늘 서로에게 따뜻한 응원을 보내주는 릿미, 릿유 멤버들이 있었기에 늘 조용하기만 했던 내가 북클럽 리더가 될 수 있었다. 첫 리더의 경험으로 내 안의 두려움은 조금씩 밀려났고, 북클럽 활동에서 얻은 벅찬 감동은 '나도 할 수 있다'는 용기를 내 마음에 뿌리내리게 했다. 이런 경험을 바탕으로 커뮤니티 운영진까지 할 수 있었고, 릿유 안에서 두 개의 소모임을 운영하는 또 다른 리더가 되었다.

오프라인에서는 늘 조용하고 내성적인 내가, 온라인에서 새벽 기상이라는 공동의 목표를 가진 사람들을 만나 새벽 친구를 사귀고, 서로 응원하고 돕는 하나의 공동체를 함께 이끌고 있다. 새벽 기상이라는 작은 습관 하나로 나는 어제보다 더 나은 나를 꿈꾸고, 이제는 다른 누군가를 도울 수 있는 사람으로 변한 것이다.

새벽 커뮤니티가 만든 진짜 내 이야기

내 인생의 축은 세 가지다. 교사로서의 나, 아내이자 엄마로서의 나, 그리고 새벽 기상러인 나. 새벽 기상은 이제 2년 조금 넘었지만, 커뮤니티 안에서 나는 그 시간 동안 날로 성장할 수 있었다. 새벽 기상을 시작하며 꾸준히 일찍 일어나는 습관을 갖게 되었고, 아침 시간을 평소보다 여유롭게 보내고 있으며, 나에게 집중하며 좋아하는 독서와 글쓰기를 다시 시작했다. 블로그에 새벽 기상 한 달 목표와 자기 리뷰를 시작으로 새벽 독서 리뷰 그리고 달라진 내 일상을 기록했다. 이렇게 내 블로그에 나만의 새벽 스토리가 쌓였고, 그건 내가 걸어온 새벽을 증언하는 하나의 서사로 빚어지고 있다. 나는 나만의 블로그 글쓰기에 머무르지 않고 새벽 지기들과 함께 글을 쓰고 싶다는 꿈을 꾸며 블로그 글쓰기 소모임을 만들어 운영하는 리더로 또 한번 용기를 냈다. 그리고 최근에는 새벽 지기들과 함께 운동하는 습관을 갖기 위해 건강 소모임도 시작했다.

일상에서 고군분투하느라 지쳐 있던 내가 새벽 기상 하나로 이렇게 바뀌었다고? 이것은 비단 나만의 이야기가 아니다. 새벽 기상 커뮤니티 리더인 은릿쌤은 아이들이 어릴 때 진짜 자기를 만나고 싶어 새벽 기상을 선택했고, 5년 동안 꿈을 위해 정진하여 지금은 유명한 교육 강사로, 베스트 셀러 작가로 다양한 활동을 하며 육아하는 엄마들의 워너비가 되었다. 은릿쌤 외에도 〈해냄 스위치〉 카페 운영진이자 이 책의 공동 저자 5명 모두 필사, 그림책 읽기, 블로그·브런치 글쓰기 소모임을 운영하고, 다른 릿미 멤버들 역시 새벽 시간을 활용해 책을 읽고, 글을 쓰고, 운동하며 새벽 기상을 시작하기 전보다 더 나은 사람으로, 엄마로 성장중이다.

우리가 혼자 새벽 기상을 했다면 꾸준히 하지 못했거나, 성공하더라도 개인적 목표를 이루는 것에 그쳤을지 모른다. 하지만 공동의 목표를 가진 커뮤니티 안에서 우리는 서로를 응원하며 서로에게 힘이 되었고, 새벽 기상 2년이라는 긴 시간을 함께 걸어왔다. 그동안 '내 시작은 창대하였으나, 끝은 미약'했던 경험이 훨씬 많았는데, 새벽 기상 커뮤니티를 만나 멤버들과 함께 설레고 멋진 꿈을 꾸며 성장했다. 그리고 작가가 되고 싶었던 어릴 적 꿈을 되찾아 꾸준히 글을 쓰며 우리의 이야기를 담은 이 책을 함께 만들고 있다. 그동안 새벽 기상을 하는 나를 이해하지 못했던 가족들도 이젠 나를 정 작가라고 부르며 자랑스러워한다. 이 모든 것은 안전하고 따뜻한 새벽 기상 커뮤니티를 만난 덕분이라고 생각한다.

나는 오늘도 새벽을 연다

지금도 육아로 직장 일로 지쳐 있는 엄마들, 모든 걸 내려놓고 포기하고 싶을 정도로 지쳐 있는 사람들, 자기가 누군지 잊어버리고, 내가 원하든 원하지 않든 주어진 벅찬 임무와 책임을 짊어지고 가는 사람들도 많을 것이다. 몇 년 전의 나처럼, 나를 찾고 싶어 방황중인 사람들에게 묻고 싶다.

'나'를 찾고 싶은 당신에게 건네는 질문
하나, "내가 어떤 사람인지 알고 싶나요?"
둘, "나를 위한 시간을 갖고 싶은가요?"
셋, "세상일에 지치고 상처받은 나를 아아주고 싶은가요?"

위 질문 중 하나라도 '그렇다'라면, 나는 이런 말을 건네고 싶다.

"새벽에 한번 일어나보세요. 그리고 나에게 집중해보세요. 고요한 새벽 시간에 내가 진짜 무엇을 원하는지, 내가 어떤 사람인지 생각해보세요. 뭘 해야 할지 모르겠다고요? 먼저 간밤에 편히 쉬었던 내 잠자리를 정리하고, 물 한 잔을 마시며 천천히 몸을 깨우면서 내게 인사합니다. 그러곤 편안한 의자에 앉아 책이나 신문을 읽을 수도 있고, 잔잔한 음악을 들으며 따뜻한 차 한 잔의 여유를 즐길 수도 있겠지요. 때론 밖으로 나가서 상쾌한 아침 공기를 마시며 걷거나 달려도 좋아요."

바쁜 하루 중 새벽 시간 30분만 온전히 나를 위한 시간으로 보내보자. 세상에 치이고 다친 내 마음을 내가 어루만져주는 것이다. 나를 가장 잘 아는 사람은 가족도, 친구도, 배우자도 아닌 바로 나다. 그래서 그 어떤 위로보다 가장 깊은 위로는 내가 나에게 건네는 위로다. 그렇게 하루이틀 당신을 찾아가다보면, 새벽의 끝에서 진짜 당신을 만날 수 있을 것이다.

누군가는 이 글을 읽으며 '게으른 내가 새벽에 일어날 수 있겠어? 에이~ 나는 못해. 잠잘 시간도 부족하고 체력도 약하니까'라고 생각할 수도 있다. 나 역시 가끔 그럴 때가 있다.

하지만 혼자가 아니었기에 위기가 찾아왔을 때 무너지지 않았고, 따뜻하고 안전한 시스템 속에서 회복과 성장을 경험했다. 새벽을 밝히는 커뮤니티 릿미(Lit Me). 처음엔 일과 육아 사이에서

나의 시간을 찾기 위해 투쟁하듯 새벽 기상을 시작했다. 2년이라
는 시간이 흐른 지금 우리는 하나의 등대가 되어 어둠 속에서 길
을 잃은 작은 배들에게 빛을 비추고 있다. 도전하기 망설여진다
면 딱 하루만 일찍 눈을 떠보자. 새벽은 당신에게도 따뜻한 위로
를 건네고, 우리가 만들어온 길은 또다른 누군가에게도 용기를
줄 것이라 믿는다. 당신은 잘해왔고, 앞으로도 잘할 것이다. 당
신의 하루가 오늘보다 내일 더 빛나기를 진심으로 응원한다!

(정은혜)

[새벽 운동] 15분, 나를 위한 홈 트레이닝

운동이 필요하지만 시간을 따로 내기 어려워 유튜브 영상을 보며 따라 했다. 체력이 좋지 않다 보니 운동 강도가 세지 않고, 10~20분 내외에 끝나는 운동 영상을 선호한다. 층간소음 걱정 없이 새벽 시간에 활용할 수 있는 운동 아이템과 유튜브 영상을 소개한다.

준비물

- **공통**: 요가 매트(소음과 미끄러움 방지), 물, 이어폰
- **스트레칭**: 타올(스트레칭 로프나 고무 밴드), 폼롤러, 마사지볼 등
- **근력 운동**: 덤벨 가벼운 것(0.5~1kg) 또는 작은 생수병(500 ml 이하) 2개

도구 없이 저소음 위주 홈트 추천 영상

모닝 스트레칭: 혈액순환을 돕고 붓기를 빼기 위해 몸 가볍게 풀기

- 힙으뜸
  매일 8분 스트레칭(8:31)

- 빵느
  굿모닝 스트레칭(16:09)

요가: 조용한 음악, 부드러운 목소리와 함께 명상하며 요가 하기

- 에일린
  아침을 시작하는 15분 모닝 요가(17:37)

- 요가 소년
  모닝 요가 이거 하나면 끝(18:20)

- **흥둥이**
  신나는 타바타(9:49), 그 외 댄스영상(7분 내외)

- **빅씨스**
  신나는 타바타(10:31)

- **땅끄부부**
  걸으면서 뱃살 쭉쭉 빠지는 운동(10:18)

- **빅씨스**
  걷기 댄스 1,2,3편(30분 내외씩)

- **빅씨스**
  굿모닝 10분 전신 유산소(11:08)

- **빵느**
  10분 기본 전신근력 운동(13:35)

- **빅씨스**
  떡국 타파2

- **땅끄부부**
  뱃살 빠지는 운동 베스트5

[새벽 굿즈] 새벽을 채우는 아이템

굿즈(goods)의 시대가 왔다. 새벽 시간을 즐기기 위한 나만의 새벽 굿즈가 있다면 어떨까? 때로는 잠에서 덜 깨어 힘든 시간, 새벽을 함께할 수 있는 다양한 물건들을 곁에 두면, 새벽이 더 풍성하고 즐거워질 수 있다. 또 다른 나의 새벽 친구들이다. 2023년부터 새벽을 함께하는 물건들에는 시계, 컵, 책, 다이어리, 노트북, 꽃, 운동화 등이 있다.

● 시계

기상 시각을 확인하고 인증 사진을 찍는다. 틈틈이 시계를 보며 활동 시간과 일정을 확인한다. 아날로그, 디지털 방식이 있는데, 시각이 눈에 잘 보이는 직관적인 디자인의 시계가 좋다. 그리고 가족을 깨우지 않고 조용히 일어날 땐 손목에 차는 스마트워치도 추천한다.

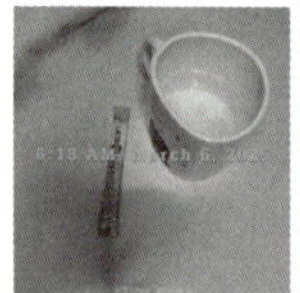
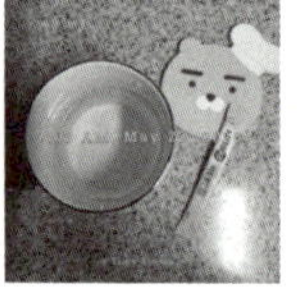

● 컵

공복에 따뜻한 물을 마시며 몸을 천천히 데워준다. 가끔은 좋아하는 차를 우려 내 마시거나 원두커피를 연하게 내려 마시기도 한다. 컵은 그날 기분이나 음료에 따라 고른다. 차를 마실 때 귀여운 동물 모양의 차총(차친구)을 옆에 두면 더 낭만적일 것이다.

● 책, 독서대

하루 두 쪽 또는 매일 10분 이상 책을 읽으려고 한다. 거실과 서재에 각각 읽고 싶은 책 한두 권과 독서대가 있다. 곳곳에 놓인 책을 보며 조금이라도 책과 친하게 지내려고 한다. 특히 고요한 새벽에 책을 읽을 때 집중이 잘된다. 내가 한층 더 깊어지는 시간이다.

 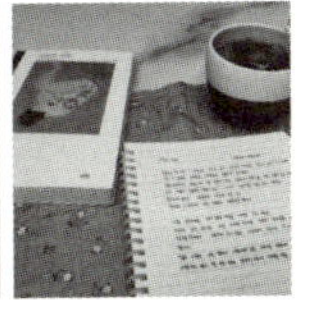

● 다이어리, 필기도구

다이어리에 일상 및 감정 일기를 쓰고, 책을 읽고 난 후 기억하고 싶은 문장은 필사 노트에 적는다. 손 글씨를 쓰며 필기감과 발색이 예쁜 펜을 구매하는 재미도 쏠쏠하다. 이런 아날로그적 감성은 새벽의 멋스러움을 더한다.

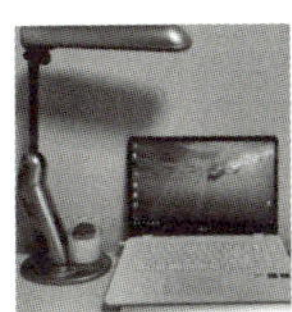 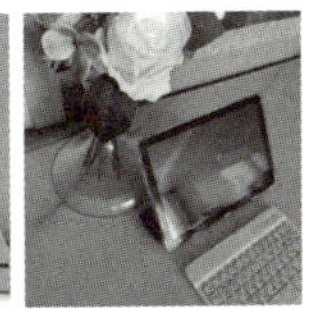

● 노트북, 태블릿 PC

거실과 서재에서 노트북, 태블릿 PC를 각각 쓰며 매주 블로그에 글 3편 이상을 쓴다. 매달 쓰는 한 달 목표와 자기 리뷰, 그리고 일상, 육아일기, 책을 읽은 후 감상을 기록하고 있다. 기록하면 소중한 추억을 더 오래 간직할 수 있다.

● 꽃, 향초

가끔은 우연히 만난 제철 꽃을 산다. 은은한 향기가 나는 생화가 좋지만, 매번 사기 쉽지 않아 조화나 향초를 책상 위에 두기도 한다. 고운 꽃과 향기는 고요한 새벽을 기분좋게 감싸준다.

 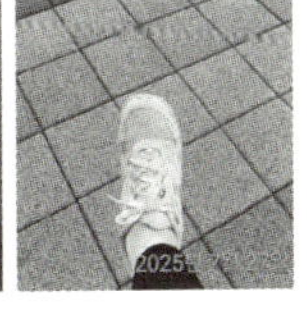

● 운동화

평일은 실내에서 스트레칭이나 홈 트레이닝을 하지만 주말 아침엔 밖으로 나간다. 보통 걷기 편하고 가볍고 쿠션감이 좋은 러닝화를 즐겨 신는다. 걷기는 오랫동안 함께한 찐사랑이고, 달리기는 가끔 하는 짝사랑이다.

해보고 싶은 마음이 가장 귀하다

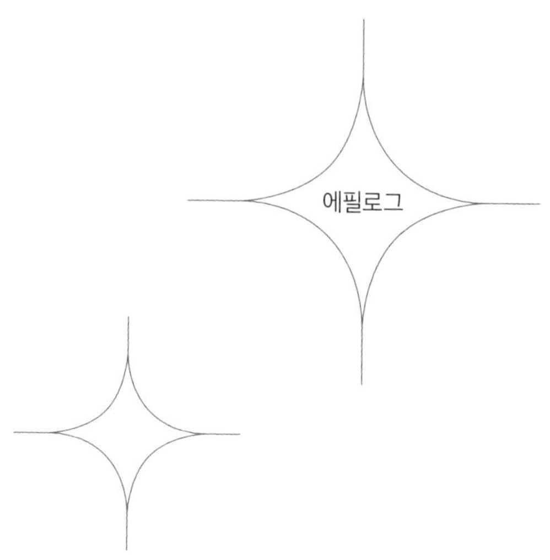

이 책의 저자들에게는 공통점이 있다. 각자의 터널을 걸어나오는 수단으로 새벽 기상을 택했다는 점이다. 그리고 혼자가 아니라 같이 일어나는 방향을 고심했다는 점이다. 하지만 새벽 기상은 만능 해결책이 아니다. 행여라도 어디에서 새벽에 일어나기만 하면 모든 고민이 해결되는 것처럼 광고하는 문구를 본다면 조심해야 한다. 이 책을 만들면서도 역시 경계하고자 했던 부분이 새벽 기상을 만능 치트키처럼 종용하지 않는 거였다.

사람마다 각자 처한 상황과 쌓아온 경험이 다르다. 책을 다 봤음에도 새벽에 일어나는 게 여전히 어렵다고 해서 부디 자신에게 실망하지 않길 바란다. '난 그래도 힘들 것 같아'라고 생각하는 본인을 한심하게 여기거나, 자기 계발의 싹을 스스로 잘랐다고 느끼거나, 나다움을 찾는 통로를 스스로 원천 봉쇄한다고 느꼈다면, 그런 걱정은 깔끔하게 접어두길 바란다. 새벽 기상은 각자의 터널을 걸어나오는 여러 방법들 중 하나일 뿐이지, 유일한 방법은 아니기 때문이다. 이 책의 다양한 저자들의 이야기에 영감을 얻어, 하루 중 어떤 시간이라도 나를 위한 틈을 내기로 마음을 먹었다면 이 책을 제대로 읽은 셈이다.

사람들은 '이야기'에 관심이 많다. 구전 동화가 지금까지 전달되는 이유는 사람들이 이야기를 듣고, 말하기를 좋아하기 때문이다. '내가 어제 깜짝 놀랄 만한 사건이 있었는데 말이야……'라는 소리에 귀를 쫑긋 세우지 않을 사람은 없다. 이 책에도 그런 이야기가 담겼다. 새벽 기상이라는 하나의 공통된 단어로 묶였지만, 각자가 경험한 새벽의 이야기는 모두 다르다. 한 명이 아닌 여섯 명의 이야기를 담은 이유는, 새벽 기상이 특별한 사람들만 해내는 일이 아닌 다양한 상황을 살아가는 보통의 사람들도 지속할 수 있다는 걸 전달하고 싶었기 때문이다. 당신은 어떤 이야기에 귀를 기울이고 싶은가? 아마도 자기와 비슷한 한 경의 이야기 혹은 내가 되고 싶은 이야기를 읽을 때 마음이 설렜을 테다. 그 이야기가 당신에게 두 가지 생각의 마중물이 되었기를 바란다. 하나는 당신이 걷는 터널에는 끝이 있다는 걸 믿는 것, 다른 하나는 당신이 걷고 있는 터널 속 시간이 훗날 당신에게 가장 큰 자양분이 될 거란 생각 말이다.

누구에게나 의미 없는 경험은 단 1그램도 없다고 믿는다. 당신이 겪고, 느끼고, 좌절하고, 분노하고, 침잠하고, 환희했던 그 모든 경험은 당신의 자산이 된다. 다만 그 경험이 자산이라는 것을 느끼고 깨닫기 위해서는, 경험을 만져보는 시도가 필요하다. 그 시도는 내가 마음에 드는 나의 모습을 찾는 일에서부터 시작된다. 좌절감이 내게 어떤 영감을 주는지, 깊게 침잠했던 경험이 어떻게 타인을 도울 실마리로 작용하는지, 순간의 기쁨을 제대로 느낀다는 게 어떤 행복인지를 나만의 방식으로 가공해야 한다.

그런데 해보고 싶다는 마음이 들기까지의 과정은 생각보다 어렵다. 나도 한 번 시도해 볼까? 하는 마음을 먹기 위해선 최소한 10번 이상 문을 여닫아야 한다. 귀찮음, 실패의 두려움, 현재의 편안함, 변화의 불편함 등의 문을 여러 번 열고, 닫고 난 뒤에야 비로소 해보고 싶은 마음이 든다. 이 책의 이야기가 그 문을 열어젖히는 데 작은 역할이라도 하면 좋겠다. '내가 얼마나 찌질했었냐면 말이야…… 내가 진짜 직장을 그만두고 싶었는데 말이야……'라고 시작되는 이야기에 귀 기울여 주기 바란다. 그리고 당신이 겪은 이야기를 우리에게, 터널 속을 걷고 있는 이들에게 들려주길 바란다. 이야기의 힘은 강력하고, 연대의 힘은 멀리 간다. 터널의 끝에서 내가 빛날 시간, 릿미 안에서 우리가 기다리겠다.

당신의 이야기를 기다리며
임가은 드림

한 명이 아닌 여섯 명의 이야기를 담은 이유는,

새벽 기상이 특별한 사람들만 해내는 일이 아닌

다양한 상황을 살아가는 보통의 사람들도

지속할 수 있다는 걸 전달하고 싶었기 때문이다.

터널 끝에서 만난 내가 빛나는 시간

어쩌면 새벽

초판 1쇄 인쇄 2025년 12월 22일
초판 1쇄 발행 2026년 1월 2일

지은이 임가은 강선영 김자희 김유진 신유란 정은혜

편집 주순진 이희연 정소리 **디자인** 디자인판 **마케팅** 김다정 박재원
브랜딩 함유지 김은솔 박민재 이송이 박다솔 조다현 김하연 이준희 신은서
제작 강신은 김동욱 이순호 **모니터** 이원주 **제작처** 영신사

펴낸곳 (주)교유당 **펴낸이** 신정민
출판등록 2019년 5월 24일 제406-2019-000052호

주소 10881 경기도 파주시 회동길 210
전화 031.955.8891(마케팅) 031.955.2692(편집) 031.955.8855(팩스)
전자우편 gyoyudang@munhak.com

홈페이지 www.gyoyudang.com
인스타그램 @thinkgoods **트위터** @think_paper **페이스북** @thinkgoods

ISBN 979-11-24128-30-5 03320

• 아템포는 (주)교유당의 교양·자기계발·실용 브랜드입니다.
  이 책의 판권은 지은이와 (주)교유당에 있습니다.
  이 책 내용의 전부 또는 일부를 재사용하려면 반드시 양측의 서면 동의를 받아야 합니다.